LAZER, ENTRETENIMENTO E RECREAÇÃO

O selo DIALÓGICA da Editora InterSaberes faz referência
às publicações que privilegiam uma linguagem na qual o autor
dialoga com o leitor por meio de recursos textuais e visuais,
o que torna o conteúdo muito mais dinâmico. São livros que criam
um ambiente de interação com o leitor – seu universo cultural,
social e de elaboração de conhecimentos –, possibilitando um real
processo de interlocução para que a comunicação se efetive.

LAZER, ENTRETENIMENTO E RECREAÇÃO

Simone Cristina Iubel

1ª edição, 2014.
Foi feito o depósito legal.

Informamos que é de inteira responsabilidade da autora a emissão de conceitos.

Nenhuma parte desta publicação poderá ser reproduzida por qualquer meio ou forma sem a prévia autorização da Editora InterSaberes.

A violação dos direitos autorais é crime estabelecido na Lei n. 9.610/1998 e punido pelo art. 184 do Código Penal.

Dados Internacionais de Catalogação na Publicação (CIP)
(Câmara Brasileira do Livro, SP, Brasil)

Iubel, Simone Cristina
  Lazer, entretenimento e recreação/Simone Cristina Iubel. – Curitiba: InterSaberes, 2014.

  Bibliografia.
  ISBN 978-85-443-0120-3

  1. Entretenimento 2. Lazer 3. Recreação I. Título.

14-11326   CDD-790.0135

Índice para catálogo sistemático:
1. Lazer e recreação   790.0135

CONSELHO EDITORIAL Dr. Ivo José Both (presidente)
                   Dr.ª Elena Godoy
                   Dr. Nelson Luís Dias
                   Dr. Neri dos Santos
                   Dr. Ulf Gregor Baranow
EDITOR-CHEFE Lindsay Azambuja
SUPERVISORA EDITORIAL Ariadne Nunes Wenger
ANALISTA EDITORIAL Ariel Martins
PREPARAÇÃO DE ORIGINAIS EBM Edições e Revisões
CAPA E PROJETO GRÁFICO Laís Galvão
IMAGENS DA CAPA Fotolia

Rua Clara Vendramin, 58 • Mossunguê • CEP 81200-170
Curitiba • PR • Brasil • Fone (41) 2106-4170
www.intersaberes.com
editora@editoraintersaberes.com.br

•••• SUMÁRIO ••••

Dedicatória, 9
Agradecimentos, 11
Apresentação, 12
Como aproveitar ao máximo este livro, 18

CAPÍTULO 1 • CONSIDERAÇÕES SOBRE O LAZER, 23

1.1 A noção de lazer ao longo dos anos, 26

CAPÍTULO 2 • FORMAS DE EXPRESSÃO DO LAZER, 43

2.1 Ócio, 45
2.2 Recreação, 48
2.3 Lúdico, 49
2.4 Entretenimento, 50
2.5 Animação cultural, 51
2.6 Jogo, 52
2.7 Brincadeira, 53

CAPÍTULO 3 • ESPAÇOS E EQUIPAMENTOS DE LAZER, 61

3.1 Espaços, 63
3.2 Organização de espaços para o lazer, 73

CAPÍTULO 4 • PLANEJAMENTO E ORGANIZAÇÃO DA RECREAÇÃO, 83

4.1 Elaboração do planejamento, 85

CAPÍTULO 5 • INTERESSES CULTURAIS DO LAZER, 97

5.1 Interesses físicos, 104
5.2 Interesses artísticos, 106

5.3 Interesses intelectuais, 106
5.4 Interesses manuais, 107
5.5 Interesses sociais, 107
5.6 Interesses turísticos, 108

CAPÍTULO 6 • FORMAÇÃO PROFISSIONAL, 117

6.1 Características e competências do profissional do lazer, 120

CAPÍTULO 7 • POLÍTICAS PÚBLICAS DE LAZER, 133

7.1 Documentos norteadores das políticas de lazer, 135

CAPÍTULO 8 • O LAZER COMO BEM DE CONSUMO, 149

8.1 Uso do tempo livre como fonte de prazer, 151

CAPÍTULO 9 • ATIVIDADES SISTEMATIZADAS DE LAZER, 167

9.1 Estafetas, 169
9.2 Circuitos, 173
9.3 Dinâmicas de grupo, 176
9.4 Gincana, 177
9.5 Ruas de lazer, 187
9.6 Acampamento e acantonamento, 188
9.7 Colônias de férias, 190
9.8 Matroginástica e macroginástica, 193

CAPÍTULO 10 • JOGOS E BRINCADEIRAS, 199

10.1 Brincadeira "Cumprimento", 203
10.2 Brincadeira "Passar pela cordinha", 204
10.3 Brincadeiras cantadas, 206
10.4 Jogos, 213
10.5 Jogos competitivos e cooperativos, 227

CAPÍTULO 11 • ATIVIDADES PARA ESPAÇOS FECHADOS OU RESTRITOS, 239

11.1. Escolha de atividades para espaços fechados ou restritos, 243
11.2 Brinquedoteca, ludoteca e babyteca, 249
11.3 Salas culturais, ateliês, salas temáticas e teatros, 251
11.4 Bibliotecas, 251

CAPÍTULO 12 • DINÂMICAS DE GRUPO, 259

12.1 Dinâmicas de grupo para apresentação, 264
12.2 Dinâmicas de grupo para integração, 266
12.3 Dinâmicas de grupo para motivação, 268
12.4 Dinâmicas de grupo para "quebrar o gelo", 269
12.5 Dinâmicas de grupo para animação e relaxamento, 271
12.6 Dinâmicas de grupo para lideranças e liderados, 273
12.7 Dinâmicas de grupo para recrutamento e seleção de candidatos, 277
12.8 Dinâmicas de grupo para treinamento corporativo, 279

CAPÍTULO 13 • BRINCADEIRAS PARA ÔNIBUS, 289

13.1. Atividades recreativas a bordo, 294

CAPÍTULO 14 • RECREAÇÃO PARA GRUPOS ESPECIAIS, 311

14.1 Recreação que inclui pessoas com deficiência, 315
14.2 Recreação para idosos, 318

CAPÍTULO 15 • RECREAÇÃO EM HOTÉIS E NAVIOS, 331

15.1 Hotéis de lazer, 335

Estudo de caso, 350
Para concluir..., 354
Referências, 359
Respostas, 364
Sobre a autora, 381

... DEDICATÓRIA ...

Dedico este livro aos profissionais do lazer, pela escolha profissional que um dia eu fiz, na qual me realizo e me contento a cada novo desafio.

Não posso deixar de me lembrar das minhas filhas, Thainá e Amanda, que, em virtude de minha dedicação ao trabalho, muito sentiram a falta da mãe por perto, mas entenderam e torceram a cada nova fase da minha vida e carreira.

Aos amigos, aos quais recorro e dos quais me omiti por inúmeras circunstâncias e, mesmo assim, fizeram com que a nossa amizade perdurasse e por mim torceram.

Por fim, àquele que me acompanhou nas horas e horas de trabalho e nas horas e horas de lazer, meu amor e parceiro, Eduardo Salles.

..AGRADECIMENTOS..

É impossível não querer juntar as mãos e agradecer.

Sendo assim, agradeço pela presença de Deus em minha vida, Sua graça e Sua sustentação.

Agradeço por estar a cada dia realizando a missão da minha vida: despertar, iluminar, dar meios para crescer, realizar e conviver. Eu sinto, melhor do que ninguém, que ensinar não é uma profissão: é uma responsabilidade, um dom, uma vocação.

Agradeço por rever, retomar, redescobrir e reinventar a cada momento os conceitos; por poder construir conhecimentos, quebrar paradigmas e buscar soluções de modo determinante, paciente, obstinado e criativo; e por saber que sempre haverá uma lição nova por aí, em algum lugar.

Todo os dias, portanto, são dias para agradecer! São dias para aprender ensinando, dias para fazer acontecer!

SIMONE CRISTINA JUBIL

··APRESENTAÇÃO··

Esta obra apresenta contribuições para aqueles que estão envolvidos com a gestão da atividade turística, com o objetivo de auxiliar especialmente os profissionais que promovem o lazer, o entretenimento e a recreação, considerando algumas das questões pertinentes desde a concepção desses serviços, passando pelo planejamento e a organização e chegando à apresentação de ações que envolvem essa temática no mercado turístico.

No livro, procuramos discutir questões relativas ao lazer em diferentes contextos e variados campos de ação, oferecendo suporte teórico para subsidiar a prática do gestor da atividade turística. Para tanto, procuramos nos arriscar sobre uma visão global e multidisciplinar do fenômeno lazer na atualidade.

Nossa exposição dos princípios fundamentais do lazer, do entretenimento e da recreação auxiliará na formação de profissionais com mais possibilidades de sucesso, considerando que, para sustentar uma prática apropriada à gestão da atividade turística, proporemos um debate sobre a ocupação do tempo livre em condições adequadas a fim de garantir a sustentabilidade dessa atividade profissional. Para tal atuação, o mercado exige uma visão empreendedora que objetive a melhor oferta do lazer, mas com uma boa parcela de humanização, ou seja, intermediando o desenvolvimento econômico e os aspectos socioculturais que envolvem a atividade.

Assim, para melhor detalhar e promover a questão do lazer e de sua evolução como fenômeno social, nesta obra, vamos:

- descrever os pressupostos conceituais básicos do lazer;
- apresentar as ferramentas que podem servir de suporte ao planejamento e à organização do lazer em ações, projetos, programas ou eventos;
- valorizar a função do profissional do lazer e enaltecer seu precioso desempenho como diferencial na atuação no mercado turístico.

A discussão teórica tornou-se uma necessidade na área do lazer, considerando-se as exigências do mercado, do consumidor e da formação técnica necessária. Ainda assim, tomamos uma postura de sugerir exemplos e mencionar possibilidades para um trabalho prático, a fim de alimentar experiências e propostas de ações, programas, projetos ou eventos na área do lazer, do entretenimento e da recreação.

A temática *lazer* está presente em várias áreas de pesquisa – como educação física, sociologia, psicologia, filosofia, turismo, administração e pedagogia –, discussões e, especialmente, no seu desenvolvimento prático. Assim, os pesquisadores dessa área que se dedicam ao referido tema escreveram muitas contribuições aprofundadas, as quais ensejam uma visão de totalidade. Tais contribuições estabelecem, assim, teorias mais consistentes sobre os significados históricos, sociais e culturais dessas ocupações, realizadas na busca pelo prazer, por sentimentos de bem-estar e de satisfação, ou seja, a **qualidade de vida humana**.

Nesse sentido, apresentaremos, no Capítulo 1, uma breve consideração sobre o aproveitamento do tempo livre e sua evolução histórica na sociedade, além de expor a contribuição de alguns autores que tratam da importância que o desfrute desse tempo tem na vida das pessoas desde os primórdios, e, ao mesmo tempo, apresentam que o lazer, como fenômeno social, surgiu com o advento da Revolução Industrial.

No **Capítulo 2**, trataremos dos principais conceitos que nos remetem à discussão do lazer e da temática que o envolve, apresentando as diferentes formas de expressão do lazer com espírito lúdico – como ócio, recreação, entretenimento, animação, jogo e brincadeira – e discorrendo sobre as convergências e as diferenças desses vocábulos.

Como o usufruto do tempo de lazer requer espaços para sua vivência, no **Capítulo 3**, discutiremos o aproveitamento de diferentes espaços para o desenvolvimento das atividades lúdicas, apresentando as formas como melhor aproveitar e organizar equipamentos específicos e equipamentos não específicos para o lazer. Igualmente, apresentaremos como diferentes locais podem ser reutilizados ou adaptados às necessidades, uma vez que, no atual contexto das grandes metrópoles, há uma grande dificuldade de se encontrar espaços.

Nesse sentido, no **Capítulo 4**, apresentaremos a importância e a necessidade de planejamento e organização para o bom andamento de propostas, programas, projetos, ações ou atividade de lazer, discutindo as variáveis que caracterizam um planejamento adequado.

Além da necessidade de espaço e de um bom planejamento, as propostas de uma programação de lazer podem ser enriquecidas quando reconhecemos as diversas manifestações culturais que interferem nessa programação. Assim, no **Capítulo 5**, apresentaremos uma classificação das áreas de interesse cultural do lazer. A isso, segue-se o **Capítulo 6**, no qual descreveremos a formação técnica do profissional do lazer, apresentando as características necessárias para que ele ou ela seja capaz de interferir, por meio de sua atuação, na melhor qualidade do tempo disponível para o lazer incluído em suas propostas.

No Capítulo 7, trataremos do lazer como um direito de todos, além de sua inserção em diferentes documentos, como a Constituição Federal, a Declaração Universal dos Direitos Humanos (DUDH) e outros documentos que regulam a vida em sociedade, e discorreremos sobre as diretrizes para o desenvolvimento de políticas públicas na área do lazer.

Como reivindicação de todos, a importância do tempo livre e das ocupações que temos no tempo de lazer será discutida no Capítulo 8, no qual reconheceremos o papel do profissional da área em propostas, programas, projetos, ações ou atividades de lazer. Descrita detalhadamente, essa sistematização do lazer – em forma de dinâmicas, gincanas, ruas de lazer e colônias de férias, entre outras propostas de recreação e entretenimento – será apresentada no Capítulo 9.

No Capítulo 10, trataremos da importância das brincadeiras e dos jogos na vida do ser humano e categorizaremos várias formas de selecionar ou adaptar as atividades que melhor se encaixam nas programações de lazer, entretenimento e recreação. Na sequência, no Capítulo 11, apresentaremos os critérios para a escolha dessas atividades, que podem ser desenvolvidas em espaços fechados ou restritos.

Descrevendo esse conteúdo prático da recreação e do entretenimento, no Capítulo 12, apresentaremos os diversos objetivos que as dinâmicas de grupo podem atingir com as escolhas apropriadas. No Capítulo 13, mostraremos algumas atividades recreativas que podem ser realizadas a bordo de um ônibus, meio de transporte muito utilizado nos deslocamentos em situações de lazer, relacionando diversos fatores que devem ser considerados quando se pretende proporcionar momentos de alegria e descontração nesse contexto.

No Capítulo 14, descreveremos a importância de se atentar para os novos públicos participantes dos momentos de lazer, os quais são compostos por indivíduos com necessidades especiais, como pessoas com deficiência[1], idosos ou pessoas com doenças que anteriormente as afastavam da atividade prática, mas que hoje também se interessam em interagir. Assim, entendemos que é função do profissional do lazer garantir oportunidades de vivência desses momentos de prazer para todos, inclusive para as pessoas incluídas nos grupos especiais que mencionamos.

Por fim, apresentaremos, no Capítulo 15, como grande filão dos momentos de lazer, entretenimento e recreação, os hotéis de lazer e os cruzeiros marítimos, distinguindo as inúmeras possibilidades de ofertas que podem compor o quadro de programação nesses ambientes.

O lazer, atualmente, é desenvolvido pelo homem para a sua sobrevivência, na busca pela superação das rotinas estressantes impostas pelo sistema capitalista, e tornou-se objeto de discussões da sociedade civil, acadêmica e política. Atualmente, muito se tem discutido sobre essa temática como um fenômeno social que passou de supérfluo a necessário, e você, responsável por oferecer e propor o lazer, o entretenimento ou a recreação em

---

[1] O Conselho Nacional dos Direitos da Pessoa com Deficiência (Conade) definiu, por meio da Portaria n. 2.344, de 3 de novembro de 2010, o termo correto para o tratamento das pessoas com necessidades especiais. Por lei, elas devem ser tratadas como *pessoas com deficiência*. Foi retirada oficialmente da definição a palavra *portador*.

diferentes situações, com base na leitura desta obra, poderá obter subsídios para o desempenho assertivo dessas tarefas. Então, mãos à obra, pois temos muito estudo pela frente.

Boa leitura!

• COMO APROVEITAR AO MÁXIMO ESTE LIVRO •

Este livro traz alguns recursos que visam enriquecer o seu aprendizado, facilitar a compreensão dos conteúdos e tornar a leitura mais dinâmica.
São ferramentas projetadas de acordo com a natureza dos temas que vamos examinar. Veja a seguir como esses recursos se encontram distribuídos no decorrer desta obra.

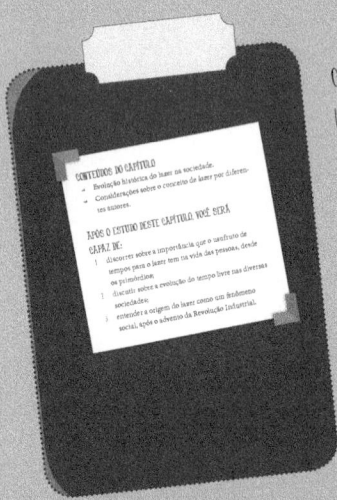

CONTEÚDOS DO CAPÍTULO

Logo na abertura do capítulo, você fica conhecendo os conteúdos que nele serão abordados.

APÓS O ESTUDO DESTE CAPÍTULO, VOCÊ SERÁ CAPAZ DE:

Você também é informado a respeito das competências que irá desenvolver e dos conhecimentos que irá adquirir com o estudo do capítulo.

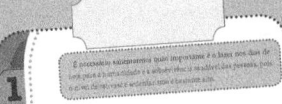

SÍNTESE

Você dispõe, ao final do capítulo, de uma síntese que traz os principais conceitos nele abordados.

QUESTÕES PARA REVISÃO

Com estas atividades, você tem a possibilidade de rever os principais conceitos analisados. Ao final do livro, a autora disponibiliza as respostas às questões, a fim de que você possa verificar como está sua aprendizagem.

QUESTÕES PARA REFLEXÃO

Nesta seção, a proposta é levá-lo a refletir criticamente sobre alguns assuntos e trocar ideias e experiências com seus pares.

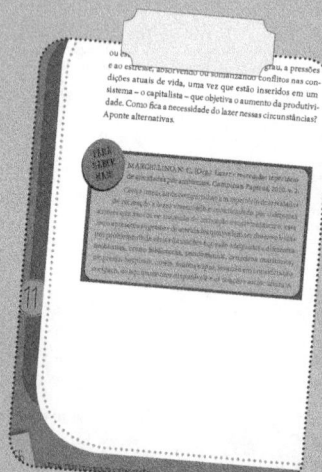

PARA SABER MAIS

Você pode consultar as obras indicadas nesta seção para aprofundar sua aprendizagem.

ESTUDO DE CASO

Esta seção traz ao seu conhecimento situações que vão aproximar os conteúdos estudados de sua prática profissional.

·· ESTUDO DE CASO ··

Inserir a brincadeira em uma programação de lazer e recreação é, sim, uma tarefa fácil, especialmente quando destinada a atender ao público infantil. Apesar de ser uma atividade natural e espontânea, tornar a brincadeira um entretenimento divertido requer conhecimento do público-alvo, da cultura inserida no contrato e, principalmente, dos objetivos a serem atingidos com as escolhas.

Por meio da brincadeira, percebemos que uma folha de papel pode se tornar um barco ou um avião e que esse produto pode ser fonte de imaginação, além de atingir inúmeros objetivos, como promover um contato mais próximo entre os envolvidos, despertar o gosto por novos aprendizados e lugares desconhecidos e estabelecer novas relações sociais.

Dessa forma, reconhecendo que a recreação na hotelaria deixou de ser um diferencial e se tornou um fator indispensável para a escolha do empreendimento pelos hóspedes, o hotel de lazer X contratou uma empresa de lazer Y para realizar uma proposta de novos investimentos na área de entretenimento e recreação do hotel, com possíveis instalações e adequações dos equipamentos de lazer, de acordo com o perfil do estabelecimento turístico e do público-alvo.

A empresa Y foi escolhida pelo hotel X por apresentar experiência em consultorias e ter uma equipe multidisciplinar, ou seja, uma equipe composta por profissionais de diferentes áreas e com conhecimentos no campo do lazer, com formação

CONSIDERAÇÕES SOBRE O LAZER

CAPÍTULO 1

CONTEÚDOS DO CAPÍTULO

- Evolução histórica do lazer na sociedade.
- Considerações sobre o conceito de *lazer* por diferentes autores.

APÓS O ESTUDO DESTE CAPÍTULO, VOCÊ SERÁ CAPAZ DE:

1. discorrer sobre a importância que o usufruto de tempos para o lazer tem na vida das pessoas, desde os primórdios;
2. discutir sobre a evolução do tempo livre nas diversas sociedades;
3. entender a origem do lazer como um fenômeno social, após o advento da Revolução Industrial.

Termos e expressões correlatos como *ócio*, *diversão* e *tempo livre* apareceram ao longo da história para descrever as diferentes formas que o homem fez uso de seu tempo liberado para o descanso, a distração ou a reposição de energias, o que configura a importância desse tema e demonstra que a discussão sobre ele sempre esteve presente. De condição indispensável à contemplação para os gregos antigos, quando ainda era considerada ócio, a um produto de consumo na contemporaneidade, foram diversos os sentidos empregados ao lazer constituídos historicamente. Em suma, como prática social, o lazer é descrito nas diferentes épocas como uma atividade designada ao descanso ou à realização de recreação com a finalidade de recuperar energias e fugir de tensões. Além disso, aparece vinculado às práticas culturais alegres e festivas dos jogos. Assim, devemos perceber que, nos diversos sentidos, o espírito lúdico sempre esteve presente.

Para contextualizar o lazer nos dias atuais, poderíamos sair às ruas perguntando às pessoas "O que é lazer para você?". Teríamos inúmeras respostas diferentes, pois o que significa lazer para uma pessoa pode não o ser para outra. Assim, certamente, todos os entrevistados teriam um posicionamento em relação à resposta, dentro de uma perspectiva pessoal, isto é, cada um teria uma opinião particular sobre o tema. Portanto, o profissional que trabalha na área do lazer deve reconhecer as diferenças culturais, as preferências e as características dos públicos presentes em sua programação.

Essa temática tem ganhado papel de muito destaque na sociedade atual, pois a mídia ressalta cada vez mais a importância da fuga do estresse por meio do lazer. Por isso, cabe ao profissional que se incumbe de promover o lazer não apenas capacitar-se por meio da teoria, mas também ver além dela, para saber lidar com as expectativas das pessoas em cada situação, nos momentos destinados ao usufruto do lazer.

Atualmente, a importância do lazer como fenômeno social vem crescendo, o que também abrange, além das noções de recompensa e fuga do estresse, a solução para os males do século, como o sedentarismo, a obesidade e a depressão. Isso proporciona a oportunidade de superação de obstáculos – o que pode combater a inércia, tão presente na sociedade atual.

Outra batalha que a promoção do lazer enfrenta é a do enclausuramento da sociedade, pois, apesar do agigantamento populacional, existe uma tendência de as relações sociais se tornarem mais distantes com a consequente desvalorização da vida na coletividade. Com isso, as funções do lazer vêm se transformando com o tempo e as mudanças na sociedade, visto que, há alguns anos, o estudo desse tema não era muito comum, pois se conferia demasiado valor ao trabalho, além de não se considerar o lazer uma necessidade.

1.1 A noção de lazer ao longo dos anos

Desde as mais remotas sociedades, a atribuição de uma parcela do tempo destinada à realização de atividades não obrigatórias já se fazia presente. Sendo assim, torna-se necessário compreendermos as diferenças da prática coletiva na ocupação do tempo livre em cada época, uma vez que a atual concepção de lazer estabelece uma relação especial com determinados contextos históricos.

As sucessivas modificações que compõem a história da utilização do tempo livre nas diversas sociedades são temas de debate – especialmente as questões relativas ao emprego desse tempo na busca pelo prazer.

Considerando a inserção da temática da busca pelo prazer por meio do tempo livre em uma linha do tempo, o ponto culminante dessa exposição cronológica aparece na **sociedade capitalista**, na qual o lazer passou a ser amplamente tratado como categoria de análise dessa discussão.

Com a queda do Império Romano do Oriente, iniciou-se a Idade Moderna[1], caracterizada pela transição do feudalismo para o capitalismo, e que teve como marcos principais o **renascimento cultural**, a expansão marítima, as **grandes invenções** – a introdução do vapor como fonte de energia (em motores, veículos, barcos e teares), bem como a utilização de máquinas operatrizes, nova classe de equipamentos que revolucionou a engenharia mecânica e exerceu poderosa influência no desenvolvimento industrial da época, por exemplo –, e por ter dado um grande salto nos setores **científico e artístico**.

Nessa transição capitalista, "o trabalho, ainda que longo e cansativo, respeitava os ritmos naturais: a labuta iniciava ao alvorecer e terminava quando a luz do dia faltava, mas havia as pausas impostas pelo cansaço, dos domingos e feriados religiosos,

---

[1] Compreende o período histórico que, na Europa, estendeu-se da conquista de Constantinopla, capital do Império Romano do Oriente (Império Bizantino) pelos turcos, em 1453, até a Revolução Francesa, em 1789. Nesse período, ganharam corpo a economia monetária, a sociedade de mercado, as novas relações de trabalho e o mercantilismo colonial. É nessa época também que o centro da vida econômica, social e política transferiu-se dos feudos para as cidades.

das entressafras; a chuva era uma pausa forçada" (Camargo, 2003, p. 35).

Além de a rotina diária ser interrompida por pausas, cantos, jogos e cerimônias, acumulavam-se bens apenas em virtude das necessidades de trocas indispensáveis ao dia a dia. De acordo com Dumazedier (1999, p. 26), esse período tinha como característica uma simbiose entre **tempo de trabalho** e **tempo de não trabalho** que, em geral, "se confunde com a atividade do dia: da aurora ao pôr do sol. Entre trabalho e repouso o corte não é nítido".

Para Barreto (2003, p. 60), "enquanto na sociedade não houve a separação entre a casa e o trabalho, o conceito de lazer também não existiu". Apesar de todas essas manifestações relativas à prática de atividades na busca pelo prazer, a utilização do termo *lazer* é um fenômeno recente na história da humanidade, pois surgiu com a sociedade urbana e industrial durante o desenvolvimento de um processo de oposição dialética em relação ao trabalho. Esse fato reforça a importância do tema atualmente, principalmente após a relevante fragmentação dos tempos sociais[2] entre o tempo de trabalho e o tempo de não trabalho.

---

[2] "Em tempos que determinam as atividades sociais: 'tempos sociais', ou seja, o tempo para o trabalho, o tempo para a família, o tempo para a educação, o tempo para a religiosidade etc., a vida em coletividade é regida pela articulação desses tempos sociais, enquanto cada indivíduo percebe e controla o tempo internamente. Hoje, estamos acostumados a viver com base nos símbolos do calendário e do relógio e a medir nossas atividades pelo segundo, minuto, hora, dia, semana, mês e ano, de tal forma que mal podemos imaginar como os homens de épocas anteriores puderam existir sem a ajuda desses elementos" (Padilha, citado por Gomes, 2004).

No final do século XVIII, com o início do uso sistemático do vapor na indústria, a Revolução Industrial[3], que ocorreu na Inglaterra, foi o marco de uma nova era, a qual modificou, de modo acelerado, tanto a vida das pessoas quanto a estrutura da sociedade, caracterizada pelo protagonismo do trabalho.

O tempo de não trabalho é, evidentemente, tão antigo quanto o próprio trabalho, mas o lazer apresenta traços específicos, característicos da civilização nascida com o advento da Revolução Industrial. Além disso, ele surgiu como fenômeno social não para suprimir o trabalho nem ocasionar momentos de ociosidade, mas para corresponder a uma liberação periódica do trabalho no fim do dia, da semana, do ano ou da vida profissional. O lazer constitui apenas uma parcela do tempo de não trabalho como um todo.

Assim, a partir da sociedade industrial, o **tempo livre** (conhecido no passado como *ócio*) teve sua abordagem modificada, sendo tratado sob a forma de **lazer** – fragmento de um tempo liberado do tempo total de cada indivíduo e da sociedade, atrelado ao consumo, à aquisição, à diferenciação das classes sociais e às estratégias de domínio e de disciplina.

No entanto, o tempo livre também teve – e ainda tem – seu lado benéfico, se o considerarmos como uma possibilidade de construção da vivência, expresso no desenvolvimento de hábitos,

---

[3] Período caracterizado pelo salto da chamada *industrialização*, quando a produção manufatureira foi substituída pela produção fabril e o trabalho pesado do homem foi substituído pela utilização das máquinas. A introdução de máquinas fabris multiplicou o rendimento do trabalho e aumentou a produção global. Esse processo foi sistematizado na segunda metade do século XVIII e ganhou dinamismo no século XIX, sobretudo no século XX, em consequência dos avanços científicos.

valores, atitudes e conhecimentos necessários à formação dos sujeitos que compõem a sociedade atual, na tentativa de encontrar o prazer de bem viver seu dia a dia, intervindo na transformação de um mundo com melhores condições de crescimento, qualidade de vida e maior realização pessoal.

É inevitável admitirmos que o lazer não é a "salvação do mundo". Porém, se refletirmos sobre a nossa sociedade e sua evolução voltada ao preparo para o trabalho, em detrimento de uma sociedade direcionada para o bom aproveitamento do tempo livre permitido a seus membros, descobriremos que atualmente se vive o pleno **desenvolvimento tecnológico**, o qual permite ao ser humano uma "reserva" de tempo. Sendo assim, vemos a necessidade de educar o ser humano para viver esse tempo disponível de modo saudável, utilizando-o em sua essência – isso se considerarmos o homem como um ser que usufrui do seu conhecimento desenvolvido também para o melhor aproveitamento do seu tempo livre, com qualidade, oportunidades, mais sentido e melhores opções fornecidas por esse conhecimento.

1.1.1 Conceituando lazer

Você sabe o que significa o termo *lazer*? De acordo com Melo e Alves Júnior (2003, p. 1, grifo nosso), "a palavra *lazer* e os diversos sentidos que carrega foram se incorporando à fala popular e tornando-se cada vez mais presentes, o que significa certa tendência à valorização do conceito enquanto possibilidade de vivência cotidiana".

A contribuição do estudo do lazer na atualidade vai ao encontro da problemática do aumento do tempo livre e da utilização desse tempo como expressão pura da personalidade, busca pelo prazer e prática de um mundo do lazer, no qual se insere a realização de se poder fazer o que alegra, anima ou simplesmente diverte, resultado da existência de momentos preenchidos pelos sentimentos de realização e satisfação. Conforme Padilha, citado por Gomes (2004), "a busca de uma redução da jornada de trabalho tem sido uma 'luta' travada por trabalhadores de várias épocas e lugares".

Os trabalhadores sempre buscaram reconquistar um maior tempo livre para o descanso e o divertimento, procurando atribuir a essa parcela do tempo tudo aquilo de que vinham sendo privados: iniciativa, criatividade, satisfação e realização. Na visão funcionalista[4], esse tempo estava direcionado ao desfrute de atividades de lazer, o qual deveria compensar a frustração, a insatisfação e a alienação dos trabalhadores. Em outra visão, de cunho mais objetivo, o lazer poderia ser revertido a uma função de recuperação das energias consumidas com a força de trabalho ou ter a sua utilização como instrumento de desenvolvimento. Segundo Werneck (2000, p. 58) "dessa forma, [...] o tempo de lazer conquistado não se contrapõe ao trabalho produtivo, mas o complementa, tornando-se funcional ao sistema vigente e imprescindível à promoção dos interesses sociais, políticos e econômicos – que integram a trama social mais ampla".

Essas lutas resultaram em muitas conquistas, concretizadas pelo estabelecimento de leis referentes à limitação da jornada de trabalho e à regulamentação da aposentadoria, das férias anuais, do repouso semanal remunerado e da idade mínima

---

[4] Nas abordagens funcionalistas do lazer, este é compreendido como utilitário e como uma forma de compensação.

para começar trabalhar. Parte desse tempo liberado do trabalho direcionou-se à ocupação com atividades de lazer, fazendo surgir um novo significado desse fenômeno, que passa a ser considerado direito a ser usufruído por todos.

Assim, conceber o lazer como uma das formas de ocupação saudável do tempo livre torna-se imprescindível, especialmente se considerarmos certas características da sociedade atual: o elevado sedentarismo, a falta de individualidade nas escolhas pessoais e o isolamento do ser humano em suas relações sociais. Além disso, existe a ideia de que vivenciar de forma "desinteressada" esses momentos de descanso, divertimento e desenvolvimento, tanto pessoal como social, pode recuperar o equilíbrio necessário para que uma pessoa viva com mais propriedade e contentamento neste início da era tecnológica.

Entre os autores que servem de fundamento para os estudos do lazer, destacamos **Joffre Dumazedier**, renomado sociólogo e educador francês, o qual é considerado a referência teórica mais importante na discussão do tempo livre. Sua obra apresenta uma grande contribuição para a temática do lazer. Enquanto muitos teóricos, graduados e profissionais ainda não falavam do lazer, Dumazedier já levantava essa questão; enquanto o lazer era marginalizado, distanciado das universidades, pois se pensava ser uma perda de tempo falar sobre ele, o teórico já tinha uma visão futura de que o lazer seria uma necessidade, para que as pessoas tivessem uma resposta mais positiva no seu dia a dia.

Dumazedier (1976, p. 37, grifo nosso) destaca as três principais funções do lazer:

> o **descanso**, [...] [liberando] o sujeito do cansaço físico criado pelas exigências do trabalho; [...] [a] **diversão**, [que] rompe com

a monotonia e o tédio de toda rotina diária; e, finalmente, [...] o **desenvolvimento**, em oposição aos automatismos gerados pela ação cotidiana, [...] [com finalidade de promover] uma maior participação social das pessoas.

De acordo com o autor, o lazer é caracterizado como

> um conjunto de ocupações às quais o indivíduo pode entregar-se de livre vontade e bom grado, seja para repousar, seja para divertir-se, recrear-se e entreter-se ou, ainda, para desenvolver sua informação ou formação desinteressada, sua participação social voluntária ou sua livre capacidade criadora, após livrar-se ou desembaraçar-se das obrigações profissionais, familiares e sociais. (Dumazedier, 1976, p. 34)

O lazer adquiriu um significado amplo, que Dumazedier soube adaptar ao conceito, à liberdade de escolha e às manifestações diferenciadas dos momentos de lazer.

Em relação aos autores brasileiros, o sociólogo e educador Nelson Carvalho Marcellino, considerado uma das mais importantes referências na temática do lazer, tem destaque nessa área de estudo. Conforme relata,

> O lazer é por mim entendido como a cultura – compreendida no seu sentido mais amplo – vivenciada (praticada ou fruída) no "tempo disponível". É fundamental, como traço definidor, o caráter "desinteressado" dessa vivência. Não se busca, pelo menos basicamente, outra recompensa além da satisfação provocada pela situação. A disponibilidade de tempo significa possibilidade de opção pela atividade prática ou contemplativa. Essa cultura vivenciada no "tempo disponível" não é considerada em contraposição, mas em estreita ligação com o trabalho e com as demais esferas da vida social, combinando os aspectos tempo e atitude. (Marcellino, 1995, p. 17)

Com isso, é difícil delimitarmos o que é ou não lazer, pois o que podemos colocar como uma ocupação de lazer, que dê gosto pela sua execução, pode valer para uma pessoa e deixar de valer para outra. Nesse sentido, é importante reconhecermos as características que classificam uma ação como lazer ou não, pois o profissional que programa atividades de lazer deve saber isso de forma muito clara.

No entanto, devemos lembrar que o lazer pode ter diferentes significados, e que, para enriquecer uma programação, devem ser propostas inúmeras atividades, levando-se em consideração as variações de gostos e preferências.

A preocupação do profissional deve ser a de tornar o cliente ou o hóspede o protagonista daquele momento. Nada é mais frustrante para quem trabalha com lazer do que ter uma programação proposta e não ter adesão. Nesses casos, possivelmente, foi realizada uma leitura equivocada do contexto, elaborado um planejamento errado perante as circunstâncias, ou, então, não foram consideradas as diferenças do público presente, pois nem sempre haverá condições de investigar o público participante dessas ações.

Se as propostas de trabalho forem desenvolvidas em um hotel "cinco estrelas", é possível termos uma noção do público que estará presente. Se for uma atividade de lazer em uma praça pública, ou em uma região periférica da cidade, também teremos uma noção do grupo que será atendido. Porém, nem sempre poderemos saber se participarão crianças, adolescentes, adultos ou idosos, e isso pode acarretar uma decisão instantânea, que deve ocorrer em função de algumas interpretações do contexto, no momento em que percebermos o público com o qual trabalharemos.

Nesse contexto, devemos reconhecer que o lazer se distingue em diferentes países e culturas, e são essas diferenças que determinam o tipo de lazer que precisaremos buscar e a programação que deveremos oferecer.

Para embasar a nossa discussão, é necessário distinguirmos algumas características do lazer encontradas em qualquer cultura, apontadas por Melo e Alves Júnior (2003):

- Há um maior grau de liberdade nas escolhas pessoais dentro do lazer, no qual há um tempo precioso em que se pode exercitar com mais criatividade as alternativas de ação ou participação.
- O lazer nunca é inteiramente gratuito e consiste em um tempo no qual é possível exercitar mais o "fazer por fazer", sem que haja necessariamente um ganho financeiro em vista ou um preço a ser pago.
- Em todas as escolhas de lazer, tem-se a busca pelo prazer que uma ou outra ocupação oferece; contudo, o prazer não deve ser compreendido como exclusividade de tais atividades.
- O lazer é sempre liberatório das obrigações, pois busca compensar ou substituir algum esforço que a vida social impõe. É, então, um tempo destinado a opções livres de obrigações, sejam profissionais, sejam domésticas, sejam religiosas, ou ainda físicas, isto é, "um tempo no qual se pode optar por fazer alguma atividade prazerosa, descansar ou simplesmente não fazer nada" (Padilha, citado por Gomes, 2004).

> É necessário salientarmos quão importante é o lazer nos dias de hoje para a humanidade e a sobrevivência saudável das pessoas, pois o nível de estresse e sedentarismo é bastante alto.

Síntese

Vimos, neste capítulo, que o lazer deve ser entendido de forma cultural, abrangendo as diferenças entre as pessoas, as culturas regionais, os espaços, os gêneros, os públicos, as clientelas e o que cada um busca naquele momento em que dispõe do seu tempo livre.

As atividades de lazer devem ser atividades culturais, que englobam diferentes interesses nas suas diversas linguagens e manifestações.

Questões para revisão

1. Apesar de sempre ter existido uma parcela do tempo destinada à busca pelo prazer, o entendimento conceitual desse momento foi se modificando com a evolução da história humana. Nesse sentido, identifique as propriedades das ocupações que compõem a parcela de tempo destinado ao lazer na atualidade.

2. O lazer tem ganhado papel de destaque na sociedade na medida em que a mídia ressalta cada vez mais a importância do

escape do estresse por meio dessa atividade. Nesse sentido, Dumazedier destaca três funções para o lazer. Quais são elas, e quais são os seus conceitos?

3. O termo *lazer* e os diversos sentidos vinculados a ele foram incorporando-se à fala popular e tornando-se cada vez mais presentes, o que significa certa tendência à valorização do conceito como possibilidade de vivência cotidiana. Nesse sentido, assinale com verdadeiro (V) ou falso (F) as alternativas a seguir.

( ) Em todas as escolhas de lazer, tem-se em vista a busca pelo prazer que uma ou outra ocupação oferece, embora nem sempre isso ocorra, e o prazer não deva ser compreendido como exclusividade de tais atividades.
( ) Há um maior grau de coação nas escolhas pessoais dentro do lazer, pois ele sugere a existência de um tempo manipulado pela cultura coletiva.
( ) O lazer nunca é gratuito, pois as pessoas somente o utilizam quando há um ganho financeiro em vista ou um preço a se pagar.
( ) O lazer é sempre liberatório das obrigações, pois busca compensar ou substituir algum esforço que a vida social impõe. Geralmente, é realizado no tempo livre das obrigações profissionais, domésticas, religiosas ou necessidades físicas.

Assinale a sequência correta:

a. V, F, F, V.
b. F, V, F, V.
c. V, V, F, F.
d. V, F, F, F.

4. O conceito de Dumazedier para o *lazer* resume-se em seus "3 Ds". Relacione as sentenças a seguir de acordo com eles.
    1. Descanso.
    2. Diversão.
    3. Desenvolvimento.
    ( ) Conjunto de ocupações a que o indivíduo pode se entregar para se entreter, após livrar-se ou desenredar-se das obrigações profissionais, familiares e sociais.
    ( ) Conjunto de ocupações a que o indivíduo pode se entregar para repousar, após livrar-se ou desenredar-se das obrigações profissionais, familiares e sociais.
    ( ) Conjunto de ocupações a que o indivíduo pode se entregar para ampliar seu conhecimento ou formação desinteressada, após livrar-se ou desenredar-se das obrigações profissionais, familiares e sociais.

    Assinale a sequência correta:
    a. 3, 2, 1.
    b. 1, 2, 3.
    c. 2, 1, 3.
    d. 3, 1, 2.

5. No final do século XVIII, com o advento da implementação do modelo de produção fabril e da organização do trabalho em fábricas, observou-se uma artificialização dos tempos sociais. Nesse sentido, é correto afirmar que (assinale "V" para afirmações verdadeiras ou "F" para falsas).
    ( ) O tempo de vida diário passou a ser demarcado pela jornada de trabalho.
    ( ) O homem começou a se submeter ao horário de funcionamento das máquinas.

( ) O tempo de não trabalho passou a ser respeitado.
( ) O fenômeno *lazer* teve seu nascimento com a artificialização do tempo de trabalho e do tempo de não trabalho.
( ) O lazer teve seu início nessa fase de artificialização do tempo, pois passou a ser compreendido como aspecto único de satisfação e felicidade humana.

Assinale a sequência correta:
a. F, V, V, F, F.
b. V, V, V, V, F.
c. F, F, V, F, V.
d. V, V, F, V, F.

Questões para reflexão

1. Ao produzir a cultura, o homem, ao mesmo tempo, produz-se a si próprio em meio à convivência social e seu poder de ideação transforma-o pela ação. Nesse sentido, como o lazer e a cultura se misturam?

2. A Revolução Industrial, ocorrida na Inglaterra no século XVIII, foi o marco de uma nova era, a qual modificou, acelerada e simultaneamente, a vida das pessoas e a estrutura da sociedade, caracterizada pela consideração protagonista do trabalho. Isso resultou em uma divisão dos tempos, demarcada pela jornada de trabalho. Todos os trabalhadores seguiam uma rotina rígida, com hora de entrada, intervalo para almoço e saída. Foi exatamente nesse período que surgiu o que se define hoje como *lazer*. Como esse fenômeno se estabeleceu?

> **PARA SABER MAIS**
>
> WERNECK, C. Lazer, trabalho e educação: relações históricas, questões contemporâneas. Belo Horizonte: Ed. da UFMG, 2000.
>
> Esse livro instiga reflexões consistentes acerca dos significados históricos, sociais e culturais do lazer em nossa sociedade, discutindo o lazer como campo de vivências, estudo e intervenções. O autor considera o fato de como o lazer vem ocupando um espaço cada vez maior no cenário social, tornando-se um fator básico para o exercício da cidadania plena e a busca de uma vida com mais sentido e qualidade.

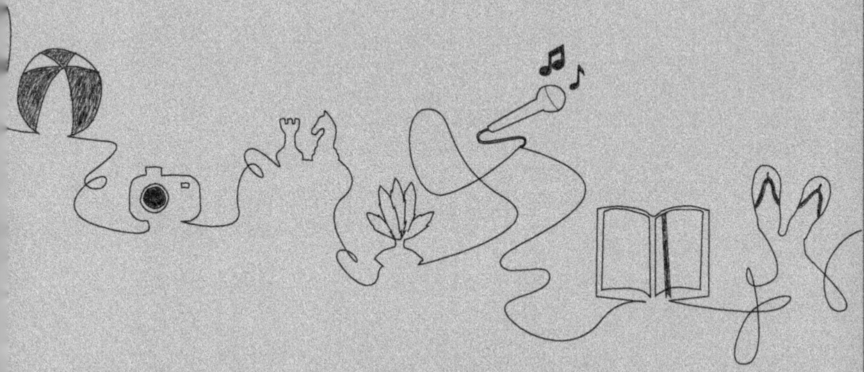

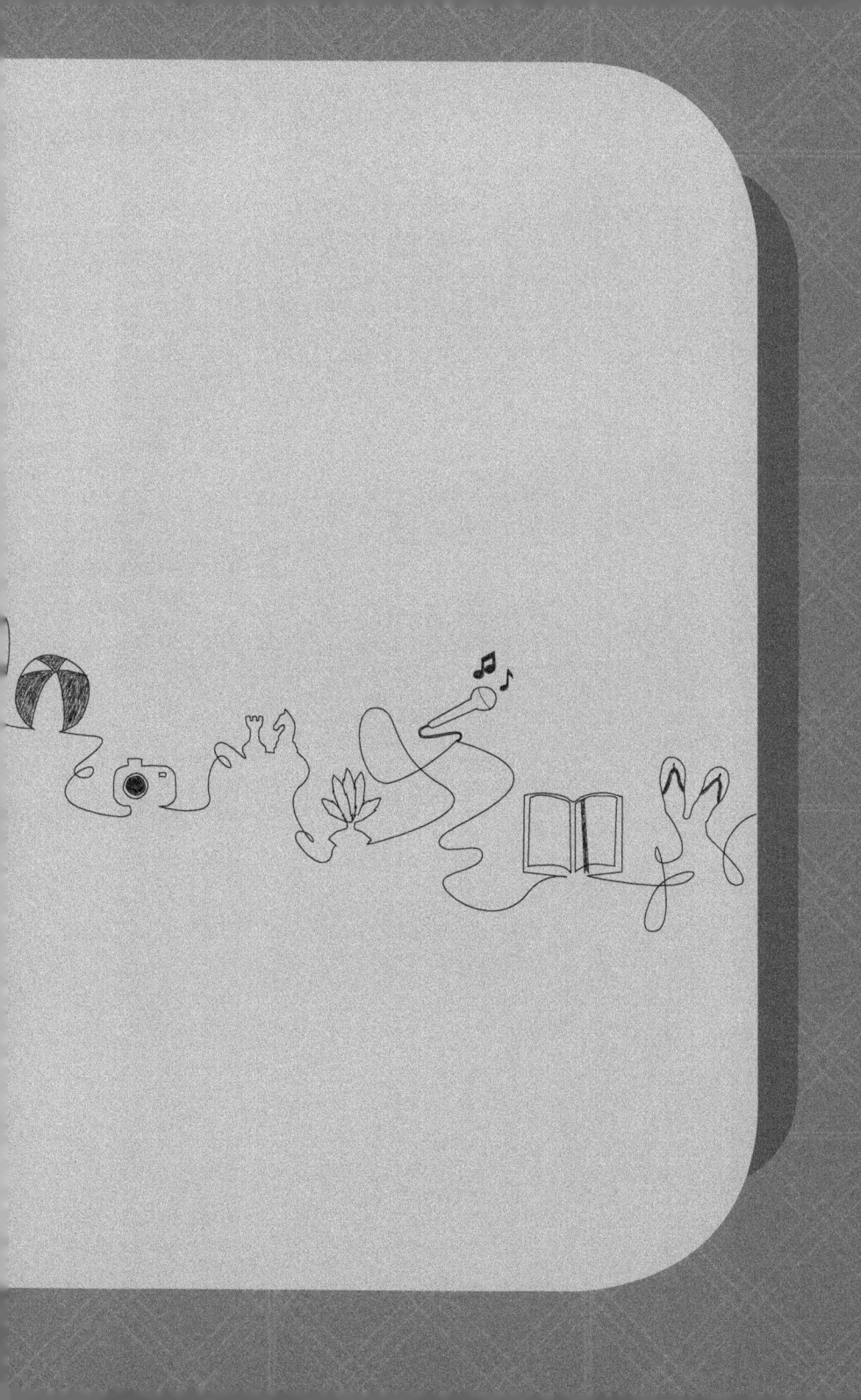

FORMAS DE EXPRESSÃO DO LAZER

CAPÍTULO 2

CONTEÚDO DO CAPÍTULO
→ Diferentes formas de expressão do lazer.

APÓS O ESTUDO DESTE CAPÍTULO, VOCÊ SERÁ CAPAZ DE:
1. classificar as diferentes formas de expressão do lazer;
2. reconhecer a mudança conceitual do termo *ócio* no decorrer da história;
3. discorrer sobre as convergências e as diferenças dos termos relativos às formas de lazer;
4. entender a importância da brincadeira e do jogo em todas as fases da vida do ser humano.

Como vimos no capítulo anterior, o lazer pode se apresentar de inúmeras formas e em diferentes contextos. Neste capítulo, vamos instigar o diálogo entre as formas de expressão desse fenômeno, abordando as diferenças e as semelhanças dessas variações.

2.1 Ócio

O ideal grego do ócio[1] consistia em uma atividade exercida pela classe dominante, ocupação que implicava pensar para dirigir os rumos da sociedade, entre outros objetivos; ou seja, o ócio era um ideal de vida, cuja antítese era o trabalho (Munné, 2001).

Para os gregos, o ócio significava o **desprendimento das tarefas servis** e supunha a isenção do trabalho, o que propiciaria condições para a contemplação, a reflexão e a sabedoria.

Em sua origem, o ócio remetia a um modo de vida próprio dos cidadãos gregos da Antiguidade, isto é, a uma condição em que eles estavam desobrigados a qualquer atividade vinculada diretamente à sobrevivência individual – o que significava uma dispensa das tarefas laboriosas, características do modo de sobrevivência dos escravos.

Considerando esse ponto de vista, o significado de *ócio* para a sociedade grega, além de ser o momento de descanso e a fonte

---

[1] Os gregos clássicos queriam ser sábios e, para tal, necessitavam de momentos de ócio. Nem todos podiam exercê-lo, pois havia necessidade de comida e moradia, e isso exigia trabalho. Porém, o trabalho não era considerado a atividade humana mais nobre nem a mais distinta. Isso porque todos os animais buscam comida e moradia, mas somente o homem pode pensar, raciocinar e inventar (Bruhns, citado por Bruhns, 2002, p. 22).

de prazer, satisfação, liberdade, reflexão e realização, apresenta uma base de interação da cultura com a educação. Nesse período, os poetas e os filósofos consideravam o ócio como "valor indispensável para uma vida livre e feliz, para o exercício da nobre atividade da política, para o cultivo do espírito e para o vigor e a beleza do corpo" (Chauí, 1999, p. 11). Dentro desse contexto histórico, o ócio contribuiu sobremaneira para a produção de conhecimentos, suscitando a criação das áreas de letras, arte, ciência, política e filosofia (Werneck, 2000); por outro lado, o trabalho era visto como infortúnio que recaía sobre os escravos e os homens livres pobres e ignorantes, ou seja, as "classes inferiores". Essa noção de ócio atrelava-se "também à educação, pois [sic] para gozá-lo, era necessário uma sólida formação" (Werneck, 2000, p. 21).

Como vimos anteriormente, o lazer nem sempre se definiu no sentido em que o entendemos atualmente, mas os fatos que acompanham a evolução da espécie humana comprovam a existência de uma parcela do tempo destinada à ocupação de um tempo livre em busca do prazer. As diferenças e as semelhanças ocorrem desde os termos e expressões mais genéricos, como *ócio* e *tempo livre*. Segundo Waichman (1997, p. 43, grifo nosso), "em geral, considera-se ócio como o conjunto de atividades, o âmbito do objetivo factível de ser medido; e o tempo livre como a base temporal na qual se realizam essas atividades"; ou seja, para o autor, esses dois fenômenos são interdependentes.

Posteriormente, em Roma, o ócio passou a ser entendido com um aspecto recreativo, relativo ao descanso e ao divertimento, condições fundamentais para a manutenção de uma sociedade obediente, submissa ao poder do Estado e respeitosa com seus representantes.

Com a industrialização, a urbanização e a modernização das grandes cidades no decorrer do século XIX – acontecimentos que promoveram mudanças nas relações de trabalho e diversão –, o ócio passou a ser questionado e sua presença submetida a duas novas exigências: **produção** e **progresso**. Nesse contexto, o indivíduo ocioso era considerado vadio, criminoso, características que o tornavam inconciliável com o ideal de formação humana.

> Com o tempo, o conceito de *ócio* passou a ser questionado e foi se modificando juntamente com o contexto cultural, e o conjunto de atividades lúdicas e recreativas que o substituiu passou a ser chamado de *lazer*.

No contexto atual, o ócio é tratado como período de descanso do trabalho, um tempo sem preocupações, e considerado uma das alternativas entre as possibilidades de ocupação do tempo livre levando-se em conta o leque de oportunidades do que se fazer nesses momentos para o desfrute do lazer. Porém, é importante distinguirmos ócio de **ociosidade**, a qual se caracteriza pelo gasto inútil do tempo, condição de uma pessoa que está desocupada não por opção própria, como um idoso acamado ou um presidiário que passa um determinado tempo sem realizar nenhuma atividade – ou seja, quando se está usufruindo um tempo ocioso, mas sem retorno positivo, sem prazer.

2.2 Recreação

Outro termo presente na área do lazer é a *recreação*, que é o fato, o momento ou a circunstância que o indivíduo escolhe espontaneamente, o qual satisfaz seus anseios voltados para o seu lazer. A recreação faz parte das ocupações possíveis no desfrute do tempo livre, na busca pelo prazer, mas não está vinculada somente ao lazer.

O termo *recrear* vem da raiz latina *recreare*, que significa "restaurar", "recuperar", "renovar", "reanimar". Assim, entendemos por recreação o conjunto de atividades físicas e mentais, para o qual o indivíduo é atraído com o objetivo de satisfazer suas necessidades físicas, psíquicas, sociais, culturais e espirituais, visando ao prazer. Além disso, a recreação tem o objetivo de levar o praticante a estados psicológicos positivos (Campos; Gonçalves; Viana, 1998).

> A recreação pode acontecer em outros momentos fora do tempo de lazer, como em uma relação de ensino e aprendizagem, uma aula de ginástica ou um encontro entre colaboradores de uma empresa. É um instrumento interessante, cativante e envolvente, pois favorece a aproximação e a quebra de estigmas entre os participantes.

2.3 Lúdico

A palavra *lúdico* provém do latim *ludus*, que etimologicamente significa "jogos", "brinquedos" e "brincadeiras". Assim, a atividade lúdica é toda e qualquer ação, produto ou espaço que tem como intento produzir prazer durante a sua execução, ou seja, relacionar um ambiente ou um momento à diversão.

Ela pode ainda indicar um clima, no qual necessariamente se estabelece um ambiente divertido e prazeroso. É uma forma tranquila e prazerosa de se passar o tempo, podendo até ser considerado um estado de espírito.

> A atividade lúdica pode ocorrer como um fato espontâneo, que indica ações prazerosas e a sensação de fruição (usufruir com gozo), além de ser um fenômeno que provoca nos sujeitos um estado formado por agradáveis sensações.

De acordo com Gomes (2004, p. 145), o lúdico "pode manifestar-se de diversas formas (oral, escrita, gestual, visual, artística) e ocorrer em todos os momentos da vida – no trabalho, no lazer, na escola, na família, na política, na ciência etc.", mas não é a ação prática que determina a ludicidade do momento, e sim a atitude do sujeito perante tal ação. Ele, o lúdico, serve como um "interlocutor" do prazer, sendo um elemento de ligação entre o homem e o meio, em contraposição à seriedade.

2.4 Entretenimento

O termo *entretenimento*, palavra de origem latina derivada de *inter*, que significa "entre", e *tener*, que quer dizer "ter", corresponde a tudo aquilo que diverte, entretém, que serve de distração e passatempo. É toda forma de lazer pago que está presente na área de lazer, como o ócio. Ele é a quebra da rotina (Trigo, 2003).

Além disso, o entretenimento também é considerado como qualquer ação, evento ou atividade que tenha a finalidade de distrair e suscitar o interesse de um público, que proporciona divertimento e satisfação pessoal.

Para Baccega, citado por Trigo (2003 p. 10),

> Constituem entretenimento teatros, circos, parques temáticos, cinemas, rádios, redes de tevê, gravadoras, parques naturais, clubes noturnos, editoras, restaurantes, boates, bares temáticos etc. Essa profusão, multiplicada em função de um país pluralista como o Brasil, nos dá a dimensão da complexidade do problema.

Assim, em virtude da amplitude de opções, torna-se impossível categorizarmos as ações que compõem o conceito de *entretenimento* – que podem ser divididos por tipo, gênero, tempo, espaço ou destinação –, uma vez que sua caracterização ocorre pelo conjunto de ações que divertem, distraem e entretêm, prendendo a atenção de um grupo por tempo (in)determinado.

> A função do **entretenimento** é a obtenção de gratificação pessoal ou coletiva, entretanto, essa forma de lazer pode ir além e transformar-se em um veículo de transmissão de elementos culturais.

2.5 Animação cultural

A animação cultural está contida no lazer e oferece uma programação específica a quem busca desfrutá-lo. Originária do termo grego *anima*, que significa "alma", a animação tem a finalidade de dar uma nova alma a algum ambiente ou atividade.

O animador sociocultural deve ter formação diferenciada, pois, para provocar a animação em seus clientes, deve conhecê-los e saber o que propor para agradá-los.

Entre as possibilidades de intervenção por meio da animação, podemos citar a **animação turística**, que é composta por atividades que objetivam humanizar as viagens, com o oferecimento de uma participação ativa capaz de promover ações que tornem o participante (cliente, turista ou hóspede) o protagonista do seu tempo livre, fazendo com que ele se sinta ocupando positivamente o seu tempo no dia a dia. Esse é um dos fatores de grande investimento atualmente, pois a ocupação do tempo com atividades que oferecem prazer leva muitos clientes a optar por frequentar locais que proporcionam essa sensação.

> **Animar um produto** significa disponibilizar um conjunto de ofertas na programação, a fim de que o ambiente seja utilizado da melhor maneira, para que quem o procure possa desfrutá-lo de uma forma mais acolhedora e prazerosa. Um exemplo de **produto animado** é a Torre Eiffel, localizada em Paris: os visitantes entram na fila, enfrentam escadas ou elevadores e esperam por horas para conhecer a torre de perto, mas sentem prazer nisso, pois o ambiente é animado, acolhedor e atrativo, com fotos antigas, movimentação e uma bela vista panorâmica, ou seja, há um rol de variações para entusiasmar quem procura por esse tipo de produto.

Para obtermos sucesso na animação de um produto ou equipamento, os hábitos e as culturas locais devem ser considerados, valorizados ou simplesmente conservados. Porém, o animador cultural também deve estimular a busca de novas experiências e disponibilizar o acesso a novas manifestações e linguagens.

2.6 Jogo

O jogo apresenta uma infinidade de conceitos e classificações, pois é fortemente reconhecido na sociedade. Ele é determinado por regras e objetivos rígidos e obrigatórios, tem vencedores e perdedores, mas, apesar disso, os seus participantes aceitam livremente essas condições. O jogo tem uma relação direta de vínculos com a recreação e o lazer, afinal ele é "o alicerce do divertimento, da criação, do prazer e da plena expressão do corpo e das vontades" (Lopes; Madureira, 2006). Ainda assim, antagonicamente, o jogo estabelece conexões com um lado mais formal do indivíduo: com a empresa, a escola, o intelecto e o desenvolvimento da criança, por exemplo.

Em cada contexto, o jogo apresenta diferentes classificações; no lazer, por exemplo, essa atividade se insere como busca pelo prazer e pela diversão. Nessa concepção, vários autores trabalham com formatos diferentes, classificando os jogos como competitivos ou não, executados em espaços abertos ou fechados, desenvolvidos com regras simples ou complexas, criados culturalmente ou inovadoras ou direcionados a adultos, jovens ou crianças, o que produz uma ampla gama de classificações.

Por meio de atividades competitivas, o jogo induz os participantes ao respeito mútuo, à obediência às regras e a um controle de atitudes. Para Lara e Pimentel (2006, p. 4),

> Os jogos, como fatores e imagens da cultura, criam hábitos, provocam mudanças, oferecem indicações sobre preferências, debilidades, forças e caracterização de uma civilização. Seja como expressão ou derivativo dos valores coletivos, seja pela camuflagem da vertigem, confusão e transe, e saliência da competição e da sorte nas "sociedades ordenadas", o jogo constitui-se como espaço de revelação das contradições e paroxismos do humano.

Assim, torna-se evidente que os jogos podem exercer grande influência nas pessoas, em seus grupos, em diferentes momentos ou circunstâncias, transformando a rotina e utilizando-se de certa "magia" para uma participação mais ativa e dinâmica. O elemento *jogo* será melhor explorado no Capítulo 10.

2.7 Brincadeira

Fenômeno cultural presente em todas as sociedades e gerações, a brincadeira, considerada uma expressão da condição humana abordada pelas diferentes culturas como forma de inserção cultural, é apresentada em diferentes linguagens e processos, que a expressam como possibilidade de reconstrução e ressignificação da realidade.

Quando tratamos da brincadeira como uma forma de expressão do lazer, vinculamos seu desenvolvimento à **diversão**, ou seja, onde existe a recreação, há também a brincadeira – sobretudo entre crianças – e, desse modo, esta está vinculada aos momentos de lazer. Considerada sob esse ponto de vista, no lazer, a brincadeira passa a ter um teor de "atividade recreativa", desvinculada de um cunho pedagógico, formativo e dirigido.

Apesar de ter regras, a brincadeira não exige uma cobrança tão rígida, pois é uma atividade lúdica voluntária, "gratuita", desprovida de finalidades ou objetivos explícitos e auto-organizada, uma vez que os participantes definem onde, com quem, por quanto tempo e sobre o que brincarão. Além disso, a brincadeira é marcada pela imaginação e motivação intensa, cuja principal função é o divertimento, como dissemos anteriormente. A brincadeira cativa, empolga e provoca a interação.

Existem muitos tipos de brincadeiras: folclóricas, de rua, de roda, de salão, com ou sem materiais, com brinquedos produzidos em fábricas ou manualmente, com ou sem regras, com ou sem música etc. Veremos o tema *brincadeira* com mais profundidade no Capítulo 10.

Síntese

Uma breve abordagem teórica e conceitual se fez necessária para embasar as propostas de trabalho e provocar a leitura e a interpretação da prática, fomentando a proposição significativa do lazer em todas as circunstâncias.

Assim, neste capítulo, reunimos vários conceitos que permeiam o lazer, o entretenimento e a recreação, com vistas à proposição de ações, projetos, programas ou eventos significativos na área do lazer, com os mais variados equipamentos, em diversas comunidades, instituições ou situações.

A fim de provocar o diálogo entre as diferentes formas de expressão do lazer como fenômeno social, percebemos as múltiplas possibilidades que se encontram na exploração, na proposição e no entendimento dessas variações.

Questões para revisão

1. Todas as formas de recreação podem ser consideradas formas de lazer?

2. Conceitue o termo *lúdico* e indique suas formas de manifestação.

3. Leia as afirmações a seguir.
   I. O lúdico pode se manifestar em todos os momentos da vida, inclusive no trabalho.
   II. Todas as atividades lúdicas são consideradas formas de lazer.
   III. O lúdico pode indicar um ambiente divertido e prazeroso.
   IV. A atividade lúdica é tudo o que serve de distração e passatempo.
   V. O lúdico serve como um interlocutor do prazer, sendo um elemento de ligação entre o homem e o meio, em contraposição à seriedade.

   Considerando o conceito de *lúdico*, estão corretas somente as afirmativas:
   a. I, II e III.
   b. I, III e IV.
   c. II, IV e V.
   d. I, III e V.

4. Associe as sentenças a seguir, relacionando os termos à definição correspondente.

   1. Ócio.
   2. Recreação.
   3. Entretenimento.
   4. Lúdico.

   ( ) Um tempo sem ocupação por opção própria da pessoa.
   ( ) Aquilo que tem caráter de divertimento.
   ( ) Aquilo que serve de distração e passatempo.
   ( ) Ocupação cujas atividades não estão vinculadas somente ao lazer.

   A sequência correta dessa associação é:

   a. 1, 2, 3, 4.
   b. 2, 3, 4, 1.
   c. 1, 4, 3, 2.
   d. 4, 2, 1, 3.

5. Sobre a classificação das diferentes formas de expressão do lazer, assinale com "V" (verdadeiro) ou "F" (falso) as alternativas a seguir.

   ( ) A animação cultural contida no lazer impõe uma participação específica.
   ( ) A recreação é uma manifestação cultural caracterizada pelo divertimento e entretenimento do indivíduo que dela participa.
   ( ) A recreação é composta por atividades impostas, que têm caráter de divertimento.
   ( ) O termo *entretenimento* significa aquilo que diverte, que serve de distração e passatempo.

Assinale a sequência correta:

a. F, V, F, F.
b. V, F, V, V.
c. F, V, F, V.
d. F, F, V, V.

Questões para reflexão

1. Brincar é coisa séria? Brincar é coisa séria! Pergunta ou afirmação?

2. A utilização de recursos informatizados, tão comum no mundo atual, exerce uma influência positiva ou negativa no desenvolvimento das crianças e dos adolescentes?

3. O tempo gasto em frente ao televisor constitui uma possibilidade de entretenimento, geralmente passivo, que apresenta conceitos prontos e acabados instigantes para o consumo. Nesse contexto, reflita sobre a forma como a interferência da televisão pode ser positiva, constituindo-se em fonte de prazer nos momentos de lazer.

PARA SABER MAIS

KISHIMOTO, T. M. (Org.). **Brincar e suas teorias**. São Paulo: Pioneira Thomson Learning, 2002.

Esse livro trata de concepções sobre o *brincar*, provenientes de três campos de estudo: socioculturais, filosóficos e psicológicos. Na obra, organizada por Tizuco Kishimoto, temos a discussão do *brincar* como fenômeno cultural pelos vieses de diferentes pesquisadores franceses, que ressaltam os aspectos culturais expressos nessa atividade.

GOMES, C. L. **Dicionário crítico do lazer**. Belo Horizonte: Autêntica, 2004.

Esse livro reúne a discussão de 50 vocábulos e expressões de referência no campo de estudos sobre o lazer, conceituados por renomados autores, a fim de provocar a reflexão crítica sobre a temática do lazer e de seus componentes, o que possibilita ao leitor aprofundar os conhecimentos sobre o assunto.

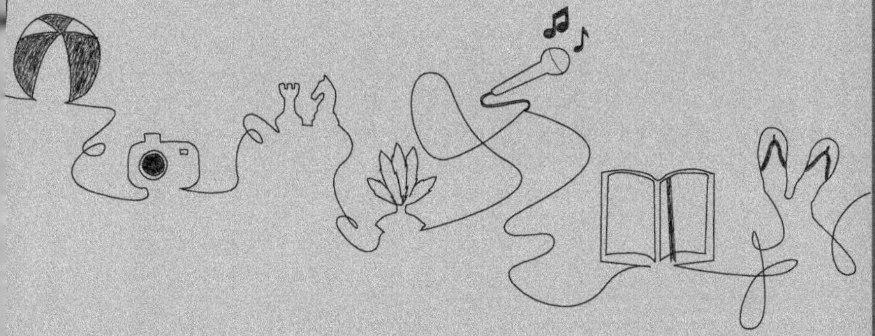

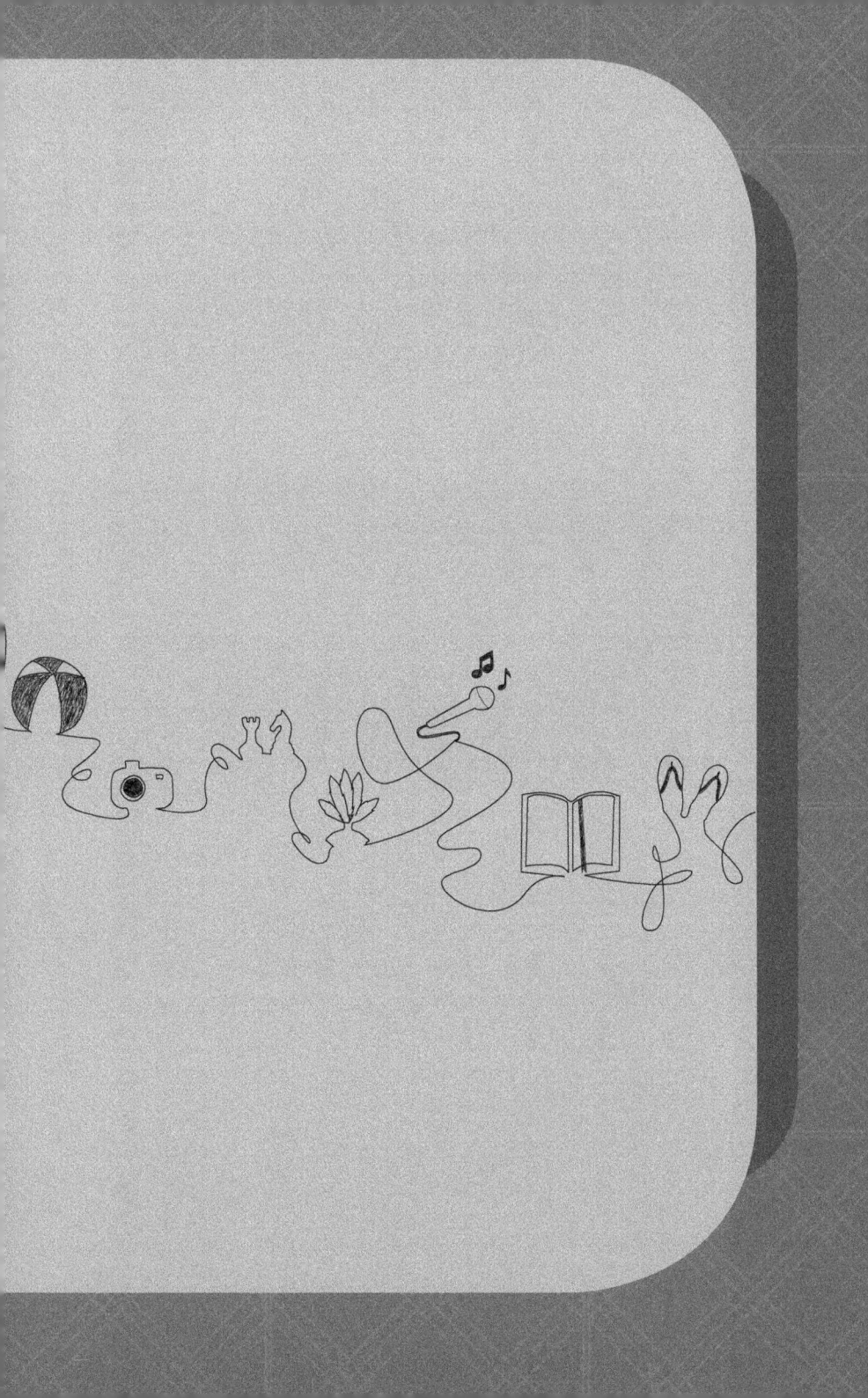

ESPAÇOS E EQUIPAMENTOS DE LAZER

CAPÍTULO 3

CONTEÚDOS DO CAPÍTULO

→ Aproveitamento de diferentes espaços para o desenvolvimento do lazer.
→ Equipamentos não específicos de lazer.
→ Equipamentos específicos de lazer.
→ Organização de espaços para o lazer.

APÓS O ESTUDO DESTE CAPÍTULO, VOCÊ SERÁ CAPAZ DE:

1. entender a importância dos espaços apropriados para o lazer, bem como adaptar espaços subutilizados;
2. classificar os diferentes espaços para o lazer, próprios para o desfrute ou adaptados às necessidades;
3. perceber como diferentes locais podem ser reutilizados após a sua transformação em equipamentos específicos para o lazer;
4. relacionar o contexto atual das grandes metrópoles com a precariedade de espaços para o lazer.

Agora que já estudamos a evolução do lazer, do entretenimento e das diferentes possibilidades e formas de promoção da recreação, é hora de entendermos melhor a influência que os locais onde essas atividades são oferecidas têm sobre os resultados atingidos.

Como um fenômeno social, o lazer passou por transformações constantes, acompanhando o ritmo das sociedades, seus hábitos, costumes, interesses e – por que não dizer – sua intervenção no modo de vida das pessoas.

Sendo assim, neste capítulo, vamos abordar o modo como as transformações da sociedade afetam diretamente os espaços e os equipamentos do lazer. Esclareceremos também como os espaços, os equipamentos específicos – nem sempre tão convencionais – e os chamados *equipamentos não específicos* têm sido aproveitados para o desenvolvimento do lazer. Vamos tratar também do planejamento e da organização da recreação, compreendendo a importância que devemos dar a essa ocupação para melhor adequar as práticas e aproveitar tudo o que é oferecido na área do lazer.

3.1 Espaços

Inicialmente, podemos considerar que qualquer ambiente pode se tornar capaz de atender às variadas possibilidades de ocupação do tempo disponível para o desfrute do lazer. O tema *equipamentos de lazer* é muito amplo e complexo e envolve uma grande quantidade de tipos diferenciados de instalações. No entanto, é certo que, ao analisarmos o lazer como uma manifestação humana que abrange circunstâncias como o tempo e a atitude que o caracterizam, essas instalações pressupõem a existência de um espaço, que pode ser real ou mesmo virtual (Marcellino, 2001).

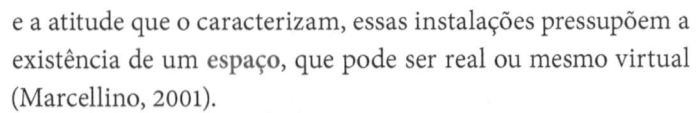

Assim, genericamente, os espaços de lazer dizem respeito aos lugares em que se desenvolvem ações, atividades, projetos e programas de lazer. Esses espaços podem ser destinados ao uso específico do lazer, sendo tratados então como equipamentos de lazer, ou ter seu uso ampliado para diversas outras situações, apresentando assim a possibilidade de inserir, entre suas potencialidades, a ocupação voltada ao lazer.

De modo geral, os equipamentos de lazer são instalações ou edificações próprias, destinadas a atender a uma programação especializada ou uma faixa de interesses culturais específicos. Como exemplo, podemos citar as academias de ginástica (Vaz, 2003) que, nesse caso específico, também podem ser consideradas ambientes de atividade física sistemática.

De acordo com Marcellino, Barbosa e Mariano (2006, p. 56), "espaços e equipamentos de lazer são componentes dinâmicos de uma política pública de lazer que estão em constante transformação", pois dizem respeito à forma como são organizados, explorados e distribuídos os diferentes equipamentos de uma cidade e ao tipo de possibilidades que oferecem.

> Com a grande ocupação do espaço fruto do crescimento desenfreado da população mundial, os estudos do lazer se fazem presentes e ganham impulso com o processo de urbanização (Marcellino, 2001), uma vez que, com isso, ocorreram severas mudanças no que diz respeito à importância, às proporções, às diferentes experiências e às variedades culturais no uso dos espaços e equipamentos de lazer.

Ao analisarmos a questão do espaço e dos equipamentos de lazer, surgem algumas preocupações, pois sabemos que o aumento da população urbana não foi acompanhado pelo desenvolvimento da infraestrutura das cidades, o que provocou – e ainda provoca – irregularidades na ocupação do solo e ocasiona grande desnível na sociedade. Em outro contexto social, quando da organização das áreas nobres a mesma situação ocorre com diferenças no investimento, no planejamento e na organização das áreas nobres, as quais são concentradoras de benefícios e caracterizadas por dispor de bons recursos; áreas livres e verdes; ruas amplas, com calçamento e bem iluminadas; casas confortáveis e vizinhança privilegiada. Isso se diferencia do que ocorre na periferia das cidades, que concentra a maior porcentagem da população, mas em um espaço reduzido e pouco beneficiado.

Mesmo quando os equipamentos estão localizados nesses espaços, como os centros de compras e as prestadoras de serviços, a população local não tem acesso privilegiado a eles. Isso ocorre porque a designação de acesso é determinada pelos interesses econômicos, uma vez que a grande maioria desses equipamentos foi e é concebida como local de produção ou de consumo.

O crescimento desordenado da população e a especulação imobiliária contribuem para que o quadro das nossas cidades não seja dos mais promissores, tanto na defesa de espaços quanto em termos da paisagem urbana (Marcellino, 2001). É fácil percebermos essa questão por meio da mudança de repertório das brincadeiras da infância atual, sem espaços apropriados para serem realizadas, não mais coletivas em sua maioria e não atendendo às diferenças culturais. Aqui, consideramos principalmente as crianças que são fruto de uma parcela da sociedade sem oportunidades, especialmente as oriundas de comunidades que não contam com as mínimas condições para o desenvolvimento do lazer próximo às suas residências e para quem o acesso a locais próprios é quase inviável, dadas as suas condições de vida.

Diante disso, a discussão sobre a urbanização nos remete ao pensamento de que, "para a efetivação das características do lazer, é necessário, antes de tudo, que ao tempo disponível corresponda um espaço disponível" (Marcellino, citado por Lemos; Dantas; Chao, 2009, p. 27). Com esses aspectos fazendo parte das transformações da sociedade, novos espaços podem ser apropriados e servir como possibilidades para o desfrute do lazer, o que chamaremos aqui de *equipamentos não específicos de lazer*, assunto que veremos a seguir.

3.1.1 Equipamentos não específicos de lazer

Os equipamentos não específicos de lazer são aqueles criados para outros fins que não o lazer, mas que acabam se configurando como tal, por diversas razões, como o crescimento da urbanização, aspecto que citamos anteriormente. Os espaços considerados potenciais para o desenvolvimento do lazer podem proporcionar oportunidades de transformação e reemprego de suas funções para a implementação de ações, projetos, programas ou eventos de lazer.

Um exemplo que merece destaque são os investimentos realizados nas escolas que, por conta da necessidade da oferta de estudo, já se encontram instaladas em praticamente todas as cidades e contam com grandes possibilidades relativas à questão do espaço, com vários diferenciais de exploração dos ambientes que as compõem. Além disso, confia-se no seu público que já existe, direta ou indiretamente, isto é, o estudante ou seus familiares e amigos, o que abre a oportunidade para a propagação de diferentes campos de interesse.

> **QUESTÃO PARA REFLEXÃO**
>
> Considere os espaços internos e externos de uma escola, como quadras, pátios, auditórios, salas de aula e laboratórios. Não é fácil torná-los grandes possibilidades para o incremento do lazer?

Dessa forma, apesar de a educação formal ser a finalidade principal da escola, esta também é um espaço que deve ser amplamente utilizado para outros propósitos. Especialmente nos fins de semana ou nos períodos de férias, torna-se possível a ocupação dos espaços disponibilizados pelas escolas para a utilização voltada ao bem-estar, ao lazer e ao entretenimento daqueles que moram no seu entorno – os alunos ou o público que já é presente, direta ou indiretamente, nelas.

Além da escola, outro espaço muito explorado atualmente e com forte potencial para o lazer é a casa. No seu sentido mais comum, ela é uma estrutura construída pelo ser humano, com a função de constituir-se como um espaço de moradia para um indivíduo ou grupo de indivíduos, de tal forma que estes estejam protegidos dos fenômenos naturais exteriores – sendo considerada, assim, um objeto de moradia. Para Marcellino, Barbosa e Mariano (2006, p. 60), "na sociedade contemporânea, a casa volta a ser, novamente, e cada vez mais, um lugar de morar, trabalhar e brincar".

Com as adversidades do mundo atual e as transformações que a sociedade vem sofrendo, principalmente nos grandes centros urbanos, é comum que as casas se tornem o local onde as pessoas mais vivenciam o lazer, por razões diversas, como a simples falta de oportunidades de acesso. Isso ocorre mesmo que o lazer nesse ambiente não seja dos melhores, resumindo-se à pessoa se sentar em frente ao televisor, ouvir músicas ou passar horas no computador. É importante salientar que esse comportamento reflete também o tipo de sociedade em que estamos nos transformando.

Diante dessas posições, atualmente também percebemos uma preocupação das famílias em investir em um novo conceito de *casa*, para que seus moradores não precisem sair dela em busca de satisfação. Uma laje, um quintal, um jardim, uma sala maior, uma cozinha mais acolhedora, um espaço reservado para os brinquedos: o ser humano tem tentado adaptar esses conceitos aos novos formatos de habitação. Isso se torna mais evidente quando consideramos a parcela da sociedade com melhor renda financeira, pois é comum que suas casas disponham de uma infraestrutura melhor, em termos de equipamentos que favoreçam a permanência das pessoas nos ambientes internos (Pellegrin, citado por Gomes, 2004), como é o caso de condomínios de alto padrão.

Como equipamentos não específicos de lazer, temos também os bares e restaurantes, cujas funções próprias são as de comércio e abastecimento. Atualmente, em algumas ocasiões, esses lugares estão sendo substituídos por redes de *fast-food*, nas quais o consumo é rápido e a convivência é desestimulada, uma vez que a intenção desses locais é oferecer serviços rápidos e aumentar o fluxo de clientes. Mesmo assim, grande parte dos bares e restaurantes têm sido transformados em espaços de convivência, encontro entre pessoas e, em alguns casos, apresentações artísticas, combinando a motivação de comer e beber, necessidades do ser humano, com o desfrute de um tempo prazeroso. Com isso, percebemos a economia de um tempo que não mais está disponível para o lazer, misturando-se o tempo de obrigações para a própria sobrevivência – como comer – com o entretenimento, o que ocupa o indivíduo com situações que os distraiam, alegrem e divirtam no mesmo momento em que se alimentam, obtendo assim seu tempo de recuperação psicossomática para garantir a continuidade da rotina.

As ruas e a maioria das praças são concebidas quase sempre como locais de acesso, passagem e circulação. Porém, com a limitação dos espaços urbanos em algumas cidades de grande porte, ocorre o bloqueio de ruas para que a população tenha mais um pouco de espaço livre e sem trânsito para a realização de atividades de lazer. Como exemplo, podemos citar algumas "ruas de lazer", que geralmente são desenvolvidas em grandes centros urbanos, como Curitiba e Rio de Janeiro, e nas quais ocorre o bloqueio do trânsito em determinadas quadras nos fins de semana. Nelas, há o incentivo ao uso de bicicletas – com maior segurança – ou à realização de outras atividades recreativas direcionadas especialmente para crianças e famílias.

No que diz respeito aos centros comerciais, ou *shopping centers*, estes vêm apresentando um crescente número de atrativos para seduzir os seus frequentadores. Entre os principais investimentos estão os equipamentos, as atividades e os serviços que promovem o lazer, como: equipamentos de recreação para as crianças durante o tempo de permanência dos pais nesses locais; espaços alternativos com poltronas confortáveis e boa iluminação; amplas praças de alimentação ou restaurantes renomados; e equipamentos de lazer como salas de jogos eletrônicos, pistas de boliche ou de patinação no gelo. Esses ambientes de compras estão se adequando culturalmente, para que o tempo e a opção de permanência do público sejam cada vez maiores e envolvam o tempo livre disponível para o lazer daquelas pessoas que utilizam esses espaços. Assim, juntamente com o comércio, há ainda uma variedade de oportunidades para a ocupação prazerosa do tempo e, consequentemente, a alteração da concepção original desses ambientes, anteriormente destinados apenas a compras, para centros de lazer.

> No Brasil, essa adaptação dos centros comerciais é também justificada pela demanda crescente da população por espaços mais seguros ou mesmo pela falta de espaços livres nas cidades, uma vez que, em virtude da elevada densidade demográfica, os grandes centros concentram a maior parte da população. Dessa forma, esses ambientes ocupam cada vez mais um lugar privilegiado como alternativa no momento de o consumidor optar por atividades a serem realizadas em seu tempo livre.

Outros espaços, como um quartel, uma empresa ou uma igreja, também podem se adaptar e, em determinados momentos (fins de semana, períodos ociosos, temporada de férias), tornar-se equipamentos de lazer. É evidente que eles não foram criados para esse fim, mas também podem suprir a demanda pela busca de ocupações no tempo livre, considerando-se a divisão dos tempos sociais dos indivíduos – aqueles períodos nos quais se realizam atividades com o objetivo de satisfazer as necessidades básicas para a sobrevivência do ser humano, como alimentação, vestuário e descanso – e a parcela de **tempo de trabalho**, que é o período em que o homem atua em função de objetivos que lhe garantam a satisfação dessas necessidades vitais.

Assim, diferentes atores da sociedade propõem atividades combinadas a outros afazeres já instituídos, como o culto a uma religião, a formação de grupos de jovens ou escolas bíblicas, a visualização de festas empresariais envolvendo a família dos colaboradores, confraternizações entre os funcionários ou, ainda, atividades de recreação e competições esportivas envolvendo esses trabalhadores, além da capacitação em diferentes níveis e da exposição de trabalhos e serviços prestados pelo setor público.

É comum que haja uma otimização dos serviços públicos em eventos, levando-se para perto da comunidade os serviços que, no dia a dia, encontram-se distantes do acesso desse público específico, como mutirões, feiras e ofertas de produtos pelos órgãos públicos. A exemplo disso, temos a reunião, em um determinado local, de órgãos que confeccionam carteira de identidade (RG) e carteira de trabalho, que realizam testes rápidos de saúde ou vacinações e que fornecem orientação judicial em pequenas causas e resolução de pendências entre o cidadão, além de diversos outros serviços coordenados pelas prefeituras, por meio dos quais se diminui o tempo perdido em filas. Nesses mutirões ou feiras, é muito comum a oferta de opções de lazer, como a recreação para crianças e a disponibilização de serviços de estética (maquiagem, cabeleireiro e manicure), o que é reconhecidamente uma opção de lazer para muitos, especialmente para aqueles desprivilegiados de recursos financeiros.

3.1.2 Equipamentos específicos de lazer

Por **equipamentos específicos de lazer**, entendemos os ambientes físicos privilegiados para a vivência do lazer. Esses espaços, concebidos especificamente para a oferta de opções de lazer, podem, de acordo com Camargo (2003), ser classificados por sua dimensão e finalidade e diferenciados entre:

- Microequipamentos – São equipamentos destinados a uma população restrita, com interesse definido e que atendem de forma prioritária a um dos objetivos do lazer, como teatros, salas de cinema, quadras, piscinas, *playgrounds*, ateliês, bibliotecas, auditórios, clubes e associações.
- Equipamentos médios – Como o próprio nome revela, esses equipamentos atendem a um público um pouco maior e têm a possibilidade de variar suas ofertas entre algumas opções de interesses, como um centro cultural que desenvolve oficinas, palestras, cursos, atividades recreativas, rodas de viola etc.; ou um centro esportivo, no qual podem ser oferecidas aulas de ginástica, escolinhas esportivas e festas populares para grupos reduzidos. Nesse sentido, os equipamentos considerados médios atendem a uma população com interesses diversificados.
- Macroequipamentos – São equipamentos destinados a atendimentos em massa, com uma programação diversificada, abrangendo variados interesses socioculturais, e instalações com grandes dimensões e de alta capacidade. São equipamentos polivalentes que comportam um grande público, como em um *show* ou uma apresentação artística. Como exemplo, podemos citar também um complexo esportivo,

no qual seja possível a realização de uma competição esportiva para um grande volume de espectadores e, simultaneamente, de uma colônia de férias para muitas crianças. Além disso, há os hotéis de lazer, os *resorts* e as colônias de férias propriamente ditas; nesses casos, compreende-se que os macroequipamentos são equipamentos amplos, cuja característica principal é o contato com a natureza. Outros exemplos de macroequipamentos são os clubes de campo, os grandes parques (em escala regional, estadual e nacional) e jardins, bem como alguns equipamentos urbanos (pontos turísticos da cidade) ou não urbanos (*campings*, pousadas).

Os equipamentos específicos de lazer sugerem que a utilização desses espaços seja otimizada e ampliada com o oferecimento de atividades que privilegiem os diferentes conteúdos do lazer, procurando-se explorar ao máximo a variedade de ofertas, fator que enriquece qualquer programação voltada para o lazer.

3.2 Organização de espaços para o lazer

A falta de espaços apropriados para o desenvolvimento do lazer contribui para o enclausuramento das pessoas, que, por não terem opções de lazer nos logradouros públicos, acabam gastando seu tempo disponível no ambiente doméstico. O mais lamentável dessa situação é perceber que há uma diferença ainda maior para aqueles que moram em regiões menos privilegiadas, privadas de muitas possibilidades de ocupações para o seu tempo de lazer. Diante disso, reconhecemos que o Poder Público deve levar em consideração essas necessidades por meio da realização de um planejamento urbano e uma política habitacional que considerem vários aspectos, entre eles o espaço para o lazer dos cidadãos, contribuindo especialmente para a criação de espaços de lazer no entorno das habitações populares.

É importante salientarmos que, junto dessa consideração de espaço para o lazer, encontram-se outros aspectos considerados muito importantes para o planejamento urbano, tais como: transporte público, facilidade de acesso aos equipamentos, estruturas físicas dos espaços e variação de construções – elementos que podem ocasionar o desenvolvimento de diferentes interesses do lazer em um mesmo espaço, otimizando um equipamento e, internamente, a segurança no entorno e no acesso a ele.

Considerando essa necessidade da busca de espaços para o lazer e a limitação da oferta desses ambientes por parte da Administração Pública, os equipamentos urbanos destinados ao lazer, quando concebidos, quase sempre são assumidos pela iniciativa privada, que os encara como uma mercadoria a mais para atrair os consumidores. Assim, permanece a lógica do capitalismo, de que quem tem maior poder aquisitivo dispõe de maiores oportunidades, privando-se os espaços de lazer para a maior parcela da população.

Também é necessário considerarmos que não basta ocorrer somente a criação de espaços para o lazer, se não houver interesse em se manter uma programação que atenda ao coletivo e democratize o acesso a eles, pois é comum que espaços mais organizados "elitizem" a participação de poucos e afastem a grande maioria da população. Por isso, também se faz necessária, na implementação de espaços de lazer, a consulta à população sobre seus interesses, motivações e preferências, a fim de harmonizar o trabalho dos profissionais da área com as aspirações do público potencial e utilizar as conclusões dessa consulta como base para o planejamento.

Assim, é primordial conceber, pensar e projetar os espaços de lazer de acordo com uma programação preparada previamente e já experimentada. Camargo (2003) defende a ideia de que, antes de se implementar qualquer equipamento de lazer, deve-se verificar, na cidade, o que já existe e quais são os espaços urbanos com outras finalidades – educacionais, habitacionais, de transporte etc. – que também oferecem possibilidades para a prática do lazer. De qualquer forma, deve-se lembrar de que "o equipamento físico de lazer é mais importante para o uso qualitativo" do que para o uso "quantitativo do tempo livre" (Camargo, 2003).

Síntese

O lazer passou a ser considerado uma necessidade das pessoas para a reposição de suas forças de trabalho e, ao longo do século XVIII, passou a ser também um bem de consumo, à medida que foram criados equipamentos e atividades específicas para direcionar o lazer, assim como um mercado de consumo para este.

Com essa evolução, o lazer constitui-se como um objeto a ser tratado com seriedade, devendo receber atenção prioritária por parte do Poder Público, dos setores privado e acadêmico, das instituições sociais, da comunidade e das famílias. Ou seja, pelos diversos segmentos da sociedade comprometidos com a efetiva utilização do lazer como um dos fatores básicos para o exercício da cidadania e a busca de uma vida com mais sentido e qualidade.

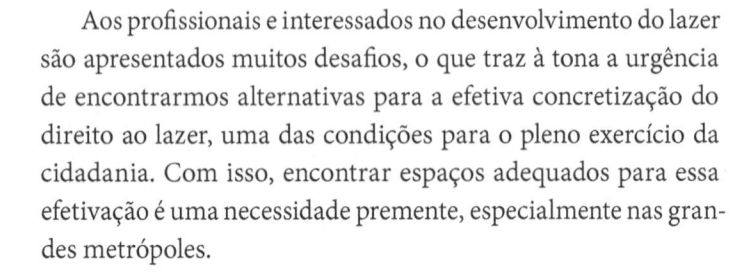

Aos profissionais e interessados no desenvolvimento do lazer são apresentados muitos desafios, o que traz à tona a urgência de encontrarmos alternativas para a efetiva concretização do direito ao lazer, uma das condições para o pleno exercício da cidadania. Com isso, encontrar espaços adequados para essa efetivação é uma necessidade premente, especialmente nas grandes metrópoles.

Questões para revisão

1. Observe a pintura reproduzida a seguir, datada do século XVI, que representa o universo lúdico infantil em uma cena cotidiana: jogos e brincadeiras dos habitantes de uma aldeia ocupada por brincantes.

Crédito: © Cäcilia Bischoff, Masterpieces of the Picture Gallery. A Brief Guide to the Kunsthistorisches Museum, Vienna, 2010

Juego de niños, Pieter Brueghel, 1560

Considerando a cena retratada, caracterize a situação atual de utilização de espaços públicos por crianças e jovens, comparando-a com a pintura de Brueghel. Além disso, cite três aspectos que influenciaram a construção dessa situação.

2. O que são equipamentos não específicos de lazer? Cite exemplos que ilustrem a sua resposta.

3. Os espaços concebidos especificamente para a oferta de opções de lazer de uma cidade podem, conforme Camargo (2003), ser classificados por sua dimensão e finalidade. Nesse sentido, marque com verdadeiro (V) ou falso (F) as afirmativas a seguir.
   ( ) Como microequipamentos, podemos citar os exemplos de *playgrounds* e bibliotecas.
   ( ) Um centro esportivo é considerado um equipamento médio.
   ( ) Um hotel de lazer é um exemplo de microequipamento.
   ( ) Um clube de campo é uma referência de macroequipamento.

Assinale a sequência correta:
   a. F, F, V, F.
   b. V, F, V, F.
   c. F, F, V, V.
   d. V, V, F, V.

4. De acordo com Camargo (2003), os equipamentos específicos de lazer podem ser classificados por sua dimensão e finalidade. Nesse sentido, assinale com verdadeiro (V) ou falso (F) as afirmativas a seguir.

( ) Macroequipamentos são aqueles locais que atendem de forma prioritária a um dos interesses do lazer, como uma sala de cinema.
( ) Microequipamentos são aqueles destinados a uma população restrita e com interesse definido.
( ) Equipamentos médios de lazer atendem a um público determinado e têm a possibilidade de variar suas ofertas entre algumas opções de interesses, como um centro cultural.
( ) Equipamentos polivalentes, destinados a atendimentos de uma grande população, são chamados de microequipamentos.

Assinale a sequência correta:

a. F, F, F, V.
b. F, V, V, F.
c. V, V, F, V.
d. V, F, F, V.

5. De acordo com Boullón (2004), existem algumas variáveis que caracterizam o planejamento de uma atividade recreativa. Nesse sentido, assinale com verdadeiro (V) ou falso (F) as alternativas a seguir.

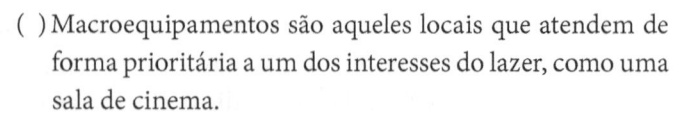

( ) As espécies de atividades podem ser divididas em cinco categorias: diversão; visitas culturais; visitas a sítios naturais; atividades esportivas; e participação em eventos programados.
( ) As espécies de atividades referem-se às diferentes classes das atividades turísticas que levam em conta exclusivamente o que o turista pode fazer estando nelas.

( ) A participação do turista varia conforme a atitude pessoal, com ele permanecendo exclusivamente no papel de espectador.

( ) Leva-se em consideração a forma de realizar a atividade, isto é, se individualmente ou em grupo.

Assinale a sequência correta:

a. V, F, F, V.
b. F, V, F, V.
c. V, V, V, F.
d. F, F, V, F.

Questões para reflexão

1. Nas condições atuais de vida, grande parte da população tem concentrado sua moradia nas metrópoles, o que torna o ambiente "inchado" pelo crescimento urbano desordenado. Como fica a necessidade de espaços para o lazer nessas circunstâncias?

2. Em cidades de pequeno porte, com população menor, muitas vezes o espaço não é o problema, mas a omissão, a negligência e a falta de interesse dos administradores públicos dificulta o investimento na área do lazer, considerando-se que não basta somente existir a disponibilidade de espaços para o lazer, se não houver interesse em manter uma programação que atenda à população. Como se garante o lazer nessas condições? Aponte alternativas.

PARA SABER MAIS

MARCELLINO, N. C. **Estudos do lazer:** uma introdução. 4. ed. Campinas: Autores Associados, 2006.

Esse livro discorre sobre a questão do lazer na sociedade contemporânea, caracterizada por uma população urbano-industrial. Em pequenos capítulos temáticos, o autor apresenta uma leitura direcionada a profissionais comprometidos com a prática do lazer, a qual permite refletir sobre o alcance de suas atuações práticas.

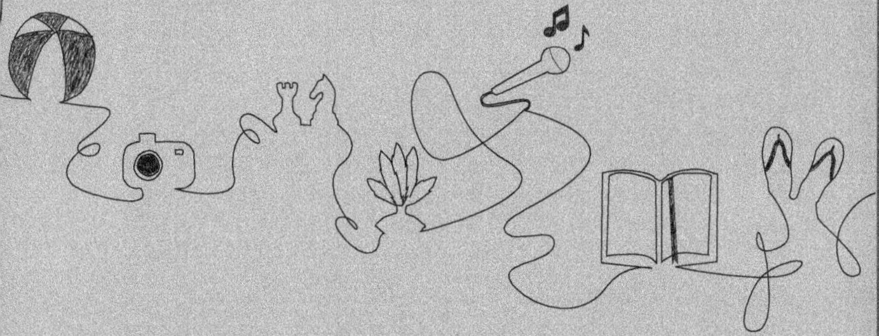

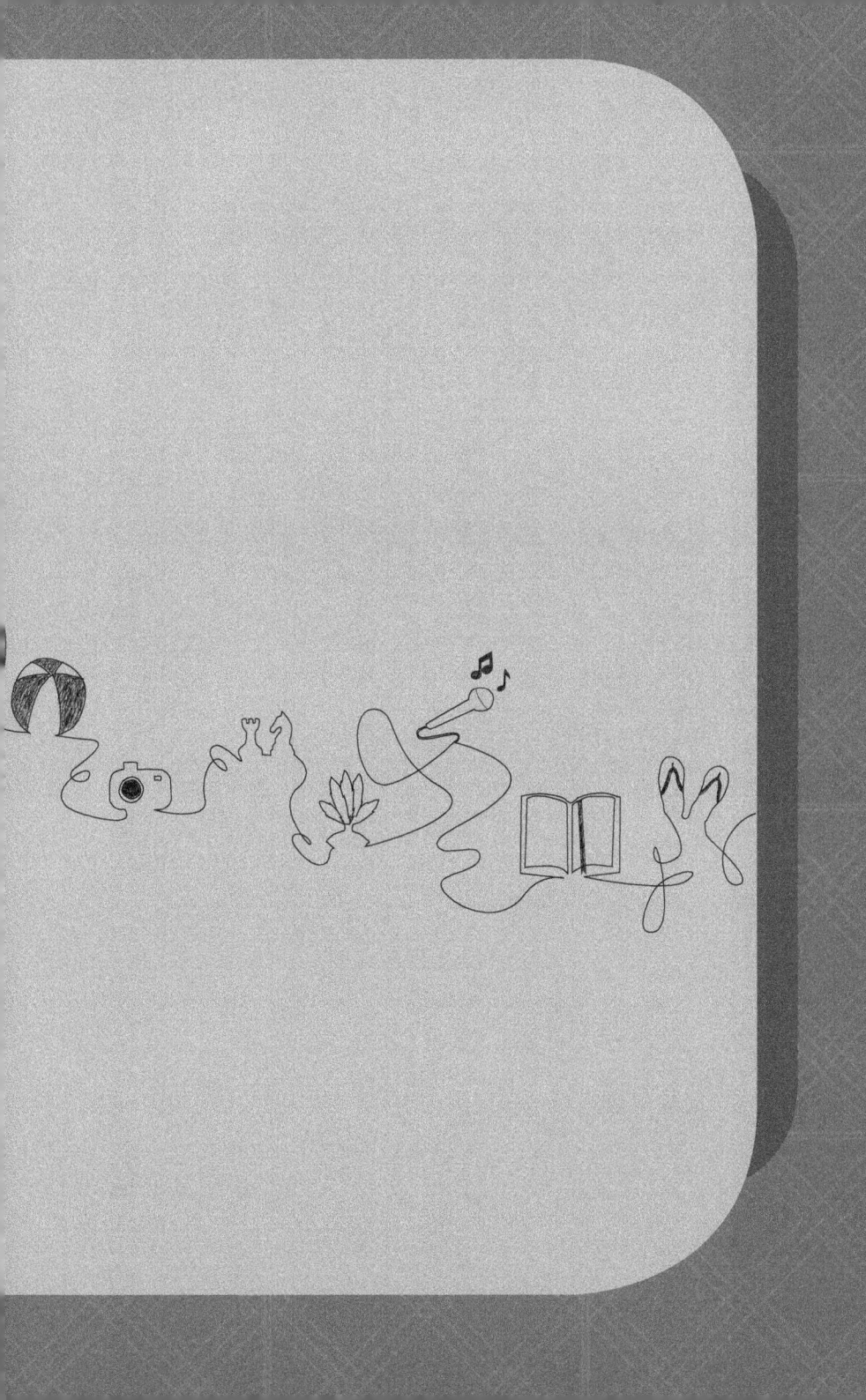

PLANEJAMENTO E ORGANIZAÇÃO DA RECREAÇÃO

CAPÍTULO 4

CONTEÚDOS DO CAPÍTULO

- Importância do planejamento.
- Etapas de elaboração de um planejamento.
- Considerações sobre o planejamento de atividades recreativas.

APÓS O ESTUDO DESTE CAPÍTULO, VOCÊ SERÁ CAPAZ DE:

1. compreender a importância do planejamento para o bom andamento de propostas, programas, projetos, ações ou atividades de lazer;
2. fundamentar-se com argumentos para elaborar um planejamento adequado de programas, projetos, ações ou atividades de lazer;
3. avaliar as variáveis que caracterizam o planejamento de atividades recreativas.

Planejar faz parte da nossa rotina diária. Cada passo que damos é fruto de uma ação planejada, seja no ambiente profissional ou residencial, seja no ambiente afetivo ou em momentos de lazer.

Um programa de lazer de qualidade, uma ação de lazer que atinja seus objetivos ou um projeto eficiente voltado para o desenvolvimento do lazer de um grupo, uma comunidade ou uma população não ocorrem por acaso nem pelo fato de se ter uma equipe de trabalho esforçada: é preciso ter um bom planejamento, premeditação, expectativa, dedicação, atenção, coordenação, comunicação e uma série de outros itens (Poit, 2006).

4.1 Elaboração do planejamento

O ato do planejamento não garante o sucesso de uma ação, mas, quando ele ocorre, a margem de erros se reduz e, consequentemente, a de sucesso é muito maior. De acordo com Ruschmann (1996, p. 66), "o planejamento é uma atividade que envolve a intenção de estabelecer condições favoráveis para alcançar objetivos propostos".

Para elaboração adequada do planejamento, você deve primeiramente responder às seguintes perguntas:

- O que será feito?
- Para quem?
- Quando?
- Onde?
- Por quê?
- Como?

Com base nas respostas a essas perguntas, você terá um **diagnóstico** da atuação, ou seja, uma condição prévia para orientar a decisão de se implementar qualquer ação ou organização no campo do lazer. O planejamento deve ser estruturado a partir de uma análise das variáveis, pois as decisões serão influenciadas com base nas condições socioculturais, políticas, econômico-financeiro temporais, espaciais geográficas, recursos e gestão em que o programa, o projeto, a ação ou a atividade a ser planejada está inserido(a). O planejamento é o momento de realizarmos a previsão, a identificação da realidade e a observação e análise das possibilidades – e, em muitos casos, faz-se necessária uma pré-consulta.

Ainda na fase do diagnóstico, temos a **reunião de recursos**, agrupamento de ideias que surgiram da observação realizada, para, então, propormos uma planificação e uma organização. Nessa fase, são previstas as questões referentes aos recursos humanos, o período, a análise do local e a forma de como colocar em prática uma ação – isso vale também para um projeto, programa ou evento.

Depois, inicia-se o processo de **concepção**, que consiste na formulação, coerente e o mais completa possível, da(s) ideia(s) relativa(s) à configuração inicial que se obteve com o diagnóstico. Devem ser definidas as ações, a direção a ser seguida e as diretrizes, os programas e os meios de realização, por meio da interpretação dos dados coletados pelo diagnóstico para uma execução bem elaborada.

Uma vez elaborada a concepção, trabalhamos no seu **programa**, que pode ser considerado como a indicação geral e detalhada do seu sistema funcional e operacional. Juntamente com as possibilidades de estratégias surgidas na concepção, todos os dados do diagnóstico elaborado colaboram para produzir uma programação que será colocada em prática.

> O programa incorpora as informações das fases anteriores e estabelece a coerência e a integração da ideia original com as possibilidades de programação que serão oferecidas.

É importante salientarmos que, na composição de ações, programas, projetos ou mesmo eventos de lazer, devemos considerar a possibilidade de propor **programações flexíveis e acessíveis**. No auxílio a essa variação de propostas, indicamos a classificação das atividades de lazer proposta por Dumazedier (1976), que apresenta os diferentes interesses culturais que compõem o lazer e na qual os conteúdos são diferenciados por áreas fundamentais de interesse. No Capítulo 5, discorreremos sobre esses interesses, que podem ser artísticos, intelectuais, físicos, manuais e sociais[1].

Com essa abrangência, além de utilizar as diferentes linguagens ou possíveis manifestações do lazer, a sua programação poderá ser ampliada e enriquecida, uma vez que é extensa a lista de opções de ocupações para o lazer e, em muitos casos, é uma combinação delas que leva os indivíduos a realizar a escolha do que fazer em seu tempo disponível.

Para um diagnóstico adequado, a coleta de informações abrange uma série de características que constituirão o inventário (Ruschmann, 1996). Inicialmente, as informações básicas da coleta são compostas:

---

[1] Camargo (2003) também insere nessa classificação os **interesses turísticos**.

- pela localização;
- pelo mapeamento do local;
- pelo histórico do empreendimento e das ações realizadas anteriormente;
- pelo sistema administrativo da gestão;
- pelos equipamentos que possui para serem incluídos na programação;
- pelos equipamentos mais procurados;
- pelo objetivo do empreendimento;
- pelos serviços a serem prestados e seus valores;
- pelo que ainda há de demanda;
- pela potencialidade para ação.

Ao nos dedicarmos à realização de um diagnóstico, também devemos considerar as **características ambientais**, que revelam os ambientes físico-geográficos e urbanos nos quais se pretende implementar o programa de lazer. Nesse sentido, ao longo do planejamento, é necessário verificar a possibilidade de utilização da flora ou da fauna ou de alguma paisagem; a época do ano com maior ou menor fluxo; a influência de fatores climáticos nas atividades programadas; a temperatura média do local; e, sobretudo, analisar se os clientes poderão suportar adequadamente os efeitos da interação física e ambiental que o programa elaborado pode provocar.

Como **características sociais**, o planejamento e a organização do lazer devem levar em conta a descrição dos eventos já realizados, que podem influenciar diretamente na operacionalização da sua ação, por exemplo:

- a forma como são divulgados os produtos ou serviços para a clientela-alvo e como essa atuação pode ser potencializada;

- a utilização de recursos humanos, bem como as necessidades de determinado evento e as capacidades de atuação, sendo que a consideração dessas características apontará para possibilidades e alternativas nas opções a serem programadas;
- a lista de atividades, exercícios, brincadeiras ou esportes estimulados no ambiente;
- a análise do perfil dos clientes ou participantes, identificando-se idade, gênero, nível de instrução, hábitos, ocupação, gostos, interesses, motivações, preferências fornecidas pela comunidade e pelas experiências observadas nas programações de lazer realizadas nela, as quais devem ser analisadas e ponderadas juntamente com as observações e experiências profissionais dos que administram e operacionalizam as programações.

Boullón (2004) apresenta algumas variáveis que caracterizam o planejamento de uma atividade recreativa:

- Espécie – Diferentes classes em que as atividades turísticas podem ser ordenadas. Essa classificação deve levar em conta dois fatores: primeiro, as características das diferentes atrações turísticas; segundo, o que o turista pode fazer estando nelas. Resumindo os usos atuais do turismo, deduzimos que as espécies das atividades turísticas e recreativas podem ser divididas em cinco categorias:
    1. diversão;
    2. visitas culturais;
    3. visitas a sítios naturais;
    4. atividades esportivas;
    5. participação em eventos programados.

- Natureza – A participação do turista pode variar de acordo com:
    - a atitude pessoal, entre o turista ser protagonista ou espectador;
    - a forma de realizar a atividade, isto é, individualmente ou em grupo;
    - a consequência espacial do modo de praticar a atividade; isso significa dizer que requerem maior concentração de tempo dos turistas ou de grupos, como a atividade de tomar sol na praia.
- Estrutura – No momento de programar, não podemos nos esquecer de que a possibilidade de qualquer atividade ser desenvolvida depende de alguns fatores, tais como:
    - o gosto, os desejos, as preferências, as expectativas e as capacidades de gasto do consumidor;
    - as características da atração turística ou do local recreativo;
    - a existência de um planejamento específico no lugar que, além de definir sua vocação, sirva de apoio para novas atividades a serem desenvolvidas;
    - a existência de uma infraestrutura de transportes e de comunicação que facilite o acesso rápido e seguro do público participante até o lugar em que se localizará o projeto em estudo;
    - a descrição das atividades que serão realizadas;
    - a previsão dos recursos humanos e financeiros, da estrutura, do período e do local;
    - a justificação da necessidade da recreação e sua administração adequada.

Apesar das diferenças conceituais que existem entre as manifestações culturais e de amplitude do lazer como fenômeno social, todos esses recursos (concepção, programa, inventário) se materializam funcionalmente por meio de diversas atividades e formas, utilizando-se para isso do espaço, seja no seu meio físico, seja no seu meio social. Essa utilização pressupõe ações que interferem no funcionamento geral dos ambientes, assim como nos elementos que os compõem.

Especialmente no Brasil, a busca por maior segurança diante dos altos índices de criminalidade vem transformando as escolhas de lazer da população. Além disso, a utilização do tempo para os deslocamentos entre casa, trabalho, escola e mercado, o investimento em qualificação profissional, a busca por outras fontes de renda, entre outras questões, evidenciam que, diante do mundo moderno e das condições de vida estabelecidas, cada vez mais as pessoas necessitarão de espaços alternativos para praticarem o seu lazer. Portanto, é certa a otimização de diferentes lugares para o desfrute do lazer, do entretenimento ou da recreação.

Como dissemos anteriormente, muitos desses espaços são oferecidos pela iniciativa privada, visando à comercialização de produtos. Porém, cabe também ao Poder Público suprir as necessidades não atendidas pelo mercado – por questões óbvias de desinteresse econômico –, traçar políticas claras e ampliar as opções e alternativas de lazer, entretenimento e recreação para as populações regionais e locais, especialmente as mais carentes ou desprivilegiadas, proporcionando, assim, o acesso democrático ao lazer.

Para oportunizar boas opções, é necessário o emprego de profissionais capacitados, que planejem suas ações e estudem o mercado e a sociedade, na esperança de se ter um futuro com maior qualidade no trabalho, na escola, na família ou nas instituições sociais em que o indivíduo estiver envolvido.

A transformação de valores pela qual passamos e que vem sendo tão discutida nos dá mostras de que, utopicamente, é possível imaginar mudanças para a sociedade atual e concretizar a existência em um mundo menos opressor e alienante, no qual a própria sociedade e o Poder Público se empenharão em promover o gozo do direito ao lazer.

Síntese

Vimos que o termo *planejamento* refere-se à forma de organização para se atingir uma finalidade desejada. Para alimentar as decisões a serem tomadas, inúmeras definições devem ser consideradas, tendo em vista a realização de determinados objetivos, o que exige a organização dos recursos disponíveis e a administração adequada deles.

Para que o processo como um todo seja concluído com êxito, um planejamento apropriado estabelece o cumprimento de etapas que nos fornecerão os indicadores necessários à realização do projeto, programa, ação ou atividade que idealizamos. Entre essas etapas, responder às perguntas "o quê", "quem" "quando", "onde", "por que" e "como" nos fornece os primeiros subsídios para uma visão prévia que orientará as decisões para a efetivação da ação, identificada como diagnóstico. Logo após, inicia-se o processo de concepção e, enfim, trabalha-se com o sistema funcional e operacional para sua efetiva realização.

Questões para revisão

1. Sabendo da importância do planejamento para elaborar propostas na área do lazer, entretenimento ou recreação, quais são as principais questões a serem respondidas nessa etapa?

2. Quais são as características variáveis que devem ser consideradas para termos um diagnóstico adequado de um planejamento de atividades recreativas?

3. O processo de planejamento na área do lazer é desencadeado por etapas. Com base na indicação dos termos a seguir, assinale a ordem sequencial em que elas ocorrem.
   1. Concepção.
   2. Diagnóstico.
   3. Programa.

   a. 1, 2, 3.
   b. 1, 3, 2.
   c. 2, 1, 3.
   d. 3, 2, 1.

4. Considerando a afirmativa a seguir, assinale com verdadeiro (V) ou falso (F) as falsas.

   Entre os fatores que devemos analisar ao elaborarmos um programa de atividades de lazer, encontram-se:

   ( ) a capacidade de gasto do consumidor participante.
   ( ) as características do local onde ocorrerá a atividade.

( ) a necessidade de realizar, antecipadamente, tudo o que ocorrerá na atividade.
( ) a análise de que a atividade será satisfatória somente se o lugar demonstrar vocação para sua promoção.

A sequência correta é:
a. F, F, V, V.
b. V, V, V, F.
c. F, V, F, V.
d. V, V, F, V.

5. Ao assumir a supervisão ou a liderança de um setor de lazer, o profissional deve observar com atenção diversos itens para melhor se situar e definir as programações. Nesse sentido, associe os itens a seguir, relacionando-os à observação que se faz pertinente.

1. Ambientes e áreas disponíveis.
2. Perfil do cliente.
3. Materiais e equipamentos disponíveis.
4. Clima.

( ) Verificar a capacidade em relação a quais _____ a programação poderá ser adequada.
( ) Analisar os hábitos e os interesses observadas por meio da verificação do _____ nas programações de lazer realizadas.
( ) Prever os impactos causados pelo _____ com a programação.
( ) Reivindicar as condições necessárias de _____ para o desenvolvimento do trabalho.

A sequência correta dessa associação é:

a. 1, 2, 4, 3.
b. 2, 3, 4, 1.
c. 1, 4, 3, 2.
d. 4, 2, 1, 3.

Questão para reflexão

Você concorda com a seguinte questão? Dê sua opinião a respeito.

"O ato do planejamento não garante o sucesso da sua ação. Então, por que perder tempo na elaboração desse processo?"

> **PARA SABER MAIS**
>
> POIT, D. R. **Organização de eventos esportivos.** 4. ed. São Paulo: Phorte, 2006.
>
> Esse livro se apresenta de forma didática e fornece informações por meio de uma descrição prática – e eficaz – de todos os procedimentos e informações indispensáveis à realização de um evento de sucesso, respondendo a questões como: "Como elaborar um projeto?", "Como captar recursos para um evento?", "O que é *marketing* esportivo?", "Como organizar um evento de sucesso?". É uma leitura que recomendamos para o início de qualquer planejamento.

INTERESSES CULTURAIS DO LAZER

CAPÍTULO 5

CONTEÚDOS DO CAPÍTULO

→ Manifestações culturais no lazer.
→ Classificação das áreas de interesses culturais do lazer.
→ Descrição dos interesses físicos, artísticos, manuais, intelectuais, sociais e turísticos.

APÓS O ESTUDO DESTE CAPÍTULO, VOCÊ SERÁ CAPAZ DE:

1. entender a riqueza de propostas que pode ser oferecida por uma programação adequada de lazer;
2. reconhecer que o lazer é um tema plurifacetado, admissível em várias áreas de interesse;
3. constatar a importância de o profissional da área reconhecer as diferentes formas de lazer e, assim, ser capaz de compor uma programação rica em ofertas.

Na abordagem conceitual do lazer, compreendemos que sua composição, escolhas e opções são sempre advindas da cultura, a qual pode ser padronizada, tradicional ou inovadora. No entanto, como fenômeno social, o lazer se baseia nas formas de vida em sociedade. Assim, com base na proposição de ações, projetos, programas ou eventos de lazer, o profissional da área, sobre o qual trataremos neste capítulo, deve estar preparado para reconhecer, na prática, as possibilidades de atuação, obtendo sucesso quando incorpora uma variedade de manifestações e linguagens culturais. Dessa forma, mesmo no campo do lazer, existe a necessidade de se profissionalizar, para então ser possível oferecermos serviços que atenderão à expectativa e ao gosto dos hóspedes e clientes, pois a realização de qualquer atividade de lazer envolve a satisfação de aspirações dos seus praticantes (Marcellino, 2006a).

> Compreender a cultura diz respeito a conhecer um campo vasto e complexo, que abrange discussões sobre valores, linguagens, manifestações, símbolos, relações e contextos sociais.

A cultura nem sempre é fácil de ser situada e oferecida, tanto por parte daquele que propõe quanto daquele que a procura. Com isso, o problema de acesso a ela fica atrelado à falta de um processo contínuo de criação, que permita às pessoas descobrirem as possibilidades de prazer proporcionadas pelas diferentes manifestações culturais, sejam quais forem, o que acaba restringindo a vivência dos momentos de lazer.

Diante disso, as manifestações culturais possíveis na prática do lazer podem se tornar uma fonte de participação social, de produção de conhecimento e de mudanças de comportamento, aspectos necessários à nova ética que se procura atualmente, ao mesmo tempo em que colaboram para a qualidade do processo de formação humana e possibilitam àquele que acumula cultura e se apropria dela a construção de um mundo melhor.

> Cada sociedade tem seus anseios e suas vontades para utilizar seu tempo livre. Por isso, é muito importante o entendimento e o conhecimento desses desejos, por parte do profissional de lazer, para que seja possível construir uma situação de atendimento de expectativas do seu cliente. Para tanto, o mercado busca profissionais capacitados e preparados, e você está nesse caminho!

Relembrando o conceito de *lazer* idealizado por Marcellino (1995), para quem esse fenômeno social é entendido como a cultura vivenciada, praticada ou fruída no "tempo disponível", devemos entender esse tempo de escolhas e oportunidades, bem como o conteúdo que preencherá essas opções. Isso significa que cada indivíduo busca o prazer a seu modo, realiza suas escolhas, tem suas opções e, de alguma maneira, conduz suas ações para contemplar seus desejos. Assim, a ação do ser humano sobre a realidade ultrapassa o plano cultural criado por ele próprio. Ao produzir a cultura, ao mesmo tempo, o homem produz-se a si próprio em meio à convivência social, e seu poder de ideação transforma-o pela ação.

QUESTÃO PARA REFLEXÃO

Como lazer e cultura se misturam?

A cultura é um produto da existência do ser humano, resultante da vida concreta no mundo que ele habita e de suas condições sociais. Ela é produzida em decorrência de um conjunto de normas, valores e hábitos que norteiam a vida humana em sociedade, o que significa que sempre devemos considerar o aspecto cultural na programação de lazer que proporemos, reconhecendo o interesse comum entre aqueles que usufruirão das ações, projetos, programa ou eventos postos.

Por consequência, a cultura se torna uma referência, que resulta em uma série de manifestações, como as sociais, e em linguagens artísticas, físicas e cognitivas que fazem parte desse contexto social.

Para mapear uma configuração dos possíveis interesses a serem ofertados, em busca do entendimento dos desejos e das expectativas dos participantes, vamos utilizar uma classificação das atividades de lazer proposta por Dumazedier (1976), que estabelece uma divisão em cinco áreas de interesse:

- interesses físicos;
- interesses artísticos;
- interesses intelectuais;
- interesses manuais;
- interesses sociais; e
- interesses turísticos.

Complementado essa classificação, como mencionamos anteriormente, Camargo (2003) sugere mais um interesse, denominado *interesse turístico*, como conteúdo cultural do lazer. Essa classificação, apesar de não ser rígida, é necessária para que, no momento em que você estiver planejando as ações, seja capaz de reconhecer nas propostas as diferenças entre os interesses e os tipos de atividade que vão compor o seu programa.

Se, em uma programação qualquer, temos o uso de mais de um dos interesses propostos por Dumazedier, é bem provável que a ação obtenha adesão e resultado positivo para os participantes, visto que a variedade de interesses e de linguagens amplia e enriquece nossa atuação profissional no lazer.

Nesse sentido, percebemos o quão importante é entender as manifestações das diversas culturas, pois aquilo que é ofertado sempre causará uma aspiração positiva ou negativa de participação, considerando-se principalmente que o indivíduo que se envolve em uma determinada programação já a inicia com algumas expectativas. Isso significa que ele espera um retorno compensatório de prazer pela opção que fez para o seu lazer. Esse mesmo participante executa a ação e tem somada à expectativa a leitura do que realmente aconteceu. Por fim, as ações das quais participou ficarão na memória, como lembranças daquilo que vivenciou.

Assim, quando propomos atividades de lazer no campo do turismo, é importante considerarmos o antes, o durante e o depois da programação proposta. Por exemplo, no caso de um hotel fazenda, existe a expectativa de uma programação cheia de atividades voltadas para um estilo de vida mais ligado à natureza, com a presença de áreas verdes, a proximidade com animais e hábitos da vida rural etc. Isso já se encontra no pensamento do hóspede ao contratar o serviço e antes de chegar ao hotel. Após tomar conhecimento da programação de lazer, ele somará suas expectativas à realidade vivida, o que pode ser positivo ou não, caso suas vontades não sejam atendidas. Além disso, após o término da estadia, esse hóspede ficará com a totalização do que vivenciou, com base naquilo que desejava como recordação.

> Para atender com zelo, e na tentativa de tornar o turista, cliente ou hóspede satisfeito com suas escolhas, o profissional deve ser capacitado para realizar uma leitura da cultura e do tipo de sociedade frequentadora, a fim de adequar as ofertas de lazer. Ou seja, é fundamentando-se na interpretação das informações que o profissional do lazer deve elaborar sua programação das atividades.

A atuação profissional no lazer, reconhecida nos dias de hoje, é mais coerente do que a princípio poderia nos parecer, e requer preparação e disposição, pois se espera que o profissional possa intervir dentro de um espectro de possibilidades. Na atualidade, o lazer não é mais tratado como algo supérfluo e que se faz apenas "caso sobre tempo", mas faz parte da vida das pessoas. Ele é diferenciado como uma necessidade e, por isso, quem se compromete em trabalhar no campo do lazer, entretenimento ou recreação, deve conhecer muito bem as variedades de interesses e manifestações do lazer.

Quando você propõe diversas atividades e elas são consentidas por vários participantes, significa que a sua indicação foi adequada. Para se obter assertividade nas suas propostas, sugerimos a utilização de diferentes formas de expressões do lazer, levando em conta os diversos interesses culturais presentes e percebendo, inclusive, a necessidade de se propor momentos mais tranquilos e outros, mais divertidos e animados, na sua programação.

Para facilitar o entendimento da classificação dos interesses culturais propostos por Dumazedier (1976) e complementados Camargo (2003), veja, a seguir, um breve descritivo das características que compõem cada um deles, relembrando que não há uma divisão rígida, pois em muitos momentos as atividades, interesses e manifestações se interpenetram. Assim, são as escolhas pessoais que determinam a predominância de um interesse ou outro, ou mais de um ao mesmo tempo, nas preferências que cada um vivencia.

5.1 Interesses físicos

De acordo com Dumazedier (1976), as atividades físicas incluem a prática esportiva e a busca do bem-estar, por meio da movimentação do corpo. Em uma programação de lazer que atenda aos interesses físicos, podem ser ofertadas:

- atividades físicas leves, moderadas ou radicais;
- atividades de aventura na natureza;
- atividades esportivas coletivas e individuais;
- vivência de atividades esportivas elitizadas;
- oficinas de lutas e dança;
- trilhas;
- caminhadas;
- pesca;
- ginástica;
- musculação;
- equitação;
- entre outras opções.

Esse interesse também pode ocorrer na forma de observação, com o indivíduo como espectador. Por exemplo, alguém pode atingir sua satisfação esportiva ao assistir a um jogo de futebol pela televisão, ao se informar sobre seu time por meio de jornais impressos ou virtuais, sem necessariamente ter uma prática sistemática, ou, ainda, como um espectador que admira lutas de MMA[1], mas que jamais as praticaria.

É muito comum que o profissional do lazer considere a atividade física como a principal forma de lazer; no entanto, é reconhecida a necessidade de se ampliar essa oferta ao implementar um programa de ações, pois há inúmeras outras linguagens e manifestações que podem ser utilizadas.

> Há pessoas que se sentem incomodadas se a programação de lazer for fundamentada apenas em atividades físicas. Podemos observar a participação restrita de idosos, obesos e sedentários, os quais são um público muito comum em diversas programações. Assim, as atividades físicas devem ser combinadas com outras de diferentes manifestações, como intelectuais ou sociais, para se ter a participação variada do grupo. O objetivo aqui é compor as atividades pensando nos diferentes interesses.

Nem mesmo um público totalmente ativo fisicamente investe todo o seu tempo disponível para o lazer em programações compostas por atividades físicas, levando em consideração que essas pessoas já passam grande parte do tempo praticando esportes. Assim, a intenção é fazer com que a programação de lazer vá além da atividade física.

---

[1] *Mixed martial arts*, ou, em português, artes marciais mistas, é um esporte de contato que inclui tanto golpes de combate em pé quanto técnicas de luta no chão.

5.2 Interesses artísticos

Os interesses artísticos abrangem todas as manifestações relacionadas às artes, não somente na perspectiva de contemplação, mas também contribuindo para despertar nos indivíduos seu senso de produção artística. Cada um tem seu jeito de interpretar as manifestações, e isso faz com que a riqueza dentro de uma programação artística possa ser muito ampla.

Seu conteúdo configura a busca da beleza e do encantamento, por meio de programações com atividades que atendam aos interesses artísticos. Entre essas atividades, podemos citar: visita a museus e bibliotecas, sessões de cinema, peças de teatro e oficinas artísticas em centros culturais – além de diferentes formas de divulgação da cultura popular, como escolas de samba, tradições folclóricas e festas populares.

5.3 Interesses intelectuais

Mesmo presentes em todas as atividades, os interesses intelectuais conferem ênfase central à busca do prazer pela atividade do raciocínio, como a participação em cursos de diferentes áreas, a leitura de livros à disposição em uma biblioteca, a participação em jogos intelectuais, como xadrez, damas e trilha, e a troca de receitas culinárias e a leitura de poesias.

Também é possível perceber o atendimento aos interesses intelectuais em discussões sobre filmes, jogos de tabuleiro e de estratégia e até mesmo em jogos de cartas, quando se exige certo entendimento e estratégia para alcançar a vitória.

5.4 Interesses manuais

Quem tem interesses manuais encontra o prazer na manipulação de objetos e produtos. Ao se oferecer atividades que atendam aos interesses manuais, há a possibilidade de apresentar na programação atividades como jardinagem, carpintaria, marcenaria, costura, culinária, artesanato, bricolagem e cuidado com os animais e plantas.

5.5 Interesses sociais

Na grande maioria das propostas de lazer, o interesse de congregar pessoas e estabelecer relações sociais entre os envolvidos se faz presente e está combinado com os demais interesses culturais. Porém, quando propomos como centro da atividade a predominância daquele momento, de integração e socialização, estamos dando ênfase aos interesses sociais, que podem ser oferecidos na forma de passeios, piqueniques, bailes ou jantares sociais, encontros em bares ou cafés e frequência a clubes.

Esse interesse é um dos mais requisitados nas programações, pois leva-se em consideração o estilo de vida do ser humano atual, que tem se habituado a viver de forma mais independente e isolada, o que provoca o afastamento das pessoas em virtude do ritmo acelerado de compromissos no dia a dia e da rotina estressante, especialmente nos centros urbanos. Portanto, o profissional atento a essa configuração social deve considerar a necessidade de promover encontros, oportunizar contatos face a face e estimular o convívio social, principalmente nos momentos de lazer.

5.6 Interesses turísticos

Os últimos – mas não menos importantes – interesses apresentados dentro das opções culturais para os momentos de lazer são os turísticos, acrescentados por Camargo (2003) às cinco áreas de interesse apresentadas por Dumazedier (1976). Eles contemplam os interesses dos participantes que buscam conhecer novas paisagens, vivenciar outras culturas, conviver com outros costumes e pessoas, fazer passeios ou viagens ou, ainda, quebrar a rotina temporal e espacial.

Assim, dentro de uma programação de lazer, a fim de se proporcionar atividades que agradem àquelas pessoas que dão importância a esses interesses, podem ser proporcionados:

- exploração de cavernas;
- trilhas de maior distância;
- caminhadas conjugadas com vistas panorâmicas dos ambientes;
- deslocamentos a pé, de bicicleta, de charrete ou a cavalo;
- visitas a cachoeiras, lagos ou outros atrativos naturais;
- frequência a cafés coloniais ou restaurantes típicos;
- apresentações artísticas étnicas;
- mostra de fotos antigas de determinadas localidades;
- entre outras inúmeras possibilidades de opções com o objetivo de despertar o gosto pelo turismo.

Ao finalizar o estudo sobre essas áreas de interesse citadas por Dumazedier (1976) e Camargo (2003), é importante frisarmos que o profissional que elabora programações de lazer deve reconhecer a existência dessa divisão dos interesses culturais, ainda que compreenda que essa classificação não é totalmente restrita nem é uma categorização que pretende ser perfeita. Porém, para que uma programação seja mais rica em ofertas, devemos contemplar o maior número possível dessas diferentes manifestações, pois é necessário que os indivíduos conheçam os conteúdos que satisfaçam a vários interesses, sejam estimulados a participar e recebam um mínimo de orientação que lhes permitam a opção caracterizadora do lazer. Muitas vezes, esses indivíduos até desconhecem seu interesse por coisas novas, por nunca terem tido a opção de despertá-lo. Assim, além de atender às expectativas dos clientes, devemos pensar em superá-las, oferecendo-lhes, sempre que possível, algo inovador ou inesperado e, assim, a oportunidade de vivenciar muito mais do que esperavam para aquele momento de lazer.

Em todas as ofertas de programação, é necessário considerarmos o cliente que gosta de fazer e aquele que gosta simplesmente de contemplar. Dumazedier (1976) procura estabelecer que, em si mesma, a atividade de lazer não é ativa nem passiva, e que essa distinção é dependente da atitude que o indivíduo assume. Assim, tanto a prática como o consumo poderão ser ativos ou passivos, dependendo do nível de participação da pessoa envolvida, o qual é influenciado por seus interesses, gostos e prazeres.

Síntese

O lazer como forma de ocupação prazerosa do tempo livre – tempo em que as pessoas buscam a satisfação de seus interesses – lida com a ampla influência que a cultura exerce sobre as escolhas de cada indivíduo. Sem julgar o que é certo ou errado, o que tem prestígio ou é desprezível, as diversas manifestações culturais devem ser acessíveis ou oportunizadas a todos. O desafio de inserir atividades, nas classificações que apresentamos neste capítulo, possibilita a descoberta de novas linguagens e formas de prazer, de forma a difundir e recuperar os elementos da cultura erudita e lidar com os elementos da cultura de massa, aproveitando ainda os conhecimentos da cultura popular.

O profissional de lazer deve explorar a riqueza de opções nas suas propostas e, assim, permitir aos participantes de programas, projetos, ações ou atividades a possibilidade de encontrar prazer nas diferentes manifestações culturais como alternativas para o lazer.

A classificação dos interesses culturais na área do lazer, apresentadas por Dumazedier (1976) e Camargo (2003), categorizam as ofertas de atividades e, apesar da disposição não ser rígida, é provável que uma programação de lazer que envolva mais de um interesse cultural apresente um atrativo maior aos participantes, que talvez se identifiquem com suas aspirações e escolhas. Por isso, cabe ao profissional do lazer intervir nas possibilidades de lazer dos participantes, oferecendo-lhes a oportunidade de novas escolhas.

Questões para revisão

1. Discorra sobre o conceito de interesses artísticos e as atividades que os compõem.

2. Por que é importante que o profissional do turismo, ou seja, um profissional que trabalha com o lazer de muitas pessoas, reconheça a existência da classificação das áreas abrangidas pelos conteúdos do lazer?

3. Independentemente do espaço ou local onde atua o profissional do lazer, compete-lhe gestar estratégias diferenciadas que se coadunem com a participação dos envolvidos, tendo o universo dos conteúdos culturais do lazer perpassado pelo elemento lúdico e por estratégias adequadas ao fomento dos princípios de independência, participação, autorrealização e dignidade humanas. Nesse contexto, analise as afirmativas a seguir.
   I. Quando prepara a sua atuação, o profissional do lazer deve fazer uso de diferentes manifestações ou linguagens culturais para compor seu programa.
   II. Existe uma classificação das atividades de lazer, de acordo com o interesse central que motiva o indivíduo a buscar tal atividade.
   III. Como profissionais do lazer, devemos compor os programas tendo em vista a ativação de diferentes interesses, ampliando e enriquecendo o repertório de atividades dos participantes.

IV. O profissional do lazer deve estar atento às expectativas do grupo participante e inserir somente esse conjunto de interesses em seu programa, como forma de potencializar a participação dos envolvidos.
V. O profissional do lazer deve se esmerar em montar uma programação variada de atividades, obrigando os participantes a se envolverem em outras.

Assinale a alternativa correta:
a. Apenas as alternativas I, II e V estão corretas.
b. Apenas as alternativas II, III e V estão corretas.
c. Apenas as alternativas I, II e IV estão corretas.
d. Apenas as alternativas I, II e III estão corretas.

4. As classificações dos interesses culturais do lazer englobam os diversos interesses humanos. Nesse sentido, Dumazedier (1976) sugere alguns indicadores, de acordo com o interesse central desencadeado na ação, e coloca com predominância o que se busca como a opção prioritária de lazer. Os campos abrangidos são de complexa demarcação, por isso, a separação pode ser estabelecida em termos de predominância. Com base nisso, associe as sentenças a seguir, relacionando os itens presentes na classificação dos interesses culturais do lazer.

1. Interesses físicos.
2. Interesses artísticos.
3. Interesses manuais.
4. Interesses intelectuais.
5. Interesses sociais.
6. Interesses turísticos.

( ) Conferem ênfase à busca do prazer pela participação em cursos.
( ) Diferentes formas de propagação da cultura popular.
( ) Esses interesses estão entre os mais requisitados nas programações.
( ) Encontra o prazer em atividades como jardinagem.
( ) Quando se busca quebrar a rotina espacial.
( ) Incluem a busca do bem-estar por meio de atividades de aventura.

A sequência correta é:

a. 1, 2, 4, 3, 5, 6.
b. 4, 2, 5, 3, 6, 1.
c. 1, 4, 6, 5, 3, 2.
d. 5, 4, 2, 6, 1, 3.

5. No que diz respeito às atividades de lazer, assinale verdadeiro (V) ou falso (F) nas afirmações a seguir.

( ) Em si mesma, a atividade de lazer é ativa ou passiva.
( ) A distinção entre uma atividade de lazer ativa e uma passiva depende da atitude que o indivíduo assume perante ela.
( ) A distinção entre uma atividade de lazer ativa e uma passiva depende da natureza da atividade.
( ) Tanto a prática como o consumo podem ser ativos ou passivos.

Assinale a sequência correta:

a. F, V, F, V.
b. V, V, F, V.
c. F, V, F, F.
d. V, V, V, F.

Questão para reflexão

Quantas pessoas sentem prazer em apresentar seus dotes culinários aos amigos, nos momentos de lazer? Quantas pessoas investem horas do seu dia arrumando a casa, reformando velhos móveis na linha do "faça você mesmo"? Quantas pessoas preferem lavar seu próprio carro, consertar seu chuveiro, capinar sua grama ou arrumar sua horta nos momentos de lazer? Tudo isso pode ser entendido como opções de lazer. Pense a respeito.

PARA SABER MAIS

MELO, V. A. de.; ALVES JÚNIOR, E. D. de. Introdução ao lazer. Barueri: Manole, 2003.

Recomendamos a leitura dessa obra, que traduz de forma didática e de fácil compreensão diversas temáticas da área do lazer. Há um capítulo que trata da influência que a cultura exerce sobre as escolhas no lazer, deixando claro a importância de se conhecer mais a cultura para oferecer melhores opções

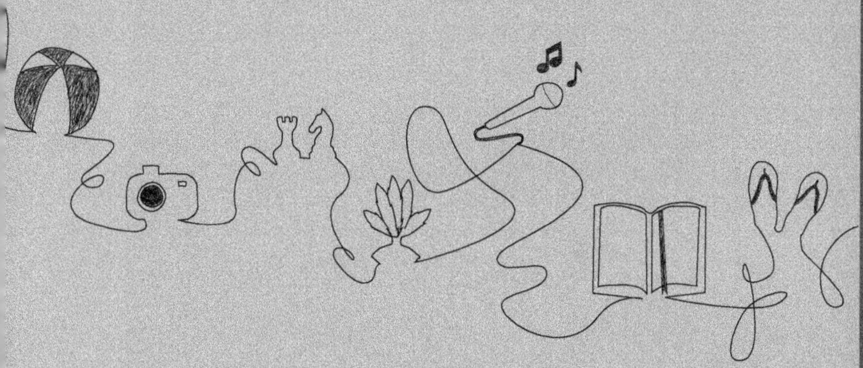

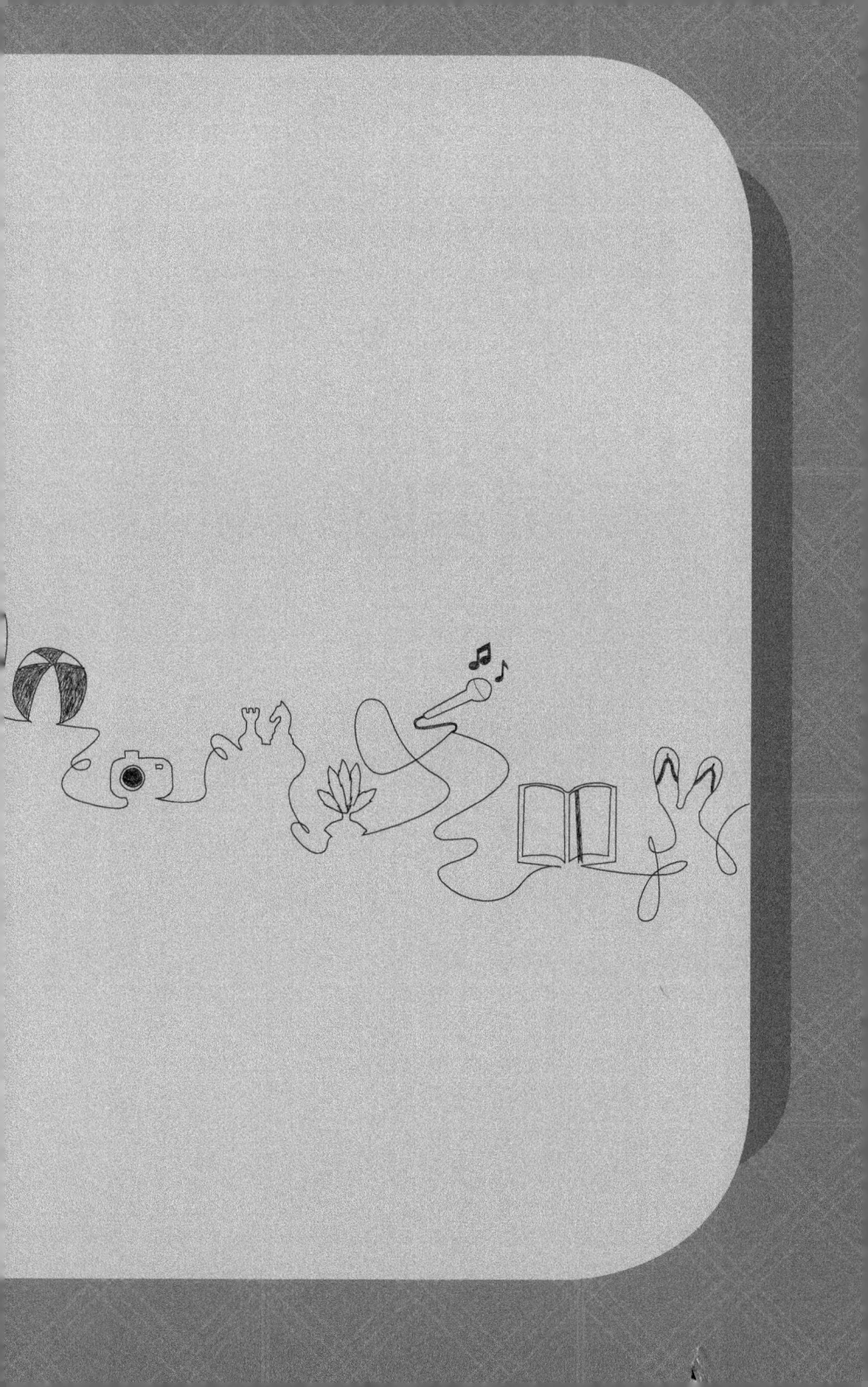

FORMAÇÃO PROFISSIONAL

CAPÍTULO 6

CONTEÚDOS DO CAPÍTULO
→ Habilidades e competências do profissional do lazer.
→ Perfil do profissional do lazer.

APÓS O ESTUDO DESTE CAPÍTULO, VOCÊ SERÁ CAPAZ DE:
1. traçar um perfil do profissional do lazer;
2. reconhecer as características que um profissional do lazer deve desenvolver;
3. perceber como esse profissional interfere na qualidade do tempo disponível para o lazer, por meio das suas propostas.

No afã de atender a toda a demanda de exigências que vem se desenvolvendo para elaborar boas programações, percebemos que o profissional que trabalha na área do lazer deve ser muito bem preparado, pois a gama de opções para o desfrute do lazer é vasta, e torna-se difícil que um mesmo profissional seja capaz de atender a essa grande variação nos campos de atuação. O ideal seria a composição de uma equipe multifuncional, com profissionais da educação física, do turismo, das artes, da pedagogia e de outras áreas afins que possibilitariam uma atuação ampla, com segurança e conhecimento técnico dos serviços oferecidos.

Embora seja ideal, essa realidade não é comum. Na grande maioria dos equipamentos de lazer, a responsabilidade de elaborar as programações está a cargo de poucas pessoas, geralmente profissionais da educação física, que necessitam ter essa formação ampliada para tentar explorar ao máximo a capacidade do local e, assim, atender aos gostos e às preferências do mercado.

Sobre essa questão, Marcellino (1995, p. 33) propõe uma definição "provisória" a respeito do profissional do lazer, que, de acordo com o autor, é

> Todo aquele que realiza ações no plano da cultura, no tempo disponível dos indivíduos, seja para estimulá-los à produção de bens culturais, seja para ampliar a sua participação na apropriação desses bens, tendo como motivação básica tanto o prazer de dedicar-se a algo com que se identifica fortemente, quanto valores pessoais que conferem à cultura papel importante para o desenvolvimento das pessoas, dos grupos, das comunidades e da sociedade em geral.

Dizemos "provisória" porque, pela diversidade de ações e conhecimentos, a formação desse profissional mostra-se muito dinâmica, uma vez que ele deve acompanhar as mudanças impostas para poder realizar suas atividades com zelo e competência.

6.1 Características e competências do profissional do lazer

No que diz respeito às características esperadas para o bom desenvolvimento do trabalho com o lazer, destacam-se:

- a comunicabilidade;
- a simpatia;
- a flexibilidade no trato com os outros;
- a acessibilidade;
- a perspicácia e o convívio agradável;
- o bom humor.

Porém, atualmente, o mercado de trabalho está muito mais exigente, ou seja, aqueles profissionais desinteressados, sem formação, que investiam mais na aparência física do que em sua qualificação, não têm mais lugar. Além das características que citamos, agora são exigidos profissionais capazes, competentes e dedicados. Isso significa que a formação necessária não é mais amadora, pois atualmente é preciso entender o lazer com uma visão de conjunto e perceber a importância de se conhecer os conteúdos da área, para compor uma programação adequada e que corresponda aos anseios desse mercado tão exigente.

Esse profissional deve ser capaz de ajudar as pessoas a perceber melhor o mundo em que vivem e a transformá-lo, por meio dos seus investimentos em tempo disponível para o lazer. Essas atitudes podem torná-las mais humanas e mais felizes.

Embora o maior interesse do cliente, turista ou hóspede seja de fato o passeio em si, a estadia, a atividade que escolheu e que envolve divertimento, aquisição de conhecimento, cultura, prazer, compras, repouso, fotografias etc., ele também espera ser tratado da melhor forma, para que seus momentos sejam agradáveis. Nessa perspectiva, o profissional do lazer deve reunir, em maior ou menor grau, algumas características no seu perfil, tais como:

- **Formação na área** – A formação acadêmica ajudará muito na capacitação para que se tenha um melhor desempenho profissional.
- **Informação em todas as áreas** – O profissional do lazer deve ser uma pessoa muito bem informada, interessada em saber o que acontece em seu momento histórico, em seu lugar, em seu estado, em seu país, no mundo e, principalmente, no seu campo profissional.
- **Atualização constante** – O profissional do lazer também deve ser uma pessoa atualizada, social e culturalmente. Deve estar em dia com os acontecimentos e os fatos da sua comunidade, da sua sociedade e do seu meio profissional.
- **Autoformação permanente** – Ele deve sempre procurar aprender, em cursos e com os demais profissionais, participando de eventos e, também, de modo autodidata, lendo e absorvendo informações transmitidas pela mídia. Além disso, o profissional do lazer deve buscar permanentemente novas instruções profissionais.

- Comportamento adequado com atitudes sensatas – Esse tipo de profissional trabalha com pessoas de modo individual, em pequenos grupos, em grandes grupos e em massa. Por isso, deve relacionar-se bem com todas as pessoas, indistintamente, com simpatia e naturalidade. No entanto, há limites para o envolvimento pessoal com as pessoas que participam das atividades.
- Capacidade de imaginação e intuição – Ele deve ser capaz de utilizar, no seu trabalho, essas duas características humanas inerentes a todas as pessoas. Isso significa que o profissional do lazer precisa ser rápido para criar mediante novas combinações de ideias, pois, muitas vezes, para manter uma atividade com alto astral, são necessárias pequenas adaptações, além de perspicácia ao propor tais mudanças.
- Criatividade – O profissional deve ter a capacidade de se adaptar às circunstâncias e aos recursos disponíveis, transformando o que existe na comunidade ou na organização em que atua em ideias, alternativas, possibilidades e recursos.
- Cooperativismo – O profissional do lazer deve ser capaz de atuar em grupo, em conjunto, pois de forma isolada e solitária poderá fazer muito pouco. Ele deve aprender a incentivar e estimular as pessoas a expressar suas capacidades e seu potencial, respeitando e valorizando as individualidades no grupo. Esse profissional está inserido em muitas situações que dependem de outras pessoas para o melhor desenvolvimento das suas funções, bem como para um aproveitamento adequado daquilo que oferece como opções de lazer; por isso, muitas vezes o fará melhor se souber compartilhar com outros profissionais.

- Dedicação – Ele deve assumir o que faz e o que pode fazer e estar sempre pronto a atender às pessoas, cujo interesse nas atividades é uma resposta à sua atuação profissional. O profissional deve sempre concluir o que começou, e, muitas vezes, o encerramento de uma programação pode significar o início de outras. Além disso, investir tempo no planejamento pode ter como resultado chances maiores de sucesso; portanto, para o bom desempenho do profissional do lazer, exige-se que ele tenha empenho e comprometimento.
- Comunicação – É necessário que o profissional do lazer saiba se comunicar bem, nas quatro habilidades básicas da linguagem (ouvir, falar, ler e escrever), para melhor exercer os processos de comunicação (expressão e compreensão). As informações e as ideias do público, dos colegas de profissão ou de outros campos de atuação poderão ser interessantes para alimentar o seu processo de trabalho. Ao desempenhar suas funções, na maioria das situações, o profissional do lazer estará frente a frente com o seu hóspede, cliente ou participante e, dessa forma, é necessário ser capaz de se fazer entender e se apresentar de maneira eficiente. Além disso, é importante atentar-se para as diferentes formas de expressão (oral, escrita e visual), pois todas revelam o comprometimento do profissional com o desempenho do trabalho ofertado.
- Integrador – O profissional deve ser capaz de motivar as pessoas para o desenvolvimento das atividades propostas.

Além dessas características delineadas para o perfil do profissional do lazer, no exercício de suas funções são esperadas algumas habilidades e atitudes, tais como:

- ter cuidado com a **apresentação pessoal**, no que diz respeito à higiene, ao uso de perfumes e desodorantes, à barba, aos cabelos, às unhas e ao correto uso de maquiagem;
- fazer uso de **identificação pessoal** por meio de um uniforme ou crachá, com apresentação em trajes adequados;
- ter conhecimento do **regulamento** do local de trabalho;
- tomar cuidado com a **intimidade** em relação aos participantes, uma vez que, em muitas situações de lazer, há uma proximidade entre aquele que a oferece e aquele que a recebe;
- **evitar atrasos** na programação.

Como o profissional do lazer atua diretamente com o público participante, é necessário que ele conheça e entenda um pouco sobre o funcionamento do comportamento humano. Assim, ele poderá realizar a leitura dos desejos e das expectativas daqueles a quem destina a sua programação, ampliando sua visão organizacional e de planejamento de ações e projetos. Nesse contexto, suas principais funções são:

- **planejar** equipamentos, programas e atividades, idealizando, organizando, divulgando, viabilizando e avaliando os projetos de eventos de lazer, entretenimento e recreação;
- **operacionalizar** as atividades e **administrar** burocrática e financeiramente essas ações, projetos e eventos;
- **orientar** a prática de atividades de lazer;
- **promover** eventos que atendam a diferentes interesses;
- **fazer contato**, seleção e contratação de pessoal;
- **zelar** pelas melhores condições de trabalho e cuidar dos materiais e dos equipamentos utilizados antes, durante e depois das atividades;
- **realizar consultorias**;

- avaliar serviços prestados por outros profissionais, dos quais dependam suas propostas;
- coordenar equipes com profissionais variados;
- coordenar ações em clubes, centros culturais, setores de órgãos públicos e hotéis;
- treinar recursos humanos da área.

Conhecer a localidade e as opções que os equipamentos oferecem como lazer também são funções do profissional dessa área, uma vez que, de posse desses dados, ele poderá elaborar uma programação adequada, ampliando as possibilidades de lazer, entretenimento e recreação do cliente.

Além disso, **ser disciplinado** no planejamento e na organização dos projetos, programas, ações ou eventos e coletar informações que deem suporte ao programa a ser desenvolvido é extremamente necessário para tornar esses serviços satisfatórios.

Analisando como as pessoas utilizam atualmente o seu tempo livre e considerando alguns problemas que assolam a sociedade de forma dramática, podemos verificar que realmente essa não é uma questão simples. A cada dia, as pessoas passam mais tempo diante da televisão, necessidades de consumo de bens cada vez mais fúteis são criadas e a obesidade torna-se uma epidemia mundial como resultado da redução da atividade física e do aumento da ingestão de calorias. Além disso, temos o sedentarismo, a depressão, o estresse e outras doenças, atos de violência, agressividade, opressão e banalização da vida, fatos que se tornam comuns e que muitas vezes estão atrelados à má utilização do tempo livre.

Nesse sentido, é necessário ter orientação para o melhor aproveitamento desse tempo livre ou mesmo escolher para a escolha de pessoas capazes de oportunizar o desenvolvimento desses aspectos para fruição do lazer, a fim de ressignificar o valor de ser "mais humano" nos indivíduos, como protagonistas de suas vidas e, por efeito, para o estabelecimento de uma sociedade mais digna. Torna-se imperioso propor boas opções ao desfrute do tempo destinado para o lazer, baseando-se nas propostas de bons profissionais da área, os quais têm o objetivo de oferecer a cada um uma pequena parcela dessa satisfação.

Para um bom aproveitamento do lazer, percebemos o quanto é preciso estudar e se preparar para conhecer e promover ações, projetos, programas ou eventos na área. Somente assim assumiremos, com responsabilidade, a função que nos foi incumbida: oferecer o prazer no seu devido lugar e tempo, com o significado necessário para que o consumidor esteja plenamente satisfeito.

Síntese

É bastante amplo e diversificado o campo de trabalho do profissional do lazer. Como área em expansão, o mercado do lazer, do entretenimento e da recreação tem exigido a qualificação daqueles que pretendem se envolver profissionalmente na área. Além do conhecimento técnico, para se tornar competente em suas atividades, faz-se necessário o desenvolvimento de inúmeras habilidades e atitudes, com grande destaque à facilidade de se estabelecer relações interpessoais, à capacidade motivadora e criativa e, fundamentalmente, à adequação do comportamento dentro dos padrões éticos, diante de situações que envolvam colegas de trabalho, parceiros e clientes.

Questões para revisão

1. Um profissional, tendo sido designado para atuar em um hotel de lazer, verificou que, na região em que este se localiza, hospedavam-se pessoas de diferentes culturas e orientações religiosas. Ao propor uma atividade recreativa na piscina, os participantes realizavam movimentos corporais e rolamentos e eram auxiliados por meio do contato físico dos companheiros. Alguns participantes se negaram a aderir à atividade, por não admitirem tocar ou ser tocados pelos parceiros. Diante dessa situação hipotética, que procedimento deveria ser adotado pelo referido profissional?

    a. Argumentar com os participantes que o contato físico é indispensável para a realização desses movimentos com segurança, e que o corpo representa uma linguagem universal de comunicação. Em seguida, cobrar a participação de todos na atividade.
    b. Mudar a atividade, escolhendo outra em que o toque surja de forma disfarçada, para mostrar aos participantes que aquele espaço de atividades é um laboratório de relacionamento social, que ocasiona choques culturais nem sempre relevantes.
    c. Elogiar a disposição de cooperação dos alunos que realizam a atividade com segurança, esperando que esse comportamento resolva o problema da autoexclusão.
    d. Mudar a atividade, escolhendo outra que facilite a integração e a tolerância às diferenças, pautando a intervenção em uma postura de respeito à diversidade de costumes e valores.

2. Conforme a definição proposta por Marcellino (1995) sobre os profissionais do lazer, assinale com verdadeiro (V) ou falso (F) as afirmações a seguir.

( ) Todo aquele que realiza ações no plano da cultura é considerado um profissional do lazer.
( ) Ao profissional do lazer cabe a responsabilidade das atividades ofertadas em o todo tempo livre dos indivíduos.
( ) Entende-se que a esse profissional cabe, exclusivamente, a produção de bens culturais para o consumo do indivíduo.
( ) Cabe ao profissional do lazer estimular o indivíduo a se dedicar a algo que este se identifica fortemente e ao que lhe dá prazer.

Assinale a sequência correta:
a. F, V, F, V.
b. F, F, V, V.
c. V, F, V, V.
d. V, F, F, V.

3. Com relação às principais funções do profissional do lazer, temos as seguintes considerações.

I. Operacionalizar as atividades de lazer, administrar burocrática e financeiramente essas ações, projetos e eventos de lazer e recreação.
II. Planejar equipamentos, programas e atividades, idealizando, organizando, divulgando, viabilizando e avaliando os projetos de eventos de lazer e recreação.
III. Promover eventos que atendam aos diferentes interesses culturais.

Indique a alternativa correta:
   a. Apenas a afirmativa I está correta.
   b. Apenas as afirmativas I e III estão corretas.
   c. Apenas as afirmativas II e III estão corretas.
   d. Todas as afirmativas estão corretas.

4. Para um bom desempenho em sua função, é importante que o profissional do lazer tenha um preparo técnico adequado e algumas habilidades específicas. Entre as competências básicas necessárias ao exercício da função de recreador, é de fundamental importância o desenvolvimento da capacidade de relacionamento interpessoal, a fim de se obter um convívio agradável, além de acessibilidade e flexibilidade no trato com os outros. Que outras características um profissional necessita para trabalhar na área do lazer? Cite quatro delas.

5. Por que o desenvolvimento da capacidade de relacionamento interpessoal é fundamental à preparação dos profissionais de animação? Justifique sua resposta.

Questão para reflexão

Seu sucesso profissional depende dos seus investimentos pessoais, da sua competência (daquilo que você investe para desenvolvê-la) e da sua conduta, ou seja, de que forma utilizará todos os ensinamentos, leituras, discussões e investimentos feitos para o melhor desempenho profissional. Mais do que a sua formação profissional, é a sua conduta e o seu comportamento que lhe garantirão o êxito nas ações. Reflita sobre isso e discuta com os seus colegas.

> **PARA SABER MAIS**
>
> MARCELLINO, N. C. (Org.) Lazer: formação e atuação profissional. Campinas: Papirus, 1995.
>
> Organizado por Nelson Carvalho Marcellino e com a colaboração de instituições que preparam profissionais para a atuação na área e de representantes de empresas que recrutam esses profissionais no mercado de trabalho, essa obra constitui um estudo relevante sobre a formação e a atuação do profissional que trabalha no campo do lazer. Ademais, contribui para a discussão de questões como as exigências atuais do mercado em relação a esse profissional e os riscos que envolvem a sua atuação, bem como para a adequação da formação desse profissional diante de diferentes circunstâncias.

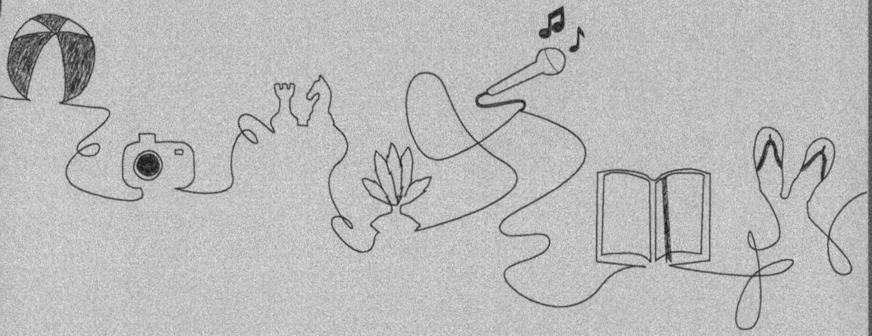

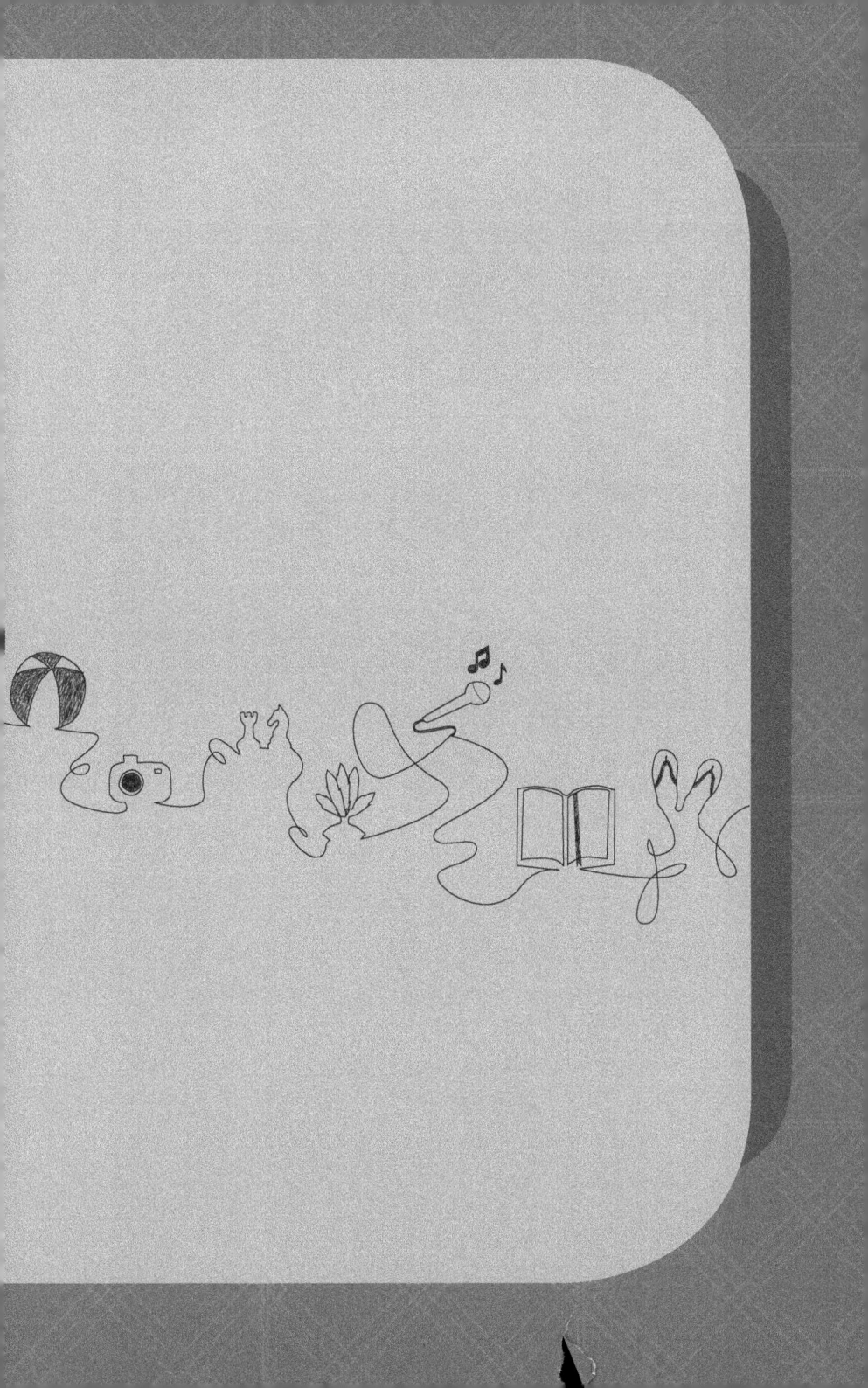

POLÍTICAS PÚBLICAS DE LAZER

CAPÍTULO 7

CONTEÚDOS DO CAPÍTULO

- A inserção do tema lazer em diferentes documentos, como na Constituição da República Federativa do Brasil, na Declaração Universal dos Direitos Humanos (DUDH), no Estatuto da Criança e do Adolescente (ECA) e no Estatuto do Idoso.
- Políticas públicas de lazer.

APÓS O ESTUDO DESTE CAPÍTULO, VOCÊ SERÁ CAPAZ DE:

1. reconhecer a relevância do lazer, inserido em diversos documentos oficiais;
2. discutir sobre as diretrizes para o desenvolvimento de políticas públicas de lazer.

As preocupações difundidas socialmente de ideias estabelecidas sobre o "desfrutar da vida", mais do que sobre o "viver para trabalhar", são o foco de muitas pesquisas e, graças ao domínio desses novos pensamentos, confere-se atenção especial ao bom uso, por parte do ser humano, do seu tempo disponível para o lazer. Cabe, então, a profissionais de diferentes áreas uma investigação das ações existentes para o melhor desenvolvimento dessa nova preocupação da sociedade: encontrar o prazer de bem viver no dia a dia.

7.1 Documentos norteadores das políticas de lazer

Werneck (2000) destaca que o lazer, atualmente, consta no art. 24[1] da Resolução n. 217, de 10 de dezembro de 1948 (ONU, 1948), que proclamou a Declaração Universal dos Direitos Humanos (DUDH); no Princípio 7[2] da Declaração dos Direitos da Criança, de 20 de novembro de 1959; e também na Constituição Federal

---

[1] Art. 24. Toda apessoa tem direito ao repouso e ao lazer, inclusive a uma limitação razoável das horas de trabalho e às férias periódicas remuneradas. (ONU, 1948)

[2] *Princípio 7.*
A criança terá direito a receber educação, que será gratuita e compulsória pelo menos no grau primário. Ser-lhe-á propiciada uma educação capaz de promover a sua cultura geral e capacitá-la a, em condições de iguais oportunidades, desenvolver as suas aptidões, sua capacidade de emitir juízo e seu senso de responsabilidade moral e social, e a tornar-se um membro útil da sociedade.

de 1988 (Brasil, 1988), que prevê o lazer como um direito social, ao lado da educação, da saúde, do trabalho e da previdência social, além de integrar o conjunto das políticas públicas de alguns estados e municípios do país.

No art. 7º[3] da Constituição Federal, o lazer é incluído entre as "necessidades vitais básicas" que o salário-mínimo deveria atender, e aparece novamente no art. 217[4], no qual se afirma que o Poder Público o incentivará como "forma de promoção social". Por fim, no art. 227[5], é estabelecido como um dever da família, da sociedade e do Estado garantir o direito da criança e do adolescente a usufruí-lo.

---

[3] Art. 7º São direitos dos trabalhadores urbanos e rurais, além de outros que visem à melhoria de sua condição social: [...]
IV – salário mínimo, fixado em lei, nacionalmente unificado, capaz de atender a suas necessidades vitais básicas e às de sua família com moradia, alimentação, educação, saúde, lazer, vestuário, higiene, transporte e previdência social, com reajustes periódicos que lhe preservem o poder aquisitivo, sendo vedada sua vinculação para qualquer fim; [...] (Brasil, 1988)

[4] Art. 217. É dever do Estado fomentar práticas desportivas formais e não formais, como direito de cada um, observados: [...]
IV – a proteção e o incentivo às manifestações desportivas de criação nacional. [...]
§3º O Poder Público incentivará o lazer, como forma de promoção social. (Brasil, 1988)

[5] Art. 227. É dever da família, da sociedade e do Estado assegurar à criança, ao adolescente e ao jovem, com absoluta prioridade, o direito à vida, à saúde, à alimentação, à educação, ao lazer, à profissionalização, à cultura, à dignidade, ao respeito, à liberdade e à convivência familiar e comunitária, além de colocá-los a salvo de toda forma de negligência, discriminação, exploração, violência, crueldade e opressão. [...] (Brasil, 1988)

> A DUDH[6], os tratados e convenções específicos e a legislação criada no país para implementar políticas que atendam às exigências de tratados internacionais constituem as fontes das garantias de realização dos direitos humanos a todos os cidadãos. A DUDH considera essencial que os direitos humanos sejam protegidos pelo estado de direito, e que a compreensão comum desses direitos e liberdades é de vital importância para que o Estado cumpra os compromissos assumidos.

Percebemos que as políticas públicas são dinâmicas, característica necessária para adequar-se às mudanças nos contextos sociais. No entanto, para se desenvolver uma nova ética na prática diária, é necessário sair do documento e ir além, para a prática, pois a discussão do lazer está em todas as esferas da sociedade, promovendo questionamentos também no campo empresarial e, por sua transversalidade, em diversas áreas de estudo.

O lazer também aparece como direito adquirido e necessário a ser efetivado no Estatuto da Criança e do Adolescente (ECA), disposto na Lei n. 8.069, de 13 de julho de 1990 (Brasil, 1990), e no Estatuto do Idoso[7], da Lei n. 10.741, de 1º de outubro de 2003 (Brasil, 2003), juntamente com o direito à saúde, à alimentação, à habitação, ao transporte, à assistência e à previdência social. Com isso, atribui-se ao Poder Público a obrigação de criar políticas que oportunizem o acesso dessa população ao lazer, e torna obrigação da família, da comunidade, da sociedade e do

---

[6] A DUDH, que delineia os direitos humanos básicos, foi adotada pela Organização das Nações Unidas (ONU) em 10 de dezembro de 1948.

[7] Art. 20. O idoso tem direito a educação, cultura, esporte, lazer, diversões, espetáculos, produtos e serviços que respeitem sua peculiar condição de idade. (Brasil, 2003)

Poder Público assegurar à criança, ao adolescente e ao idoso a efetivação do direito à vida, à saúde, à alimentação, à educação, à cultura, ao esporte, ao lazer, ao trabalho, à cidadania, à liberdade, à dignidade, ao respeito e à convivência familiar e comunitária.

Se o papel do legislador consiste em elaborar e aprovar as leis, acessoriamente, ele deve diligenciar por sua aplicação e efetividade. No Brasil, com a atual forma de governo, o sistema democrático deve garantir os avanços e os benefícios das leis a todos os brasileiros. As ações a serem promovidas ou aplaudidas somente se realizarão em sua plenitude, tanto por parte dos que passam a tê-las como dever a cumprir quanto dos que as recebem como direito a ser usufruído, mediante o conhecimento e a estrita compreensão de cada disposição presente na lei. Assim, faz-se necessário cumprir as políticas estabelecidas com absoluta prioridade para esses segmentos, considerando que as políticas públicas instituídas "podem ser consideradas como 'guias para a ação' e não a ação em si" (Bramante, citado por Gomes, 2004, p. 186). Assim, são as maneiras de agir, baseadas em princípios, que resultam em ações.

> Apesar de o termo *política* sugerir controle, e de o termo *lazer* indicar liberdade, as políticas de lazer aplicam-se aos tipos de situações semelhantes ou consideradas singulares (Bramante, citado por Gomes, 2004).

Na grande maioria dos trabalhos desenvolvidos na área do lazer, é comum identificar inúmeras ações executadas, pois diversas situações de lazer, entretenimento e recreação são pautadas pela prática, mas percebemos que geralmente há pouco planejamento, em razão da facilidade com que muitos profissionais lidam com o puro e simples consumo dessas atividades por parte dos clientes. A avaliação, por sua vez, quase não é realizada, pois simplesmente repetem-se "pacotes" prontos de atividades, as quais nem sempre são carregadas de conteúdos.

Além de todos os documentos apresentados que dispõem sobre o acesso de todos ao lazer, há também a Política Nacional do Esporte, responsabilidade do Ministério do Esporte, que tem também a missão de trabalhar com ações de inclusão social por meio do desporto, garantindo à população brasileira o acesso gratuito à prática esportiva, a qual está vinculada à qualidade de vida e ao desenvolvimento humano. Para isso, existem algumas diretrizes, de acordo com o Ministério do Esporte (Brasil, 2005), que versam sobre:

- a universalização do acesso às atividades e promoção da inclusão social;
- o desenvolvimento humano;
- a promoção da saúde;
- a gestão democrática (participação e controle social);
- a descentralização da política esportiva e de lazer.

Para atingir tais resultados na construção dessa Política Nacional do Esporte, o respectivo ministério procura articular-se com os demais segmentos da Administração Pública federal, tendo em vista a execução de ações integradas na área dos programas sociais esportivos e de lazer.

Na mesma linha, os governos estaduais são responsáveis por gerenciar a Política Estadual de Desenvolvimento do Esporte e Lazer, respeitando algumas diretrizes, como o fomento de programas e projetos que atendam aos objetivos de uma política de lazer especialmente destinada a grupos carentes e o auxílio na municipalização do esporte e do lazer, facilitando-se o acesso aos programas, reduzindo a distância entre o cidadão e os serviços oferecidos e ampliando a participação popular em todos os segmentos de promoção e participação do esporte e do lazer.

O Poder Público municipal também participa dessa gerência, na construção de políticas de lazer para os municípios, embasados nos princípios da democratização e da participação e pautados pela informação e pela descentralização de ações, pois seus serviços são muito mais próximos da população.

Não há uma linha tênue que separa as responsabilidades de cada esfera administrativa, mas sim uma lacuna no quesito encargos. Assim sendo, pensarmos em política pública de lazer considerando-a sob um ponto de vista democrático implica considerarmos o lazer como um direito social. Portanto, é necessário direcionarmos o pensamento para a sua efetivação em todos os grupos sociais.

Esse problema causado pela confusão de responsabilidades entre os três níveis do Poder Público (federal, estadual e municipal) se agrava com o crescimento das populações e a desordenada distribuição do espaço urbano, provocada pelos interesses imobiliários e pelo crescente número de pessoas que dispõem de tempo livre na sociedade (Rocha, 2004).

Para além das abordagens que privilegiam somente a promoção de eventos, as instâncias federal, estaduais e municipais, no que diz respeito à formulação de suas políticas, ainda estão permeadas por visões estreitas do lazer, baseadas tão somente na prática, na vivência de momentos e no consumo pronto, e não na formação de hábitos que provoquem mudanças de comportamento na sociedade brasileira.

A simples vivência não significa necessariamente que houve participação ou consciência do aproveitamento de um determinado momento, mas que o caminho está sendo traçado, e cada vez mais a sociedade, preocupada com o tempo que tem disponível, busca exigir o respeito a seus direitos. Para isso, deve haver informação, e a mídia tem auxiliado muito com vários programas de televisão que enaltecem a importância do lazer no dia a dia das pessoas.

Não existe uma lista ou receita para a prescrição de atividades recreativas direcionadas a pessoas com esta ou aquela restrição: cada caso tem suas especificidades e leva em consideração inúmeros fatores, mas depende principalmente da boa vontade dos profissionais que desenvolvem as propostas. Há, sim, um processo contínuo de experimentações, com algumas experiências positivas possíveis de serem adaptadas e descobertas totalmente aplicáveis ao lazer de diferentes grupos, o que pode garantir o envolvimento de cada pessoa ou de um grupo de pessoas, considerando suas necessidades nas atividades de recreação e lazer.

Nesse sentido, existe a necessidade de se concretizar o processo de adaptação das estruturas físicas e materiais, possibilitando-se, assim, a inclusão das pessoas que têm alguma necessidade especial nas ocupações de recreação e lazer, de forma a respeitar suas necessidades e interesses.

É essencial que o profissional da área, bem como todos os profissionais envolvidos com ela, preserve o direito de lazer, assegure as oportunidades e ofereça diferentes possibilidades de participação a todos os cidadãos, indistintamente, mesmo quando o atendimento especializado se fizer necessário (Munster, citado por Schwartz, 2004).

Assim, ao discutirmos as políticas públicas de lazer, percebemos que muito ainda está apenas no discurso e pouco se concretizou de fato. Apesar da importância que a temática tem adquirido nos últimos tempos, com a crescente demanda e a reiteração da necessidade de contemplação do lazer por parte de toda a sociedade, esse assunto ainda carece de discussão, envolvimento e valorização.

De acordo com Silva e Tubino (2009, p. 91),

> Em um mundo que sobrevaloriza o trabalho, as obrigações de todas as naturezas, o relógio, a eficiência, a produtividade, vivenciar esses momentos de descanso, divertimento e pleno desenvolvimento, tanto pessoal como social, de forma 'desinteressada', poderá trazer o equilíbrio tão necessário para que uma pessoa possa viver, nesta virada de século, uma verdadeira qualidade de vida.

Isso vale para todos, independentemente de gênero, raça, idade, sociedade e cultura.

Síntese

Neste capítulo, vimos que, assim como a formação do profissional do lazer é um campo vasto, determinar a abrangência do lazer referente à construção de políticas públicas específicas para a área é um tanto quanto contraditório. Além de estar vinculado às três esferas do Poder Público (federal, estadual e municipal), nas quais não há um limite de atuação determinado, o lazer perde sua força e seu espaço de investimentos. Apesar de ser um direito estabelecido em diferentes documentos, como na Constituição Federal, ainda assim a implementação das políticas públicas de lazer está longe de se concretizar.

Questões para revisão

1. A fim de propor uma prática que concorde com a reflexão apresentada na canção "Comida" (Antunes; Fromer; Britto, 1987), dos Titãs, a seguir, assinale com verdadeiro (V) ou falso (F) as afirmações que seguem.

> A gente não quer
> Só dinheiro
> A gente quer dinheiro
> E felicidade
> [...]
> A gente quer inteiro
> E não pela metade
> Diversão e arte
> Para qualquer parte

( ) Tornar obrigatórias as atividades esportivas e/ou de ginástica laboral dentro das empresas de indústria e comércio.
( ) Propor políticas públicas para a promoção do lazer em suas múltiplas possibilidades (com autonomia, em instalações e durante o tempo livre).
( ) Racionalizar o custo de produtos de entretenimento e lazer para que a população possa consumi-los.
( ) Possibilitar a criação de atividades para a promoção de práticas culturais regionais.

Assinale a sequência correta:
a. V, V, V, F.
b. F, F, F, V.
c. V, V, F, V.
d. F, V, F, V.

2. Cabe aos profissionais de diferentes áreas uma investigação sobre as ações para o melhor desenvolvimento das atividades de lazer na sociedade. Nesse sentido, discorra sobre o tema "a importância do lazer", que está presente em artigos e princípios das diversas leis destinadas a assegurar o exercício dos direitos sociais e individuais.

3. É obrigação da família, da comunidade, da sociedade e do Poder Público assegurar à criança e ao adolescente (por meio de ECA) e ao idoso (por meio do Estatuto do Idoso) a efetivação do direito à vida, à saúde, à alimentação, à educação, à cultura, ao esporte, ao lazer, ao trabalho, à cidadania, à liberdade, à dignidade, ao respeito e à convivência familiar e comunitária. Nesse sentido, escreva sobre o papel do legislador nas questões relevantes ao lazer.

4. O lazer, assim como outros fenômenos sociais, vem sendo afetado diretamente pelas transformações atuais dos modos de vida. Com base na observação dessas mudanças, as quais têm sido decisivas para a transformação dos hábitos de lazer nos dias atuais, analise as seguintes alternativas.
    I. A urbanização e o agigantamento das cidades demonstram adequação aos projetos de desenvolvimento de centros de lazer dirigidos à população, a fim de que ela possa ter mais qualidade de vida.
    II. A moderna tecnologia desempenha um importante papel nessa transformação, pois coloca ao alcance das regiões mais remotas uma gama de informações diversificadas.

III. A moderna tecnologia, que se propaga por meio da difusão de aparelhos como televisão, jogos eletrônicos e internet, exerce influência negativa na formação humana, substituindo o contato e a apreensão direta da realidade.
IV. A maioria das cidades – as metrópoles, principalmente – tem sido beneficiada por planejamentos ordenados, o que evita danos aos recursos existentes, ao se buscar não comprometer a qualidade de vida das gerações futuras.
V. Com a falência do Estado, inúmeras instituições do chamado *terceiro setor* passaram a participar de questões sociais, auxiliando no desenvolvimento sustentável de diferentes espaços turísticos.

Assinale a alternativa correta:
a. Apenas as afirmativas I e V estão corretas.
b. Apenas as afirmativas II e V estão corretas.
c. Apenas as afirmativas I e IV estão corretas.
d. Apenas as afirmativas II e III estão corretas.

5. A respeito das políticas públicas para o lazer, assinale com verdadeiro (V) ou falso (F) as afirmações a seguir.
( ) Sendo a presença e o desenvolvimento do lazer em uma sociedade um fator muito importante, compete exclusivamente aos órgãos públicos a responsabilidade de promovê-lo e organizá-lo.
( ) Ao Poder Público compete a ordenação de recursos para a capacitação e o estímulo da sociedade tanto no planejamento, na criação e na administração quanto no desenvolvimento de mecanismos de recreação e lazer nos locais em que forem detectadas necessidades.

( ) Por meio da Constituição, a legislação brasileira reconhece o lazer como um exercício social, determinando que ele ocorra por meio do repouso semanal remunerado, das férias anuais e da aposentadoria, além do incentivo ao lazer como promoção social.
( ) Entre algumas medidas que competem ao Poder Público, encontra-se a reserva compulsória de áreas para recreação no planejamento urbano.

Assinale a sequência correta:
a. F, V, V, V.
b. V, F, V, F.
c. V, V, F, V.
d. F, V, V, F.

Questões para reflexão

1. Com tantas necessidades primárias ainda sem solução no Brasil, que permanece em estado de constante crise política, você acha utópico que o lazer ganhe destaque nos investimentos por parte do Poder Público, deixando de ser consumido passivamente e passando a implicar diretamente mudanças, especialmente em uma sociedade de gente comum que trabalha, defende o seu ganha-pão e, nas pequenas parcelas de tempo possíveis no seu cotidiano, faz questão de preservar a alegria?

2. Entre as classes sociais economicamente ativas, é possível afirmarmos que praticamente todos os trabalhadores estão ou estarão submetidos a pressões e estresse, em maior ou menor grau, absorvendo ou somatizando conflitos nas condições atuais de vida, já que estamos inseridos em um sistema capitalista que objetiva o aumento de produtividade. Como fica, então, a necessidade do lazer nessas circunstâncias? Aponte alternativas.

> **PARA SABER MAIS**
>
> BRAMANTE, A. C. Qualidade de vida e lazer. In: GONÇALVES, A.; VILARTA, R. (Org.). **Qualidade de vida e atividade física**. São Paulo: Manole, 2004. p. 185-205.
>
> _____. Qualidade no gerenciamento do lazer. In: BRUHNS, H. T. (Org.). **Introdução aos estudos do lazer**. Campinas: Ed. da Unicamp, 1997. p. 123-153.
>
> Antônio Carlos Bramante é uma referência em consultoria na gestão e na otimização de espaços de cultura, esporte e lazer, tanto no setor público como na iniciativa privada, sendo autor renomado nessa temática. Sugerimos aqui que você realize uma pesquisa sobre os diversos materiais que o autor disponibiliza nas mídias sociais e em outros formatos, como artigos, capítulos em obras, textos em revistas específicas da área do lazer, além de trabalhos e resumos apresentados em anais de congressos e nos mais variados cursos nessa temática.

O LAZER COMO BEM DE CONSUMO

CAPÍTULO 8

CONTEÚDOS DO CAPÍTULO
- A importância do tempo livre.
- Ocupações no tempo de lazer.

APÓS O ESTUDO DESTE CAPÍTULO, VOCÊ SERÁ CAPAZ DE:
1. perceber a importância do desfrute de períodos de lazer na vida das pessoas;
2. reconhecer o papel do profissional nas intervenções do tempo livre dedicado ao lazer.

O fim de semana se aproxima, e a contagem regressiva para o desfrute de um "tempo livre" começa a pressionar. O mesmo acontece na véspera das férias e até da aposentadoria. No entanto, com o cotidiano influenciado pelo sistema capitalista no qual vivemos, muitas pessoas permanecem no mesmo ritmo das suas atividades, ainda que no tempo livre das obrigações, com forte inclinação para a produção ou o simples consumo, e considerando menos importante o seu tempo de folga, descanso ou diversão. Apesar disso, atualmente, a sociedade percebe de modo evidente como a inserção de hábitos de lazer na rotina interfere positivamente na qualidade de vida do ser humano.

8.1 O uso do tempo livre como fonte de prazer

Em virtude da dificuldade de se entregar ao lazer, contemporaneamente essa situação embaraçosa entre a vontade e a impossibilidade de conciliar os períodos de tempo livre com o desfrute desse tempo como lazer remete-nos à necessidade da intervenção profissional.

Dentro do setor de serviços, profissionais preparados para pensar, programar, administrar e animar atividades de lazer, entretenimento e recreação vêm ocupando cada vez mais o seu espaço. Em algumas situações, há recursos, espaços, equipamentos e pessoas interessadas, mas falta quem mobilize toda essa estrutura e a coloque em funcionamento (Marcellino, 1995). Esse serviço faz parte das atribuições dos profissionais do lazer.

Apesar da visível necessidade de lazer, é comum que essas ocupações não preencham um espaço de prioridade na vida das pessoas, especialmente na idade produtiva. Crianças e idosos, que geralmente conseguem disponibilizar parcelas do seu tempo diário, semanal ou anual, ainda dão maior valor a esses momentos e buscam oportunidades para essa vivência do descanso, do divertimento ou do desenvolvimento pessoal nos momentos de lazer.

Porém, inserida em um modo de vida capitalista, a grande massa da população não estabelece prioridades voltadas para o desfrute do lazer por diferentes motivos, como falta de hábito, falta de recursos, cansaço da rotina e doenças da contemporaneidade (depressão, estresse, obesidade e sedentarismo, por exemplo). Além de todos esses motivos, ainda há aqueles indivíduos que não sabem o que fazer no seu tempo livre de obrigações, principalmente pela falta de orientação.

Isso aumenta a necessidade de repouso, silêncio, descanso e de pequenas ocupações gratuitas, ou seja, aqueles momentos vividos sem objetivos a serem atingidos. Esse tempo de lazer também envolve o divertimento, com a principal função de suprimir o tédio, servindo-se como um fator de equilíbrio.

Apesar de ainda não ser uma prática habitual, o tempo livre vem sendo valorizado na sociedade, pois o lazer adquiriu sua importância em razão desses papéis que exercem sobre o indivíduo. Isso ocorre porque o ser humano encontra esse tempo e, se não tiver boas escolhas, ainda assim ele o terá para desfrute – "o espectro de tempo livre comporta o lazer, sem dúvida, mas também a oração, o trabalho voluntário, a atividade criminosa[1] e o dormir" (Gebara, citado por Bruhns, 2002, p. 88). Sendo assim, esses componentes acabam ocupando grande parte do tempo livre e reduzem ainda mais as possibilidades de o indivíduo produzir uma existência motivada pelo lazer.

O lazer também é considerado uma **mercadoria**, um **valor de troca** ou um **produto do capital** capaz de ser manipulado por uma satisfação falsa das "necessidades" criadas pelo próprio sistema. Contudo, devemos destacar que esse mesmo lazer pode ser concebido de uma forma mais humana, buscando-se, na sua produção, uma forma de bem viver.

> **QUESTÃO PARA REFLEXÃO**
> O que fazer com o tempo livre que o trabalhador conquistou?

Na evolução da espécie humana, constatamos que a ocupação do tempo livre com a busca pelo prazer, o descanso e as formas de diversão estiveram sempre presentes e foram caracterizadas com base em seus contextos – ou seja, conforme o período histórico – por diferentes concepções, tais como ócio, recreação, divertimento, descanso e folga – enfim, uma ocupação prazerosa do tempo. Por vezes, essas práticas foram reconhecidas como de distração e alienação, da mesma forma que

---

[1] Para algumas pessoas, pichar, roubar e destruir o patrimônio público são atividades que causam prazer, sendo então realizadas como ocupação de lazer.

a política do "pão e circo", uma forma de dominação e controle das massas (Melo; Alves Júnior, 2003).

Como já dissemos, seria inadequado afirmar que o lazer é simplesmente o "tempo livre". Aquelas pessoas ociosas por estarem desempregadas ou já afastadas do serviço por aposentadoria ou invalidez, especialmente quando se mantêm com baixos rendimentos, geralmente "têm um tempo ocioso", mas é pouco provável que considerem estar gozando de um verdadeiro lazer. Nessa parcela de tempo livre, ou seja, todo tempo de não trabalho, cabe a divisão entre o tempo das obrigações e o tempo livre delas.

Uma pesquisa do Instituto Brasileiro de Geografia e Estatística (IBGE, 2012) constatou que, depois de atendidas as obrigações profissionais, a opção mais frequente para todos os entrevistados, nos momentos de tempo livre, é fazer uso dos meios de comunicação de massa, como livros, televisão, rádio e internet. Isso demonstra que há uma grande diferença em relação ao tempo gasto com o desenvolvimento pessoal, a socialização, a presença em eventos ou locais culturais, esportivos e de entretenimento – com jogos, passatempos ou *hobbies* –, e ainda a dedicação às atividades físicas e à prática de esportes, como mostra o Gráfico 8.1.

Gráfico 8.1 – Tempo médio por dia dedicado às atividades principais, das pessoas de 10 anos de idade ou mais, por Unidade da Federação – 2009 (em horas)

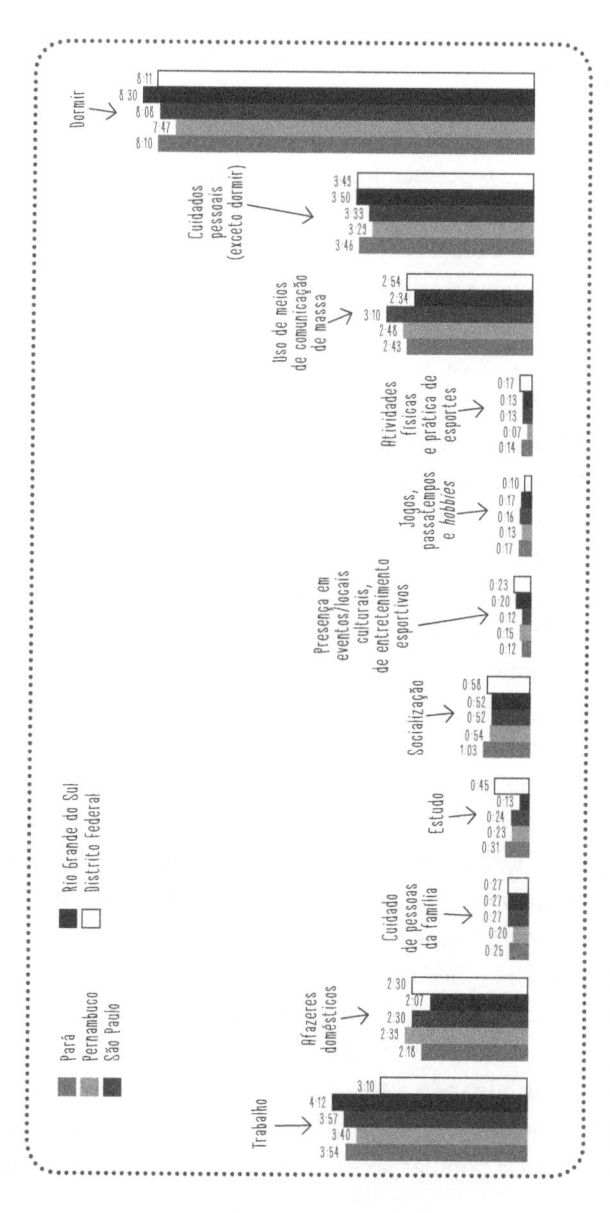

- ■ Pará
- ■ Pernambuco
- ■ São Paulo
- ■ Rio Grande do Sul
- □ Distrito Federal

Trabalho: 3:10 / 4:12 / 3:57 / 3:40 / 3:54

Afazeres domésticos: 2:30 / 2:07 / 2:30 / 2:33 / 2:18

Cuidado de pessoas da família: 0:27 / 0:27 / 0:27 / 0:20 / 0:25

Estudo: 0:45 / 0:15 / 0:24 / 0:23 / 0:31

Socialização: 0:58 / 0:52 / 0:52 / 0:54 / 1:03

Presença em eventos/locais culturais, de entretenimento esportivos: 0:23 / 0:20 / 0:12 / 0:15 / 0:12

Jogos, passatempos e *hobbies*: 0:10 / 0:17 / 0:16 / 0:13 / 0:17

Atividades físicas e prática de esportes: 0:17 / 0:13 / 0:13 / 0:07 / 0:14

Uso de meios de comunicação de massa: 2:54 / 2:34 / 3:10 / 2:48 / 2:43

Cuidados pessoais (exceto dormir): 3:45 / 3:50 / 3:33 / 3:25 / 3:46

Dormir: 8:11 / 8:30 / 8:08 / 7:47 / 8:10

Fonte: Adaptado de IBGE, 2012.

O LAZER COMO BEM DE CONSUMO

Essa pesquisa comprova que, independentemente de localidade, idade, cor, sexo, escolaridade, situação domiciliar (rural ou urbana) ou dia da semana (segunda a sexta-feira ou sábado e domingo), as pessoas optam pelo consumo mais fácil e acessível, que consiste em fazer uso dos meios de comunicação. Com isso, é possível percebermos quão inativos estamos nos tornando, simplesmente absorvendo toda a cultura imposta pela mídia, geralmente sentados no sofá, em uma situação totalmente passiva.

Essa prática consumista também apresenta pontos positivos, afinal, os conteúdos do lazer, do entretenimento e da recreação privilegiam essa opção de prática. Isso vai além dela, pois "inclui a atividade, mas é mais ampla que ela. Há a necessidade de momentos de não atividade, de contemplação, de ócio" (Marcellino, 2010, p. 13).

Assim, ao propormos um leque de interesses do lazer, do entretenimento ou da recreação, **nosso objetivo maior é enriquecer as condutas dos indivíduos em todas as esferas da convivência social** (escola, trabalho, família, igreja etc.) e nos momentos livres, buscando e proporcionando o bem-estar e o bem viver dentro das possibilidades de cada um.

Portanto, tem-se como perspectiva a diversificação das opções de lazer, entretenimento e recreação, a fim de que as pessoas possam se envolver e ocupar positivamente o seu tempo livre, com maior qualidade e maior número de oportunidades, tronando-se, dessa forma, seres integrados.

O desafio de inserir atividades na forma de intervenção profissional aproxima ainda mais o lazer da prática sistemática, possibilitando a todos a descoberta de novas linguagens e formas de prazer, além de difundir e permitir que elementos da cultura popular sejam recuperados. Da mesma forma, isso possibilita fazer uso dos elementos da cultura de massa a nosso favor. Assim, mesmo que de forma sistematizada, as atividades proporcionam o conhecimento dessas linguagens e o acesso a elas, inserindo o lazer nas manifestações culturais que podem ser produzidas e desenvolvidas.

Somente por meio das oportunidades experimentadas e vivenciadas é que as pessoas podem se manifestar culturalmente de forma mais apropriada, com mais sentido e em busca de seu contentamento individual. Nesse sentido, Marcellino (1995, p. 122) expõe que

> É importante que as atividades de lazer procurem atender as pessoas no seu todo. Mas, para tanto, é necessário que essas mesmas pessoas conheçam as atividades que satisfaçam os vários interesses, sejam estimuladas a participar e recebam um mínimo de orientação que lhes permita a opção. Em outras palavras, a opção, em termos de conteúdo, está diretamente ligada ao conhecimento das alternativas que o lazer oferece.

Em qualquer ação, programa, projeto ou evento de lazer, entretenimento e recreação, é preciso termos cuidado e a boa percepção para apresentar uma atividade adequada e, assim, agradar a maioria. Quando falamos em **atividades sistematizadas de lazer**, é inevitável associá-las aos conteúdos da recreação; entretanto, é importante considerarmos que há muitas outras ocupações no tempo do lazer. A escolha mais adequada depende de alguns fatores referentes ao perfil das pessoas que participarão, tais como faixa etária, nível cultural, nível socioeconômico, profissão e estado civil.

Assim, qualquer atividade pode ser adaptada ou incrementada. Portanto, não existe "brincadeira para crianças" ou "jogos com bola para adolescentes": um grupo de casais adultos pode participar de uma caça ao tesouro, por exemplo, bastando que as regras e as premiações estejam adequadas às expectativas do grupo; ou seja, uma atividade que poderia ser julgada uma atividade infantil, pode ser adaptada para que grupos de outras idades também a vivenciem.

Entre as muitas práticas possíveis, caracterizaremos nos próximos capítulos as tidas como referenciais das atividades de lazer, entretenimento e recreação. No entanto, é importante salientarmos que existem muitas outras opções para serem oferecidas nos momentos de tempo livre, a fim de oportunizar e promover experiências diferenciadas com a orientação necessária para que cada indivíduo, grupo ou segmento encontre a ocupação que melhor se adapte às suas necessidades e sirva de contentamento àquele(s) que a busca(m).

Cada situação de lazer se adapta a uma forma de manifestação. Assim, uma proposta de programação para o lazer será determinada pelo meio, pelos objetivos, pela estrutura e pelo tempo disponíveis. Por fim, a escolha das atividades deve ser programada de acordo com um diagnóstico.

As manifestações culturais possíveis na prática do lazer são fonte de participação social, de produção de conhecimento e de mudanças comportamentais, uma parte do que é necessário para a nova ética que se procura na atualidade. Esses atos colaboram para a qualidade do processo de formação humana, possibilitando àquele(s) que acumula(m) cultura e se apropria(m) dela a construção de um mundo melhor.

Ainda temos esperança de que aconteça essa valorização do lazer, mas para isso é necessário o comprometimento daqueles que o promovem – governo, escola e família –, na busca por um desenvolvimento mais equilibrado da sociedade atual.

O sensato seria termos respeito pela vida, pela dignidade e pelos direitos humanos, assim como pelo lazer, fruto do trabalho, um dos componentes do tempo livre e caracterizado por ser um momento prazeroso, criativo, apropriado – um tempo para a realização de satisfações, independentemente das coações sociais e produtivas, desvinculado das pressões socioeconômicas e das necessidades básicas.

Para termos uma vida com mais dignidade, usufruir tempo livre como lazer é uma das principais e mais significativas possibilidades para essa concretização, pois ele representa uma fonte de bem-estar. Eis aí um grande desafio para os profissionais do lazer, que não têm a garantia de uma clientela educada por tal visão. As pessoas gostam de diversão, precisam de descanso e sentem necessidade de buscar o prazer em seus momentos de lazer. Para que essa opção não se torne somente um bem de consumo, faz-se necessária uma **intervenção profissional**, uma vez que, além de propor opções adequadas para o melhor desfrute desse tempo de lazer, ela mostra como aproveitar essas oportunidades para "educar" os envolvidos.

Síntese

O desfrute de momentos de prazer fez parte da vida do ser humano em todas as épocas históricas, mas, com a soberania das influências tecnológicas na vida atual, acabamos optando pelo consumo mais fácil e acessível, o que nos torna cada vez mais inativos fisicamente e isolados socialmente, muitas vezes por falta de uma orientação adequada. Assim, percebemos que uma intervenção profissional faz a diferença na oferta e no consumo de ocupações durante o tempo de lazer.

Questões para revisão

1. Considere a seguinte fórmula:

> Tempo total = Tempo necessário + (Tempo liberado + Tempo livre)

Traduzindo a "fórmula do tempo", analise as afirmativas a seguir.

I. Analisando as 24 h do dia de uma pessoa comum, é possível notar que elas se subdividem em três partes iguais, compostas pelas obrigações, pelas necessidades básicas vitais e pelo tempo livre.

II. Analisando as 24 h do dia de uma pessoa comum, é possível notar que elas se subdividem em três partes, as quais não têm obrigatoriamente a mesma duração, sendo que, em um dia qualquer de trabalho, o tempo livre será tanto maior quanto menor for o tempo dispensado às necessidades básicas vitais.

III. Tempo necessário é o período de que o ser humano dispõe após as atividades fundamentais para a sua sobrevivência, como sono, alimentação e higiene.

IV. O tempo liberado, além de envolver atividades dedicadas ao trabalho, inclui manifestações gratuitas, como as de repouso e distração.

V. A maior ou menor duração desses períodos varia conforme os valores dominantes em uma cultura e a respectiva tecnologia, sendo que a vida do ser humano se organiza e se estrutura de acordo com a divisão do tempo de que dispõe para a realização das diversas atividades.

Assinale a alternativa correta:
a. Somente as afirmativas I e III estão corretas.
b. Somente as afirmativas I, III e IV estão corretas.
c. Somente as afirmativas II e IV estão corretas.
d. Somente as afirmativas II e V estão corretas.

2. As transformações da sociedade influenciaram e influenciam no desenvolvimento de todas as áreas e modos de vida, inclusive no lazer experimentado pelas pessoas. Descreva de que forma o desenvolvimento acelerado dos meios tecnológicos interfere no lazer do ser humano na atualidade.

3. O alerta que a imagem a seguir pretende transmitir refere-se à situação de que o lazer vem sendo afetado diretamente pelas transformações atuais em nossa coletividade e em nossos modos de vida.

Crédito: Fotolia

Assim, é correto afirmar que:

I. O sedentarismo influencia as opções de lazer da atualidade.
II. A civilização está se tornando urbana, e isso tem influência na mudança de comportamentos no lazer.
III. O desenvolvimento acelerado dos meios tecnológicos somente acarretou melhoras para o lazer atual.
IV. O desenvolvimento dos meios de comunicação promoveu inúmeras melhoras para o lazer atual.

V. A duração do tempo de lazer varia conforme a respectiva tecnologia, sendo que a vida do ser humano se organiza e se estrutura de acordo com a divisão do tempo de que dispõe para a realização das diversas atividades.

Assinale a alternativa correta:
a. Somente as afirmativas I, II e III estão corretas.
b. Somente as afirmativas II, III e IV estão corretas.
c. Somente as afirmativas I, II e IV estão corretas.
d. Somente as afirmativas I, II, IV e V estão corretas.

4. O alerta que a imagem da questão anterior pretende transmitir refere-se a uma situação que:
a. atinge, por sua gravidade, principalmente as crianças das áreas urbanas.
b. preocupa, no presente, e pode acarretar graves consequências para o futuro.
c. preocupa, no presente, sem possibilidade de ter consequências no futuro.
d. preocupa, por sua gravidade, especialmente as pessoas que têm filhos.

5. O desejo natural de desfrutar do lazer é um poderoso estímulo da atividade econômica. O consumo de bens culturais e de lazer é um sintoma de prosperidade e de progresso, que pode começar por ser encarado como supérfluo, mas que se transforma em um bem-estar útil em que se generalizam e aumentam prazeres legítimos. Ainda assim, por quais motivos você acredita que a grande massa da população não estabelece prioridades voltadas para o desfrute do lazer?

Questão para reflexão

Há alguns anos, os serviços de uma casa eram executados sem muitos dos eletrodomésticos que atualmente encontram-se à disposição e que facilitam a vida de uma família. Supostamente, há um tempo que é economizado com o uso desses equipamentos. Por exemplo: em muitas casas, não é mais necessário usar o tanque para lavar as roupas, bastando somente colocá-las na máquina de lavar, assim como não é mais necessário bater a massa do bolo por muito tempo com as mãos, pois pode-se utilizar uma batedeira. Como esse tempo que "deveria sobrar" está sendo empregado? Ele se transformou em tempo "livre"?

PARA SABER MAIS

CLICK. Direção: Frank Coraci. EUA: Columbia Pictures, 2006. 98 min.

Esse filme conta a história de Michael Newman (Adam Sandler), que é casado com Donna (Kate Beckinsale), com quem tem dois filhos, Ben (Joseph Castanon) e Samantha (Tatum McCann). Um dia, exausto em virtude do trabalho, Michael tem dificuldades de encontrar qual dos controles remotos de sua casa liga a televisão. Decidido a acabar com o problema, ele resolve comprar um controle remoto universal. O vendedor Morty (Christopher Walken) lhe dá um controle remoto experimental, o qual garante que vai mudar a vida de Michael. Ele aceita a oferta e logo descobre que o controle realmente é bastante prático, pois coordena todos os aparelhos e tem outras inúmeras funções, entre elas interferir na rotina da sua vida. O que ele não imaginava eram as consequências que ele passaria a sofrer com as dificuldades e os problemas criados pelo controle remoto. Nesse contexto, o filme provoca uma reflexão sobre as prioridades no uso do tempo individual.

ATIVIDADES SISTEMATIZADAS DE LAZER

CAPÍTULO 9

CONTEÚDOS DO CAPÍTULO

- Recreação como forma de ocupação do lazer.
- Diversificadas propostas de atividades de lazer e recreação.
- Estafetas.
- Circuito.
- Dinâmicas de grupo.
- Gincanas.
- Rua de lazer.
- Acampamento e acantonamento.
- Colônia de férias.
- Matroginástica ou macroginástica.

APÓS O ESTUDO DESTE CAPÍTULO, VOCÊ SERÁ CAPAZ DE:

1. propor diferentes tipos de recreação como forma de lazer;
2. reconhecer a sistemática de diferentes propostas de atividades de lazer, entretenimento e recreação.

Como dissemos anteriormente, o lazer é fundamental na vida do ser humano e, com a dinâmica atual do cotidiano, vem se tornando uma exigência em todas as camadas sociais, independentemente de nível socioeconômico, gênero, raça, cultura ou idade. Com isso, inserir o lazer, o entretenimento e a recreação no tempo, na atitude e no espaço tornou-se imprescindível na vida das pessoas. Para tanto, a intervenção de profissionais da área do lazer também adquiriu valorização e reconhecimento entre as profissões da área de prestação de serviços.

Visto que a discussão do lazer e de suas formas está em franca expansão na área de estudo e de pesquisa e, especialmente, no mercado de trabalho, neste capítulo apresentaremos algumas das diversas possibilidades de atividades sistematizadas de lazer, entretenimento e recreação como manifestações de práticas recreativas.

9.1 Estafetas

Estafetas são jogos competitivos na forma de revezamento em um determinado percurso, nos quais a participação pode ser individual ou em equipes, uma competindo contra a outra. O objetivo é que o participante ou a equipe cumpra a tarefa designada no menor tempo possível.

Sua execução apresenta algumas vantagens, como:

- realização em ambientes fechados, controlados e abertos, adaptando-se com facilidade aos espaços disponíveis;

- possibilidade de adaptação para um jogo rápido ou de maior estratégia, dependendo dos objetivos propostos;
- variações na exploração de materiais;
- atendimento a diversos participantes ao mesmo tempo;
- fácil organização;
- oportunidade de incluir tarefas de diferentes interesses: artísticos, manuais, intelectuais e físicos, como um jogo de estafeta da matemática.

A seguir, analisaremos os **componentes**, a **formação** e o **desenvolvimento** dos jogos de estafetas, para que você possa compreendê-los e colocá-los em prática:

- **Materiais** – Diversos tipos de materiais podem ser utilizados na corrida de estafetas, como: bolas, cordas, cones, pneus, colchões, cadeiras e arcos.
- **Formação** – Os participantes deverão estar organizados em colunas à frente da linha de saída, tendo o mesmo número de elementos em cada equipe.
- **Desenvolvimento** – Ao sinal, o primeiro participante de cada coluna sai, executando as tarefas com os diferentes materiais, e volta para sua coluna, dando o sinal de partida para o segundo integrante, que repetirá a mesma movimentação, até que todos tenham realizado todas as tarefas. Vencerá a equipe que executar a atividade em menor tempo.

Figura 9.1 – Exemplo da disposição da atividade de estafeta

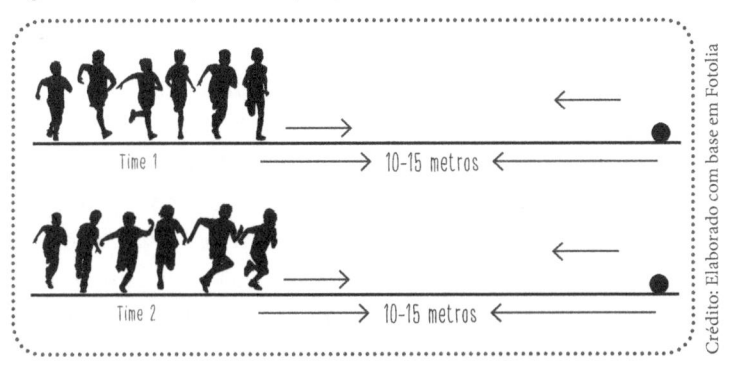

Crédito: Elaborado com base em Fotolia

Os jogos de estafetas permitem inúmeras **variações**, tais como:

- quicar uma bola em linha reta, contornar uma cadeira, retornar e realizar um passe para o primeiro participante da coluna;
- quicar uma bola em zigue-zague por meio de cones, *medicine balls*, garrafas plásticas etc.; ao final do percurso, o participante deve deixar uma linha limite, para realizar um arremesso da bola dentro de um balde;
- driblar a bola com os pés em direção a um cone e retornar;
- driblar a bola com os pés em zigue-zague em meio a obstáculos e, ao final, chutar em direção a uma meta (gol, cone, dentro de um pneu etc.);
- correr com um saquinho de areia nas mãos, passando por uma série de obstáculos com diferentes movimentações

(rolar em um colchão, pular arcos, pular diferentes alturas e distâncias, contornar obstáculos em zigue-zague, passar dentro de um túnel etc.), retornando e entregando o saquinho ao próximo, que realizará a mesma tarefa;
- dispor três arcos no percurso até a chegada ao cone: o primeiro da coluna terá três saquinhos de areia nas mãos e, ao sinal, deverá deixar um saquinho em cada arco, dar a volta no cone ao final do percurso e retornar à sua equipe; o segundo participante deverá recolher os saquinhos e entregar ao terceiro, que realizará a mesma movimentação do primeiro, e assim por diante;
- idem à variação anterior, mas aqui o primeiro participante deverá levar um saquinho de cada vez, ou seja, ele leva o primeiro saquinho até o primeiro arco, volta à linha de partida, pega o segundo saquinho, leva ao segundo arco, volta à linha de partida, pega o terceiro saquinho, deixa dentro do terceiro arco e retorna à sua coluna; o segundo participante realizará o percurso de forma invertida, trazendo os saquinhos de areia para a frente da sua equipe;
- em vez de saquinhos, podem ser utilizadas diferentes bolas, e nos deslocamentos podem ser trabalhados diversos dribles de bola (com as mãos ou com os pés);
- no percurso, pode haver provas que exijam um maior controle muscular, como: prender roupas em um varal, equilibrar uma bola sobre um cone, arremessar uma bola de tênis dentro de um balde, arremessar arcos em cones, arremessar dardos, arremessar saquinhos de areia em pequenos alvos, desenhar, encontrar palavras em cruzadinhas etc.;
- realizar todo o percurso quicando uma bola, rolando um pneu ou um arco, pulando corda etc.

A criatividade do proponente deverá ser utilizada para promover diferentes variações. Se há carência de materiais, o profissional poderá executar todas essas atividades com objetos alternativos.

9.2 Circuitos

A atividade de circuito se adapta a diferentes programações de recreação, e sua composição pode ocorrer de várias maneiras. O objetivo aqui consiste em fazer com que o participante passe por um circuito e execute as atividades estabelecidas nele, o qual pode integrar a realização de várias tarefas dispostas em estações ou simples obstáculos espalhados em um espaço determinado.

Figura 9.2 — Exemplo de circuito de materiais

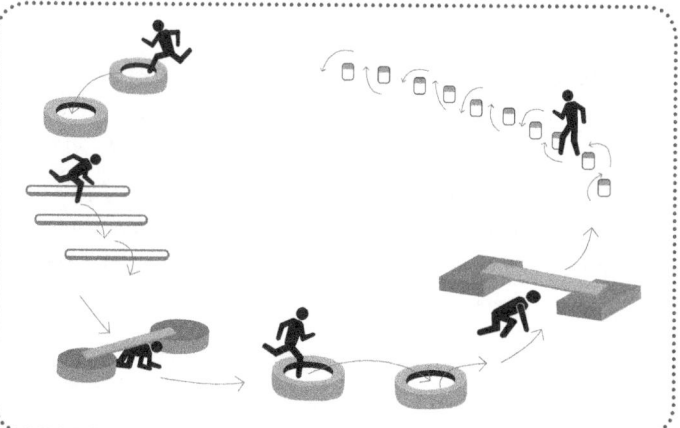

Crédito: Elaborado com base em Fotolia

No percurso do circuito, pode haver o estímulo de uma habilidade específica, como uma atividade apenas com bolas (por exemplo, correr segurando a bola com somente uma das mãos). Porém, também é possível intercalar um circuito com atividades mistas, combinando atividades recreativas, esportivas, aquáticas, intelectuais, com obstáculos, tarefas a serem cumpridas etc.

A atividade do circuito pode ser inserida em uma programação de recreação ou ser a própria atividade. Isso depende do número de estações e do tipo das provas do circuito. Nele, pode ser estabelecido um tempo exato para que cada um execute as tarefas nas estações, assim como o circuito pode ser de passagem, ou seja, os participantes ultrapassam os obstáculos, "fechando" o circuito. O circuito também pode ser utilizado como uma forma de competição por tempo ou por tarefas cumpridas.

Sua execução apresenta algumas vantagens, tais como:

- adaptar-se com facilidade aos espaços disponíveis, uma vez que pode ser realizado em ambientes fechados, controlados ou abertos;
- poder ser adaptado como um jogo rápido ou de maior estratégia, dependendo dos objetivos propostos;
- possibilitar variações na exploração de materiais;
- atender a muitos participantes ao mesmo tempo;
- ser de fácil organização;
- possibilitar a inclusão de tarefas de diferentes interesses (artísticos, manuais, intelectuais e físicos), como um circuito de conhecimentos gerais.

A seguir, apresentamos um exemplo de circuito recreativo, que pode ser utilizado com diversos públicos:

- Materiais – Arcos, cordas, colchões, cones, bandeiras etc.
- Formação – Os participantes são divididos em duas equipes e dispostos em duas colunas em frente a um circuito formado pelos materiais, sendo um ao lado do outro com os mesmos obstáculos.
- Desenvolvimento – Ao sinal, saem os dois primeiros participantes, um de cada equipe, passando pelos obstáculos; aquele que levantar primeiro a bandeira ao final do circuito, marcará ponto para sua equipe.

Assim como os jogos de estafetas, os circuitos também permitem algumas variações, tais como:

- uma competição somente entre os dois participantes, não contando pontos para a equipe;
- para iniciar o circuito, os participantes deverão resolver um problema matemático, encontrar uma palavra no dicionário e, quando alcançarem o resultado certo, terão a liberação para partirem;
- idem ao anterior, mas envolvendo questões de outras áreas do conhecimento ou com o cumprimento de uma tarefa artística, por exemplo, como cantar um trecho de uma música, moldar a argila e pintar partes de um quadro;
- envolver movimentos refinados no circuito, como passar uma linha em uma agulha, encontrar um grão de arroz em um pote de feijão, encontrar uma palavra no dicionário, distribuir as peças em um jogo de xadrez e acertar um determinado número no lançamento de um dado.

> As tarefas a serem cumpridas devem corresponder aos objetivos propostos. Existem muitas possibilidades de variação que atendem às diferentes necessidades e aos objetivos apresentados.

9.3 Dinâmicas de grupo

O simples encontro de pessoas para buscar um objetivo grupal qualquer é uma **dinâmica de grupo**. Quando falamos de atividades sistemáticas de lazer, conceituamos as dinâmicas de grupo como **atividades lúdicas ou exercícios**, que podem ser competitivos ou não e que sugerem o estímulo de atitudes individuais dentro de um grupo. Existem dinâmicas para todos os tipos de públicos, como: funcionários de empresas e escolas, comunidades religiosas, grupo de jovens e grupos de convivência.

Essas dinâmicas são muito utilizadas para descontrair grupos e, assim, facilitar a interação das pessoas, ao mesmo tempo em que atendem a diversos objetivos, como socialização, integração, desenvolvimento e avaliação, pois favorecem o relacionamento entre os participantes.

É comum as empresas de recursos humanos utilizarem dinâmicas de grupo com diferentes objetivos, como treinamento, recrutamento e seleção, ou para avaliar determinadas características, buscar um profissional específico, contratar profissionais com certas habilidades, analisar o clima organizacional de uma empresa etc. Além dessas possibilidades, por meio das atividades espontâneas promovidas pelas dinâmicas de grupo, é possível observar o comportamento do indivíduo no grupo.

Há uma lista de exemplos de dinâmicas que podem ser utilizadas em diferentes situações, sendo que vários referenciais bibliográficos apresentam coletâneas dessas atividades. No Capítulo 12, trataremos com mais propriedade das dinâmicas de grupos e de sua aplicabilidade.

9.4 Gincana

A gincana é uma modalidade da recreação que oferece dinamismo e variedade de provas, além de possibilitar a participação de pessoas de qualquer idade e sexo, independentemente de sua habilidade. Ela é uma composição de atividades competitivas, de caráter lúdico, caracterizadas por seguirem regras fixas cujo objetivo é colocar à prova as habilidades físicas ou mentais dos membros de duas ou mais equipes.

Essa forma recreativa de competição é composta por tarefas diferenciadas, o que pode ser muito explorado, no que diz respeito aos materiais disponíveis, à adequação aos espaços, ao tempo de execução, aos recursos, objetivos e participantes.

As gincanas costumam ser promovidas por escolas, igrejas ou comunidades religiosas, entidades sociais, clubes sociais e esportivos, programas de rádio, coordenadores de lazer, prefeituras e centros recreativos; da mesma forma, integram as programações recreativas de hotéis, colônias de férias, acampamentos, acantonamentos, tardes recreativas, eventos escolares etc.

Existem variações no tipo de provas e de tarefas a serem cumpridas, as quais classificam o tipo da gincana. Além disso, é possível realizá-la com provas de todos os tipos no mesmo evento. Nesse sentido, Cavallari e Zacharias (2004) classificam os principais tipos de gincana em: de solicitações, intelectual, artística, musical, de habilidades, de salão, rústica, esportiva, aquática e de circuito, as quais explanaremos nos tópicos a seguir.

9.4.1 Gincana de solicitações

Também conhecida como *quero-quero*, a gincana de solicitações é composta por tarefas em que o organizador solicita alguns itens fáceis e outros difíceis de serem obtidos, que deverão ser apresentados pelos participantes em um determinado prazo de tempo.

Pode haver variação nas propostas, sendo que a equipe que conseguir a maior quantidade de itens solicitados será a vencedora, ou então, a equipe que apresentá-los primeiro. É comum, em gincanas, a busca por relíquias, incluindo nos itens solicitados objetos antigos ou raridades. Esse tipo de tarefa pode ser incluída durante a execução de outras tarefas e, nesse formato, também pode ser chamada de *prova relâmpago* ou *prova surpresa*.

Existem inúmeros exemplos de provas que podemos sugerir, as quais podem ser utilizadas conforme as seguintes circunstâncias:

- É feita a seguinte pergunta para os participantes da gincana: "Quem tem óculos de sol?". A primeira equipe ou integrante que trouxer o objeto solicitado marcará um ponto ou será o(a) vencedor(a). Utilizando o mesmo formato, pode-se solicitar óculos de sol, mas todas as equipes que trouxerem o objeto solicitado dentro do prazo determinado marcarão pontos, caracterizando-se como uma tarefa cumprida. Ou, ainda, com essa característica de solicitação, pode-se dar um prazo de busca, e a equipe que obtiver o maior número de objetos solicitados dentro do prazo estipulado será a vencedora ou marcará pontos nessa tarefa.

- Uma prova de "busca imediata", em que são solicitados itens que possivelmente os participantes têm no local, nas bolsas, no corpo (brincos na mesma orelha, uma foto 3 × 4 cm, palitos de dentes, molhos com o maior número de chaves etc.).
- Uma prova de "bugigangas", em que se solicitam quinquilharias às equipes participantes, e cada uma deve apresentar uma lista de objetos de pouco ou nenhum valor ou utilidade. Pode ser informado que as equipes devem se preparar para as possíveis solicitações ou pode ser uma prova surpresa.

9.4.2 Gincana intelectual

É uma gincana de caráter intelectivo, na qual as tarefas são compostas por perguntas e respostas do tipo *quiz* e outras atividades de conhecimentos gerais; as perguntas deverão ser decifradas ou respondidas pelos participantes dentro de um prazo de tempo determinado previamente. Também compõem seu repertório tarefas que solicitam o conhecimento ou o palpite sobre vários temas, como filmes, séries, novelas, bandas e nomes de músicas, esportes, história, biologia e muito mais.

No desenvolvimento das tarefas de uma gincana intelectual, pode ser requisitado que os participantes produzam algum material com base em conhecimentos, como a construção de uma balsa com materiais recicláveis.

Confira, a seguir, outros exemplos de provas que podem compor uma gincana intelectual:

- Todas as equipes se posicionam de frente para um telão, no qual serão apresentadas várias perguntas, e cada equipe recebe um gabarito para completar com respostas.
- Caça-palavras, palavras cruzadas, cartas enigmáticas ou textos criptografados, nos quais a informação pode ser transformada de sua forma original para outra ilegível, com a utilização de códigos que devem ser descobertos para se decifrar a mensagem.
- Proposição de enigmas para que, por meio das dicas fornecidas, por exemplo, a equipe chegue a uma resposta única, utilizando métodos lógicos de raciocínio.

9.4.3 Gincana artística

As tarefas que compõem uma gincana artística envolvem o cumprimento de provas que exigem desenvoltura na expressão corporal e na mímica, conhecimento de diversos ritmos musicais e modalidades de dança. As provas desse tipo de gincana oportunizam aos integrantes uma atuação desinibida e comunicativa.

As provas têm como objetivo principal testar a capacidade de criação, caracterização e interpretação dos participantes. Como composição de provas artísticas, eis alguns exemplos:

- imitar, dublar, dançar, apresentar-se ou coreografar – todas as formas de expressão corporal podem ser exploradas em provas desse tipo de gincana;
- pintar, moldar, esculpir ou modelar;
- apresentar uma peça teatral, um videoclipe, um *jingle* etc.;
- solicitar que um componente da equipe se caracterize de determinado objeto, personagem ou personalidade;
- construir um objeto determinado, utilizado a criatividade – tal objeto pode ser maquete ou em tamanho natural.

Muitas das provas que requerem o uso de música – as quais apresentaremos no tópico a seguir – podem ser consideradas provas artísticas.

9.4.4 Gincana musical

As provas desse tipo de gincana versam sobre os conhecimentos que os participantes têm sobre músicas e suas letras, instrumentos musicais, composições, cantores e intérpretes, bandas e conjuntos. As tarefas de uma gincana musical podem ser desenvolvidas com ou sem a utilização de equipamentos de som ou instrumentos musicais. Como exemplos de provas que podem compor uma gincana musical, mencionamos:

- "Qual é a música?", na qual os competidores devem descobrir a música sugerida por uma palavra, por uma nota musical, por uma frase enigmática ou por um objeto apresentado.
- "Quem é o cantor ou a banda que interpreta essa música?", após ser dada uma dica ou tocada a música.

- A partir de palavras expostas, o grupo participante deverá apresentar músicas que contenham em sua letra uma palavra específica ou, ainda, uma música escolhida.
- São apresentados objetos que lembrem uma música, e o grupo deverá cantar várias músicas até acertar a que foi escolhida.
- O grupo terá um prazo determinado para tentar descobrir o maior número de músicas apresentadas por um dos integrantes, substituindo as palavras da letra por "lá lá lá" ou murmúrios.
- É apresentada uma frase que compõe o título da música e, com isso, o grupo deverá lembrar a letra dessa música.
- O grupo deve completar a música a partir de um determinado ponto que tenha sido apresentado.
- Gravações que misturem duas ou mais músicas reproduzidas juntas ou, ainda, programas que invertem a música, tocando-a de trás para frente.

9.4.5 Gincana de habilidades

Na gincana de habilidades, o que se coloca à prova são as aptidões que os participantes demonstram sobre determinadas atividades específicas, o que exige, na maioria das vezes, coordenação motora fina ou habilidades não comuns no dia a dia.

Algumas provas podem explorar movimentos, como manipular uma bola ou uma agulha durante a costura ou o bordado, ultrapassar obstáculos, construir um castelo com cartas de baralho ou formar uma torre de copos plásticos.

9.4.6 Gincana de salão

Suas tarefas exigem habilidades físicas, preferencialmente em situações hilariantes. Apesar do nome, não são desenvolvidas apenas em salões, mas também em outros espaços restritos, como quadras esportivas, gramados e estacionamentos, sendo que a intencionalidade da sua caracterização ocorre pela restrição do espaço aberto.

As provas que são envolvidas em uma gincana de salão podem ser repetidas das demais que já classificamos, mas concentram sua execução em espaços delimitados. Em hotéis e acampamentos, as gincanas de salão também são utilizadas como um "plano B" em dias de frio ou de chuva, o que exige uma reorganização rápida das atividades promovidas.

9.4.7 Gincana rústica

Atualmente, as atividades de lazer na natureza têm sido apreciadas cada vez mais pelas pessoas e, por essa adesão, tornou-se possível tirar proveito desse tipo de ambiente para se propor atividades de lazer, entretenimento e recreação.

As provas de uma gincana rústica se desenvolvem em contato com a natureza, e as dificuldades dependem do tipo do ambiente e dos itens que estão disponíveis (como áreas verdes, árvores, cordas e pneus), sendo possível inserir provas com rapel, tirolesa ou escalada. Outros tipos de provas podem ser criados a partir dos equipamentos e dos espaços disponíveis no ambiente, adaptando-se a execução das tarefas conforme a idade e a habilidade dos participantes, sendo premissa básica garantir a segurança e a integridade dos envolvidos.

9.4.8 Gincana esportiva

As tarefas propostas nesse tipo de gincana se baseiam nas mais variadas espécies de modalidades esportivas. São provas realizadas com a execução de um jogo propriamente dito, ou somente com partes isoladas de uma determinada modalidade, como chute a gol e arremesso à cesta. Existe ainda a opção de se criar movimentos construídos com materiais esportivos, misturando-se diferentes modalidades, como rebater uma bolinha de tênis com a raquete para fazer uma cesta no aro do basquetebol; realizar o movimento de saque do voleibol, mirando um arco suspenso na trave de futebol; ou chutar em uma bola a fim de derrubar pinos de boliche.

Conforme o nível de competitividade que existe entre os participantes da gincana, é necessário atentarmos para confrontos corpo a corpo que uma prova esportiva pode ocasionar. Por exemplo, uma prova de gincana como um jogo de futebol sobre uma lona molhada e escorregadia pode ser muito divertida, mas se a competitividade entre os participantes das equipes envolvidas apresentar um clima tenso, isso pode comprometer a segurança daqueles que estão jogando. Nesses casos, percebemos a necessidade de intervenção profissional com o objetivo de impor o cumprimento das regras propostas para a execução da prova da gincana.

9.4.9 Gincana aquática

Nesse tipo de gincana, as tarefas são desenvolvidas dentro d'água, principalmente em piscinas. Várias provas normalmente executadas em outros ambientes, como salões ou quadras, podem ser adaptadas e realizadas dentro d'água, dependendo somente dos materiais, do tempo e do nível dos participantes, pois é importante que a segurança de todos os envolvidos seja garantida. Por exemplo, crianças pequenas ou pessoas que não sabem nadar devem ser supervisionadas durante os momentos em que participam de uma prova de gincana dentro da piscina.

9.4.10 Gincana de circuito

Nessa modalidade de gincana, propõe-se montar um circuito com estações, composto pela execução de várias tarefas que explorem diferentes habilidades. Os participantes são separados em equipes, sendo que cada uma delas terá o mesmo prazo para executar as provas. Na organização da gincana de circuito, cada equipe – com todos os seus participantes ao mesmo tempo – cumpre uma tarefa por vez, ou seja, cada equipe permanece por um período em cada estação desse circuito de provas. Após um tempo predeterminado, a organização sinaliza o fim dessa estação, e todas as equipes mudam de tarefa. Isso se repete sucessivamente, até que todas as equipes completem o circuito de provas.

A gincana de circuito apresenta algumas vantagens, tais como:

- organização de um tempo definido para o início e o fim da atividade;
- rapidez e facilidade de organização;
- participação de todos os participantes ao mesmo tempo (nenhum se sente excluído);
- possibilidade de incluir todos os participantes em virtude dos tipos de provas que compõem essa gincana;
- todos os grupos começam e terminam juntos;
- exploração das diferenças de habilidades pessoais dentro da equipe, pois, conforme o tipo de prova proposto, alguns podem demonstrar maiores habilidades em relação a outros, os quais podem demonstrar outras habilidades que também podem ser propostas;
- possibilidade de, enquanto se estende o período do tempo em determinada estação, os envolvidos repetirem várias vezes o mesmo movimento, o que proporciona chances de sucesso para o seu desempenho.
- possibilidade de adaptação do tipo de prova que compõe o circuito a qualquer espaço disponível – um salão social, uma quadra esportiva coberta ou aberta, ou um espaço alternativo, como parque, gramado, piscina ou sala de aula.

A dificuldade que encontramos nesse tipo de gincana é que, de acordo com a idade e o grau de competitividade dos participantes, existe a necessidade de que um organizador ou monitor permaneça em cada estação para computar os pontos de cada equipe.

As provas que compõem uma gincana de circuito são variadas. Elas podem explorar inúmeros modelos, como já apresentamos. Entre tantas propostas para esse tipo de gincana, podemos citar as diferentes formas de contabilização de pontos; por exemplo, a equipe pontua toda vez que:

- lançar um dado e sair um número determinado anteriormente;
- arremessar uma bola no aro e convertê-la;
- descobrir os objetos apresentados, com um dos integrantes representando-os por meio de mímica;
- conseguir identificar as músicas apresentadas por um dos integrantes da equipe, que realizará a tarefa sem pronunciar palavras ou então emitindo sons com a boca fechada;
- identificar personalidades pelas características apresentadas;
- decifrar enigmas apresentados;
- conseguir passar uma linha em uma agulha;
- abrir um cadeado, tendo muitas chaves à disposição para a escolha certa.

9.5 Ruas de lazer

As chamadas *ruas de lazer* são atividades lúdicas e recreativas oferecidas para diferentes públicos em ruas, parques, praças e escolas da cidade, ou seja, consiste em uma adaptação temporária de espaços (Munhoz, citado por Gomes, 2004).

Especialmente nos grandes centros urbanos, o espaço para o lazer vem se limitando cada vez mais, em razão do grande acúmulo de pessoas, carros e construções imobiliárias, que "invadem" alguns dos poucos espaços livres. Portanto, em muitas oportunidades, as ruas e as praças passam a ser reutilizadas, em momentos específicos, como espaços alternativos para o lazer.

Assim, uma rua ou praça torna-se um espaço fechado com segurança para o oferecimento de diversas atividades recreativas. Isso ocorre como uma oportunidade de espaço, principalmente em regiões com população de baixa renda, onde as casas são construídas muito próximas umas das outras, sem espaço para quintal ou terrenos com áreas livres.

De acordo com Munhoz, citado por Gomes (2004, p. 205), "uma via pública destinada originalmente ao tráfego de veículos e de pedestres pode ser utilizada como uma quadra de peteca, um ateliê, um palco ou tantos outros espaços que nossa criatividade permita construir".

As ruas de lazer são muito comuns em programas de lazer comunitário e em festas populares ou tradicionais e possibilitam aos cidadãos diferentes estações de brincadeiras e equipamentos de lazer, o que desenvolve hábitos saudáveis para o desfrute de um tempo livre prazeroso.

Outra instalação comum das ruas de lazer ocorre quando um grupo de moradores vizinhos, por mobilização própria, organiza-se socialmente e fecha uma parte da rua ou uma quadra toda – com a devida autorização do município – para a realização de festas comunitárias, como uma festa junina, a comemoração do Dia das Crianças ou uma festa de Natal aberta ao público ou destinada aos próprios moradores daquela rua.

9.6 Acampamento e acantonamento

Os **acampamentos** e **acantonamentos** são atividades de pernoite de grupos em situação recreativa, com programações que proporcionam a vivência ao ar livre e exploram as atividades grupais. Conforme descreve Civitate (2000, p. 13), o acampamento organizado "é um método educativo orientado por pessoal especializado, que se processa em um ambiente natural, oferecendo oportunidades de aprendizagem dinâmica da vida em grupo, em termos sadios e democráticos".

A diferença entre acampamentos e acantonamentos se dá pelo local onde ocorre o pernoite. Nos acampamentos, utilizam-se barracas; por outro lado, nos acantonamentos, o pernoite é realizado em salas, ginásios, salões ou dormitórios coletivos, mas propostos em locais fechados ("entre cantos").

Tanto o acampamento quanto o acantonamento são atividades comumente oferecidas para grupos escolares, crianças ou adolescentes em colônias de férias, a fim de possibilitar a imersão em diferentes situações, ou mesmo em retiros religiosos. Na sua programação, é comum uma combinação de atividades recreativas, como ficar ao redor de uma fogueira, passear e realizar atividades em contato com a natureza.

Existem alguns estabelecimentos próprios para se realizar um acampamento ou acantonamento, e há ainda hotéis, escolas, clubes e igrejas que adaptam espaços ou promovem a montagem de um *camping* para a realização dessas atividades.

A programação das atividades nesses casos deve ser elaborada conforme seus objetivos, que podem ser:

- o aprendizado de algum conhecimento ou de habilidades específicas;
- o desenvolvimento ou o estabelecimento de conceitos sobre grandes temas;

- um evento com finalidade artística, esportiva ou recreativa;
- um evento com desígnio formativo, como em uma determinada religião ou um período de imersão em uma língua estrangeira.

Para elaborar o cronograma de atividades que irão compor um acampamento ou acantonamento, devemos levar em consideração todos os itens tratados no Capítulo 4 desta obra a respeito do planejamento. Como esse tipo de evento sugere uma imersão de dias e noites, deve haver uma intensa programação de atividades, o que exige organização. Além disso, recomendamos listar atividades extras ao cronograma, especialmente em regiões onde o clima pode interferir, com chuva, frio ou vento, impossibilitando a realização de algumas das atividades previstas inicialmente.

9.7 Colônias de férias

Para Steinhilber, citado por Campos et al. (2003, p. 1), **colônia de férias** é "o conjunto de atividades desenvolvidas em determinado local, para um número considerável de [...] [participantes], geralmente promovida durante o período das férias escolares, dentro de uma organização estruturada para este fim e sob orientação de [...] [profissionais] especializados".

Geralmente, a colônia de férias é uma opção para os pais que, no período de férias dos filhos, não conseguem tirar férias. Porém, ela não é mais uma atividade dinamizada exclusivamente no período de férias escolares, nem mesmo voltada unicamente para as crianças, mas sim um programa de atividades que pode ser realizado em outros períodos de descanso e lazer, para as pessoas de modo geral. Desse modo, a colônia de férias se torna um evento programado com um período preestabelecido, com atividades dirigidas e voltadas ao desfrute dos participantes e atividades recreativas em tempo integral ou parcial.

As colônias geralmente são organizadas em unidades militares, instituições de ensino, clubes, hotéis, praças, parques, praias, condomínios, museus, teatros, empresas e estabelecimentos próprios para acampamentos ou acantonamentos.

Entre os vários objetivos que uma colônia de férias pode oferecer, encontram-se:

- Treinamento de línguas estrangeiras – Realização de uma colônia de férias na qual os participantes são obrigados a falar apenas a língua estipulada.
- Terceira idade – Programação do tipo colônia de férias oferecida para o público da terceira idade, tanto para meio período quanto para internamento.
- Recuperação de estresse – É um projeto específico voltado principalmente para executivos que necessitam de recuperação.
- Para doenças específicas – Consiste em uma programação especial desenvolvida de forma recreativa, com objetivos específicos direcionados à doença, como uma colônia de férias para diabéticos ou cardiopatas.
- Para emagrecimento – Tem como objetivo principal auxiliar o emagrecimento dos participantes; são oferecidas especialmente em *spas*.

- **Repouso** – Visa ao repouso dos participantes, geralmente adultos.

Para a efetiva realização da colônia de férias, é necessária uma cuidadosa organização baseada no público, nos objetivos, no sexo, no período, na duração, na entidade e no tamanho do grupo:

- **Quanto aos participantes** – É necessário programar as atividades de acordo com a idade dos participantes (crianças, jovens, adultos, terceira idade ou mista).
- **Quanto aos objetivos** – As colônias podem ser recreativas, desportivas, sociais, culturais, específicas ou mistas.
- **Quanto ao sexo** – as atividades podem ser elaboradas para o sexo masculino, feminino ou ambos.
- **Quanto ao período** – As atividades podem ser oferecidas durante meio período, período integral ou em internamento.
- **Quanto à duração** – Uma colônia de férias de curta duração é aquela de no máximo de 10 dias; a média tem duração de 11 a 20 dias; e a longa tem duração acima de 21 dias.
- **Quanto à entidade promotora** – A colônia pode ser promovida por entidade pública, particular ou mista.
- **Quanto ao tamanho** – A colônia pode ser de pequeno porte, com a participação de até 100 pessoas; de médio porte, entre 100 e 500 participantes; e de grande porte, acima de 500 "colonins" (participantes).

9.8 Matroginástica e macroginástica

A matroginástica é uma atividade recreativa, física ou esportiva, que se realiza entre membros de uma família, a fim de fortalecer os vínculos. Em outras configurações, a ação passa a ser considerada como macroginástica, na qual se promove o encontro de muitas pessoas, mesmo sem vínculos afetivos, para o desenvolvimento de uma sessão de ginástica com movimentos corporais que exploram o contato com a natureza, ou em ambientes livres e abertos, como um ginásio ou um grande teatro.

Propostas de variação que consistem em atividades recreativas são a ginástica natural, na qual se inserem movimentos de animais; a ginástica maluca, em que se utilizam músicas engraçadas e sugestivas de determinados movimentos; ou ainda a ginástica historiada, envolvendo personagens, fantasias e músicas.

Síntese

Cada situação de lazer se adapta a uma forma de manifestação. Assim, uma proposta de programação para o lazer, entretenimento ou recreação será determinada pelo meio, pelos objetivos, pela estrutura e pelo tempo disponíveis. Além disso, a escolha das atividades deve ser programada de acordo com um diagnóstico.

As manifestações culturais possíveis na prática do lazer são fonte de participação social, produção de conhecimento e mudanças de comportamentos, uma parte do que é necessário à nova ética que se busca na atualidade. Esses atos colaboram para a qualidade do processo de formação humana, possibilitando às pessoas que acumulam cultura e se apropriam dela a construção de um mundo melhor.

Ainda temos a esperança de que aconteça a valorização do lazer, mas, para isso, é necessário o comprometimento daqueles que o promovem – governo, escola, família –, na busca por um desenvolvimento mais equilibrado da sociedade atual.

Para termos uma vida com mais dignidade, usufruir tempos livres como lazer é uma das principais e mais significativas possibilidades para essa concretização, pois o lazer representa uma fonte de bem-estar.

O sensato seria termos respeito pela vida, por sua dignidade e por seus direitos, assim como o lazer, um dos componentes do tempo livre e um momento prazeroso, criativo, apropriado, satisfatório, independentemente das coações sociais e produtivas e desvinculado das pressões socioeconômicas e das necessidades humanas básicas.

Questões para revisão

1. A atividade de circuito recreativo se adapta a diferentes programações de recreação, e sua composição pode ocorrer de variadas formas. Sendo assim, analise as afirmativas a seguir, assinalando-as com verdadeiro (V) ou falso (F), no que diz respeito às vantagens da escolha do circuito como atividade recreativa.

( ) Na composição de um circuito, não existe a necessidade de organização, pois basta espalhar os obstáculos que os participantes executam a atividade.
( ) O circuito se adapta a qualquer espaço disponível.
( ) É uma atividade típica de ambientes fechados e controlados, sem a interferência do clima.
( ) É uma atividade rápida, de poucas estratégias e que exige a utilização de poucos materiais.

Assinale a sequência correta:

a. V, V, V, F.
b. F, V, V, V.
c. F, V, F, F.
d. F, V, V, F.

2. Com relação à programação e à organização de gincanas, fazemos as seguintes afirmações.

I. É uma composição de atividades de cunho puramente recreativo, que tem o objetivo de propor a realização de atividades físicas para grupos diversos.
II. É uma modalidade de recreação flexível à participação de pessoas de qualquer idade e sexo, independentemente de sua habilidade.
III. É composta por tarefas competitivas.

Assinale a alternativa correta:

a. Apenas a afirmativa I está correta.
b. Apenas as afirmativas I e III estão corretas.
c. Apenas as afirmativas II e III estão corretas.
d. Todas as afirmativas estão corretas.

3. A principal característica de uma gincana, que a diferencia de outro jogo qualquer, é que o seu desenvolvimento é representado por uma sequência de várias tarefas ou provas interligadas, normalmente com pontos acumulativos. Porém, seus objetivos podem ser distintos. Nesse sentido, cite três objetivos diferenciados para a realização de uma gincana.

4. Para compor uma gincana, existe a possibilidade de nela incluirmos diversos tipos de provas. Cite três tipos dessas provas e descreva-os.

5. Relacione os objetivos que uma colônia de férias pode oferecer com o seu contexto:
   1. Imersão de línguas estrangeiras.
   2. Terceira idade.
   3. Recreação.
   4. Para emagrecimento.
   ( ) É necessário incluir várias atividades físicas em sua programação.
   ( ) É uma das mais comuns a serem programadas.
   ( ) Uma das propostas pode ser uma atividade como a jardinagem.
   ( ) É uma forma diferente de propagação de determinada cultura.

A sequência correta dessa associação é:
   a. 4, 3, 2, 1.
   b. 4, 2, 1, 3.
   c. 3, 4, 2, 1.
   d. 2, 4, 1, 3.

Questão para reflexão

Se o lazer tem como característica a liberdade de opções que agradem a cada pessoa, como é possível elaborarmos um programa de colônia de férias, no qual todos os participantes devem seguir a mesma rotina de atividades? Será mesmo um tempo de lazer para aqueles que participam de uma colônia de férias?

PARA SABER MAIS

LETTIERI, F. **Acampando com a garotada**. São Paulo: Ícone, 1999.

Esse livro expõe, em forma de manual, dicas e orientações para a organização de acampamentos. Escrito por Flávio Lettieri, é indicado para profissionais interessados em organizar acampamentos e que, a partir da sua consulta, podem esclarecer todas as etapas necessárias desde a preparação do evento, bem como os detalhes da organização e o processo de desenvolvimento de um acampamento. Com linguagem simples e objetiva, o autor consegue mostrar como um evento dessa natureza pode se tornar uma grande oportunidade de mercado; porém, com inúmeras possibilidades de realização na promoção do desenvolvimento global daqueles que participam, o acampamento pode se tornar um instrumento de formação na vida de crianças e adolescentes.

JOGOS E BRINCADEIRAS

CAPÍTULO 10

CONTEÚDOS DO CAPÍTULO
- Brincadeira.
- Jogo.
- Brincadeiras cantadas.
- Classificação dos jogos.
- Pequenos e grandes jogos.
- Jogos competitivos e jogos cooperativos.

APÓS O ESTUDO DESTE CAPÍTULO, VOCÊ SERÁ CAPAZ DE:

1. entender a diferença existente entre as diversas propostas de jogos e brincadeiras que podem ser utilizadas em uma programação de lazer, entretenimento ou recreação;
2. utilizar a classificação de jogos que apresentamos para selecionar ou adaptar o tipo de atividade que melhor se adapta às programações propostas.

A brincadeira está presente na vida do ser humano desde os primórdios de sua existência. Estudos sobre a vida e a cultura dos povos antigos registram que, desde a Idade da Pedra, o homem dedica certo tempo à alegria da criação e, como testemunho à atenção dada às atividades recreativas, encontra-se nesse relato a produção de brinquedos, como: bolas de couro com enchimento de crina e de palha, bonecos feitos de madeira, barro cozido, pedra ou metal, tabuleiros (como os de xadrez), bolinhas de gude, piões, arcos e gangorras (Campos; Gonçalves; Viana, 1998).

Inúmeros registros apresentam o **jogo**, o **brinquedo** e a **brincadeira** como formas de ocupação nas mais diversas culturas, elementos inseridos nos costumes dos diferentes povos e que apresentam características próprias e formas de expressão e exposição. Essa propriedade de se brincar e jogar acompanha a evolução do ser humano, não como um mero passatempo, mas, como Huizinga (1996, p. 11) afirma, "a criança joga e brinca dentro da mais perfeita seriedade, que a justo título podemos considerar sagrado".

> Fazendo parte do crescimento e do desenvolvimento do indivíduo, o jogo é inerente ao ser humano.

Quando falamos de *jogo* e *brincadeira*, a primeira necessidade que temos é caracterizar os dois termos. Ambos sugerem uma vivência lúdica, livre, não séria, desprovida de interesses materiais, capaz de absorver os participantes de maneira total e intensa (Huizinga, 1996). Ainda assim, existem algumas diferenças conceituais para sua classificação, conforme apresentamos a seguir.

Na brincadeira
- Não há vencedor;
- Não há fim;
- Não há regras rígidas;
- Não há objetivo a ser atingido;
- Não há necessidade de modificação no desenvolvimento da atividade.

No jogo
- Há vencedor;
- Há início, meio e fim;
- Há regras e monitoramento;
- Há objetivos a serem atingidos;
- Há a necessidade de modificação no desenvolvimento da atividade.

Na brincadeira, as atividades recreativas não obedecem a formalidades e são destinadas, em geral, a faixas etárias mais baixas, principalmente por fazerem parte da formação da criança, propondo a participação em um mundo "mágico" fora da realidade, no reino da imaginação.

Ilustrando o conceito de *brincadeira*, para cada momento, espaço ou público poderíamos escolher uma atividade diferente. Descreveremos, a seguir, alguns exemplos de atividades que podem ser desenvolvidas em um momento de recreação, atendendo às características de uma brincadeira. Inicialmente, vamos a um exemplo de brincadeira chamada de "Cumprimento".

10.1 Brincadeira "Cumprimento"

A seguir, descreveremos os materiais utilizados, a formação e o desenvolvimento dessa brincadeira:

- Materiais – Aparelho de som e músicas pré-selecionadas.
- Formação – Participantes espalhados pelo espaço da atividade.
- Desenvolvimento – No ritmo da música, as crianças se deslocam pelo espaço, cumprimentando seus colegas de diferentes maneiras: naturalmente com as mãos, com um abraço, com outras partes do corpo (pés, joelhos, bumbum, cotovelos e cabeça), cumprimentando-se com as mãos, mas de costas, por baixo das pernas, saltando e batendo palmas acima da cabeça alto etc.

Existem algumas variações dessa brincadeira:

- O cumprimento poderá ser realizado apenas com um sorriso, uma expressão de choro, sem sons, gritos, demonstração de raiva, alegria, tristeza etc.
- Cada vez que houver o encontro de dois colegas, eles deverão gritar e fazer uma careta.
- Quando houver o encontro, os participantes deverão pular de euforia, como se o seu time tivesse feito um gol, gritando: "Gooool!".
- Todos os participantes se deslocam pelo espaço e o recreador combinará certos códigos, por exemplo: quando disser o número "1", todos deverão gritar "gol"; quando disser o número "2", todos deverão abraçar o colega mais próximo; quando

disser o número "3", um colega pegará o outro no colo, e assim conforme os movimentos combinados pela turma.
- Cada um fica com uma bola e, todas as vezes que for dado o sinal, os participantes que estão mais próximos deverão trocar de bola. Pode-se trabalhar com outros materiais, como cordas, bexigas ou arcos.

Conforme apresentamos no exemplo da atividade "Cumprimento", a brincadeira pode ter muitas variações. Como aqui não há o objetivo final, ela vai acontecendo e se modificando ao gosto dos participantes. Enquanto houver prazer na sua execução, a proposta é válida. Vamos citar outro exemplo de brincadeira, conhecida como "Passar pela cordinha".

10.2 Brincadeira: "Passar pela cordinha"

Veja, a seguir, a descrição dos materiais, da formação e do desenvolvimento dessa brincadeira:

- Materiais – Uma corda elástica, dois bastões, dois cones e um aparelho de som.
- Formação – As crianças devem permanecer em uma coluna, à frente de uma corda suspensa, que deve estar amarrada nos dois bastões que estão dentro dos cones.
- Desenvolvimento – Ao som da música, as crianças passam por baixo da corda, tentando não encostar nenhuma parte do seu corpo nela. A altura da corda em relação ao chão vai diminuindo ao longo da brincadeira. As formas de deslocamento serão variadas, e o recreador deve dar espaço para que

a criança participe com ideias. Cada vez que uma criança encostar na corda, deverá pagar uma multa, como pular uma amarelinha gigante desenhada com giz, tirar e colocar o sapato, sentar e levantar-se sem o apoio das mãos no chão.

Existem algumas variações dessa brincadeira, como:

- diversificar os deslocamentos, engatinhando de frente, de costas e de lado; andando como um caranguejo de frente, de costas e de lado; andando agachado de frente, de costas e de lado; andando como uma galinha, um pato, uma formiga com passos curtos e rápidos, uma cobra rastejando etc.;
- deixar várias cordas armadas, para as crianças escolherem a altura em que desejam passar;
- colocar guizos na corda para fazerem barulho quando ela for tocada;
- incentivar a passar por baixo da corda com um material (bola, saquinho de areia, uma folha de jornal, um pequeno bastão), que deve ser equilibrado no corpo (na cabeça, na barriga, nas costas, na palma das mãos etc.);
- variar a velocidade do deslocamento, que pode ser rápido ou lento;
- auxiliar a criança a passar sob a corda de mãos dadas com um colega;
- auxiliar a criança a passar sob a corda com as mãos no colega da frente (segurando no ombro, nas pernas, na cintura etc.).

> O recreador deve utilizar uma música alegre e envolvente. Se a turma for numerosa, ele pode usar várias cordas ao mesmo tempo, servindo como um circuito de cordas.

10.3 Brincadeiras cantadas

A brincadeira cantada também é uma atividade lúdica, voluntária, improdutiva – no sentido de que não existe a necessidade de se produzir algo ou concluir algum objetivo – e auto-organizada, que tem uma conotação musical. É uma das formas mais elementares de atividade lúdica puramente recreativa, que usa como meio de trabalho a música. Esse componente (a música) pode ser inventado ou transformado de uma música já conhecida, para servir como uma forma de entretenimento prazeroso. Além de estimular o desenvolvimento corporal, a brincadeira cantada influi diretamente em valores como a cooperação e a compreensão entre os colegas e a integração dos participantes, o que a torna importante na infância, pois estimula valores que a sociedade está resgatando.

> Por sua variada riqueza, as brincadeiras cantadas permitem que se faça uma adequação de acordo com o objetivo, o interesse, a idade, o desenvolvimento e o grau de socialização dos participantes.

Partindo das mais simples rodas e cirandas, em que as crianças, de mãos dadas, giram e cantam, há uma imensa lista de brincadeiras cantadas que podem ser introduzidas em diferentes situações de recreação, em uma progressão que chega até a forma elementar de uma dança regional.

As brincadeiras cantadas geralmente são cantigas anônimas acompanhadas de movimentos expressivos, saltitantes e dramatizados. Elas exploram a música em diferentes culturas, como as famosas "Ciranda, cirandinha", "Atirei o pau no gato", "A linda rosa juvenil", "O cravo brigou com a rosa", "Fui no Itororó" e "Pezinho".

Atualmente, existem versões modernas das brincadeiras cantadas oriundas do repertório tradicional do cancioneiro infantil, adaptadas para uma nova concepção cultural e traduzidas para uma linguagem neutra em termos de discriminação, o que evita que sejam ofensivas para certas pessoas ou grupos sociais, sem expressões de agressividade, como "atirei o pau no gato" ou "boi da cara preta, leva essa criança que tem medo de careta". No entanto, de modo geral, as brincadeiras cantadas exploram a movimentação corporal e proporcionam vínculos sociais, fazendo com que os participantes se deem as mãos, olhem-se nos olhos, memorizem o nome dos colegas, entre outros.

À medida que o grupo desenvolve a movimentação das rodas, esse exercício ganha complexidade, o que exige atenção. Assim, é possível vivenciarmos a indispensável cooperação que a brincadeira requer para que seja desenvolvida corretamente.

Para ensinarmos uma brincadeira cantada, seguir alguns passos facilita a memorização da letra, dos gestos e da sua composição. Veja, a seguir, um passo a passo para melhor apresentar esse tipo de atividade:

- Ensino da letra – O aplicador deve enunciar a letra com clareza, comentando sobre seu conteúdo, suas origens e sua história. Se houver palavras difíceis, é necessário explicá-las e apresentar sua correta dicção.
- Ensino da melodia – Depois de apresentar a letra, o aplicador deve cantar a música, fazendo com que os participantes se atentem para a melodia. Após a música deve ser repetida,

os participantes podem cantar junto com o aplicador, com suavidade, clareza e sem gritar.
- **Ensino da movimentação** – Geralmente basta exemplificar os movimentos, procurando não deixar nenhum participante de fora.
- **Globalização** – Já conhecida a música e a movimentação, o aplicador pode propor que a brincadeira se inicie.

A seguir, expomos alguns exemplos de brincadeiras cantadas muito comuns no trabalho com a recreação.

10.3.1 Brincadeira cantada: "A história da serpente"

- **Formação** – Participantes dispostos em um círculo, de mãos dadas.
- **Letra**

1ª parte da música

Esta é a história da serpente
Que desceu do morro
Para procurar um pedacinho do seu rabo
Ei! Você aí!
É um pedacinho do meu rabão
Ão ão ão
Ão ão ão

> **2ª parte da música**
>
> Agora vou voltar contente
> Pois eu já achei
> Todos os pedaços
> Do rabo da serpente.
>
> } Repete várias vezes até o rabo se desfazer

- **Desenvolvimento** – Inicialmente, temos uma apresentação da música, com o aplicador contando uma história sobre como a serpente pode ter perdido um pedaço do seu rabo. O círculo gira, os participantes cantam a música e, no momento do "Ei! Você aí!", o instrutor, representando a serpente, aponta o dedo para um dos participantes, o qual sai do círculo, vai em direção a ele, passa engatinhando sob suas pernas, levanta-se e segura na cintura do recreador. A música recomeça, repete-se a movimentação, e o próximo participante chamado passa engatinhando sob as pernas do recreador e do colega que tinha sido chamado primeiramente, ficando em terceiro nessa coluna que está se formando à medida que os participantes são chamados.

A segunda parte da música será cantada apenas depois que todos os participantes entrarem na coluna atrás da "serpente", formando o seu "rabo", repetindo várias vezes, cada vez mais rápido, até que a coluna se desfaça.

Existem algumas variações para essa brincadeira:

- Participantes espalhados, dançando pelo espaço e, no momento do "Ei! Você aí!", todos devem parar e olhar para a "serpente".
- Colocar mais de uma "serpente" ao mesmo tempo, para formar as colunas.

Como essa brincadeira é cantada, existem inúmeras outras conhecidas regionalmente e lembradas normalmente por "modismos". É importante também considerarmos que há a regionalização de uma mesma música, com pequenas alterações na letra ou na melodia que devem ser respeitadas.

10.3.2 Brincadeira cantada: "Movimentar os pés"

- Formação – Participantes espalhados, mas em duplas.
- Letra –

> **Movimentar, movimentar**
>
> O pé direito
> O pé esquerdo
> Também vou movimentar
> Vamos dar uma voltinha   } Duas vezes
> Um abraço e um beijinho
> Procurar um coleguinha
> E continuar essa dancinha

- Desenvolvimento – Cantando a música, os participantes se movimentam de mãos dadas com o seu par, frente a frente, seguindo o comando da canção. Na parte que diz "procurar um coleguinha", os participantes saem em busca de um novo colega para a execução da atividade. Reinicia-se a música, e os participantes trocam o seu par.

Existem variações para essa brincadeira, como:

- movimentar o pé de diferentes formas (para dentro e para fora, para cima e para baixo, girando, para frente e para trás);
- utilizar variações de movimentos das pernas, como realizar o movimento de chutar os pés para cima, para trás e para os lados, balançar um dos pés suspensos alternando o movimento e unir o pé direito de um colega com o pé esquerdo do outro ou o direito com o direito;
- variar a forma de contato entre a dupla, sendo um abraço de costas, um aperto de mãos, um tapa no bumbum etc.

> O ritmo utilizado para o desenvolvimento dessa brincadeira cantada é conhecido como a "Dança do pezinho", uma dança folclórica do Rio Grande do Sul.

10.3.3 Lenga-lenga: "Nós quatro"

Uma atividade comum entre as brincadeiras cantadas é a "lenga-lenga", um texto com frases curtas, que normalmente rimam e que têm muitas repetições, as quais permitem decorá-lo com mais facilidade. A seguir, você confere um exemplo de lenga-lenga:

- Formação – Participantes divididos em grupos de quatro elementos, em pé, com duas duplas se defrontando.
- Letra –

> Nós quatro,
> eu com ela
> eu sem ela,
> nós por cima
> nós por baixo.

- Desenvolvimento – Os participantes batem palmas, e as batem também de encontro com as mãos do parceiro, alternadamente, na seguinte ordem da letra da música:
  - "Nós quatro" – os quatro participantes batem as palmas de encontro com as mãos dos parceiros que estão ao seu lado (tanto direito quanto esquerdo), fechando um pequeno círculo.
  - "Eu com ela" – os participantes batem as palmas de encontro com as mãos de um dos colegas que está a seu lado. Os outros dois realizam a mesma movimentação.
  - "Eu sem ela" – os participantes invertem o lado da movimentação anterior, batendo as palmas das mãos de encontro com as palmas das mãos do colega que está no outro lado.

- "Nós por cima" – os participantes devem bater suas mãos de encontro com as mãos do colega que está à sua frente. Uma dupla faz o toque das mãos por baixo da outra dupla, que faz o movimento tocando as mãos por cima.
- "Nós por baixo" – os mesmos participantes tocam as palmas das mãos, mas a dupla que bateu por baixo baterá por cima e vice-versa.

À medida que o movimento vai sendo automatizado, aumenta-se gradativamente o ritmo da música.

10.4 Jogos

O jogo é uma atividade essencial, especialmente durante a infância, e um excelente divertimento durante toda a vida do ser humano. Ele tem como característica principal propor a realização de **atividades competitivas** que busquem um vencedor e, consequentemente, um perdedor; muitas vezes, o jogo serve de estratégia para desenvolver outros conhecimentos, uma vez que estabelece relações com diferentes áreas da vida, ou seja, fazer parte de um jogo possibilita experimentar, reconstruir e ressignificar a realidade.

Sendo considerado um autor clássico na discussão sobre o tema, Johan Huizinga escreveu a clássica obra *Homo ludens*, publicada pela primeira vez em 1938, em que descreve seus estudos sobre o jogo como concretização do lúdico, sendo aquele mais antigo do que a própria cultura. Segundo o autor, o jogo é extensivo a todas as culturas e em todas as suas formas possíveis;

para ele, são vistos como jogos o direito, a guerra, a poesia e a filosofia, entre outros (Huizinga, 1996).

O jogo constitui uma atividade voluntária e se caracteriza pelo fato de ser livre. Ele representa uma evasão da vida real para uma esfera temporária de atividade dotada de orientações particulares, na qual, apesar de o jogador ser absorvido inteiramente, sabe perfeitamente que está "fazendo de conta" (Huizinga, 1996).

Em razão da capacidade de envolvimento dos participantes, o jogo faz parte da realidade como um elemento cultural, apresentando diferentes utilidades e formas distintas no seu desenvolvimento, além de variar o ponto de vista por questões históricas, contextos sociais e influências políticas, éticas ou estéticas.

O jogo pode ter inúmeros objetivos, sendo uma simples atividade recreativa ou tendo fins educacionais, a fim de transmitir o sentido de respeito às regras como recurso didático. Assim, essa atividade beneficia o desenvolvimento de capacidades, como a comunicação, o diálogo e a interação social, ou favorece determinadas condições físicas, como a velocidade, a agilidade e a precisão.

10.4.1 Classificação dos jogos

Por se apresentarem em grande diversidade, existem muitas definições e classificações para os jogos, as quais se dão, por exemplo, pelo porte do jogo (pequenos ou grandes) ou de acordo com outros aspectos, que descreveremos a seguir.

Quanto à **dificuldade na execução**, os jogos podem ser classificados como *pequenos* ou *grandes*:

Pequenos jogos
- Elaboração e execução simples;
- Número pequeno de participantes;
- As regras são cobradas de forma mais flexível;
- As regras são mais simples e em menor quantidade;
- Geralmente são promovidos em locais restritos.

Grandes jogos
- Regras mais rígidas, mais complexas e em maior quantidade;
- Organização mais elaborada;
- Maior número de participantes;
- Destinado a um público a partir de 5 anos;
- Mais elaborados;
- Ricos em estrutura, geralmente promovidos em locais grandes e abertos.

É possível classificar os jogos também pelos seguintes aspectos:

Quantidade de participantes
- Individuais;
- Em duplas;
- Em trios;
- Em pequenos grupos;
- Em grandes grupos.

Formação
- Coluna: alunos dispostos em colunas;
- Fileira: organização em fileiras;
- Círculo: disposição em círculo;
- Livre: sem formação específica, à vontade.

Intensidade requisitada
- Muito ativos: a atividade é muito intensa, e todos participam juntos e ao mesmo tempo;
- Ativos: a atividade é intensa, e todos participam ao mesmo tempo;
- Intensidade média: atividade mais ou menos intensa, sendo que cada aluno participa quando for a sua vez, enquanto os outros aguardam;
- Calmos: são jogos realizados (quase sempre) na posição sentada, com os participantes parados em pé ou com pouco deslocamento.

Tipo de participação
- Competitivos: caracterizados pela disputa;
- Cooperativos: o objetivo é jogar com o outro;
- Participativos: não se visa ao resultado, somente à participação.

Tipo de habilidade requisitada
- Motores;
- Intelectivos;
- Afetivos;
- Sociais.

Local
- Jogos de campo;
- Jogos de salão;
- Jogos virtuais;
- Jogos aquáticos.

Funções especiais
- Jogo simbólico: é o "faz de conta" e implica a representação de um objeto ausente (inicia-se a partir dos 2 anos);
- Jogos de perseguição: procura-se se esconder e não ser descoberto ou então jogos de "pega-pega";
- Jogos sociais: seu objetivo é a socialização;
- Jogos familiares: são originados no ambiente doméstico ("casinha", "carrinho" etc.);
- Jogos de imitação: a imitação pode ser o objetivo do jogo ("espelho"), ou o jogo em que se imita pelo exclusivo prazer de imitar;
- Jogos populares: têm caráter tradicional, não são regulamentados e sofrem influência da região onde ocorrem;
- Jogos recreativos: seu principal objetivo é a diversão e não o resultado final;
- Jogos "quebra-gelo": têm o objetivo de desinibir um grupo;
- Jogos de tabuleiro: jogos com auxílio de peças e tabuleiros preparados;
- Jogos de seleção: servem para separar grupos

Por sua infinita variação e destinação, torna-se difícil elaborarmos uma classificação exata dos jogos. Assim, quanto à dificuldade na execução, apresentaremos a seguir exemplos de pequenos e grandes jogos.

10.4.1.1 Exemplos de pequenos jogos

Salientamos que a relação de jogos que apresentaremos é simplesmente ilustrativa, visto que a quantidade de exemplos é infinita e que existem inúmeras variações na execução dos jogos.

Pequeno jogo: "Cobra cega"

- Material – Uma venda para os olhos.
- Formação – Em círculo, ficando um participante vendado no centro.
- Desenvolvimento – Os participantes realizam uma cantiga de roda, e o participante do centro, que está vendado, permanece sentado. Ao terminar a cantiga, ele se levanta e aponta para um colega do círculo; este, então entra na roda e o "cobra cega" tentará pegá-lo, para, em seguida, ter algumas chances de descobrir quem é o fugitivo.

Existem algumas variações para essa brincadeira, como:

- estipular quantas chances o participante terá para acertar; caso não consiga, ele pagará uma prenda (dançar uma música, passar sob as pernas dos colegas etc.);
- ter mais de uma "cobra cega" dentro do círculo;

- tentar descobrir quem é o fugitivo por meio do tato, pela voz, sendo que quem for pego deverá falar "cobra cega" para ser identificado.

> É importante a participação de todos no centro do círculo.

Pequeno jogo: "Arco pegador"

- Material – Arcos.
- Formação – Participantes espalhados livremente pelo espaço físico disponível para a aula.
- Desenvolvimento – Um participante é escolhido para ser o "pegador" e terá um arco nas mãos. Os demais devem fugir. Quando um colega for capturado (o que acontecerá quando o arco for colocado nele), passará a ser o novo "pegador".

Conheça algumas variações desse jogo:

- os participantes podem deslocar-se de formas variadas (em um pé só, afastando e unindo as pernas, com as pernas afastadas, com as pernas unidas, engatinhando, andando de costas, andando de lado etc.);
- quem for capturado deve realizar uma tarefa com o arco antes de iniciar a perseguição, como: pular para dentro e para fora do arco cinco vezes ou usar o arco como corda e pular três vezes;
- os participantes deverão correr com um dos braços estendido, e o arco poderá ser encaixado somente nos braços;
- o recreador observa o "pegador" e quando percebe que ele está próximo de um colega, apita ou grita "estátua", fazendo

com que todos parem; então, o "pegador" deverá tentar encaixar o arco no colega;
- o "pegador" persegue os colegas rodando o arco no chão e deverá acertar o colega rodando o arco na sua direção;
- a brincadeira é realizada com deslocamento em duplas;
- ao final da atividade, o recreador pode verificar quem não foi capturado, e este(s) é(são) considerado(s) o(s) vencedor(es). Os demais podem pagar uma multa (ou somente quem foi capturado mais vezes).

Há uma grande variedade de materiais que podem substituir os utilizados nesse jogo de perseguição, sendo que o participante escolhido como "pegador" vai ter nas mãos materiais como bola, corda, bexiga, saquinho de areia ou qualquer outro que possa ser transportado com segurança, sem oferecer risco para os participantes.

Pequeno jogo: "Gatos e gatas pegadores"

- Material – Nenhum.
- Formação – Participantes espalhados livremente pelo espaço físico disponível para a aula.
- Desenvolvimento – Um participante é escolhido para ser o "pegador" e os demais devem fugir. Quando um colega for capturado, este passará a ser o novo "pegador". Os participantes somente poderão deslocar-se engatinhando.

Confira algumas variações desse jogo:

- quando um colega for capturado, este deverá pedir socorro, deitando com as "patas" para cima como se estivesse se debatendo, até que outro colega venha salvá-lo;

- o recreador pode colocar um "leão" para tentar pegar o "gato pegador", enquanto este tenta pegar os demais colegas;
- os participantes "gatos" podem ficar alinhados e tentar atingir um ponto previamente estabelecido ao sinal do recreador, enquanto o "pegador" realiza sua perseguição;
- ao final da atividade, o recreador deve verificar quem não foi capturado, e este(s) é(são) considerado(s) o(s) vencedor(es); os demais podem pagar uma multa, ou somente quem foi capturado mais vezes poderá pagar a multa.

Assim, vemos que inúmeros jogos não requerem a utilização de materiais para a sua execução. Isso demonstra a facilidade de incluirmos diferentes tipos de jogos em programações de recreação ou entretenimento. A riqueza na exploração das propostas depende do público, de quem propõe a brincadeira e do espaço disponível, entre outras variantes.

Pequeno jogo: "Telefone sem fio"

- Material – Nenhum.
- Formação – Participantes divididos em grupos com o mesmo número de integrantes, em colunas.
- Desenvolvimento – O recreador transmite a mesma mensagem para os primeiros participantes de cada coluna, ao mesmo tempo. Estes deverão correr até seu grupo e sussurrar ao segundo componente a mensagem ouvida, sem que os demais o ouçam. O segundo sussurrará a mensagem ao terceiro, e assim por diante, até chegar ao último, que deverá correr até o recreador e dizer-lhe a mensagem. Se estiver correta, marcará o ponto, se não, ouvirá os outros grupos que, por ordem de chegada, falarão a mensagem

ao recreador. O grupo que acertar a mensagem na íntegra marcará o ponto.

Para esse jogo, também existem variações:

- o último participante deverá escrever a mensagem em uma folha;
- o recreador deverá escrever a mensagem em uma folha;
- o recreador falará uma série de palavras, uma seguida da outra, com um intervalo curto, apenas para se repassar a mensagem. Os participantes sussurrarão uma e já receberão a próxima, rapidamente. O último participante deverá escrever as palavras, e marcará ponto o grupo que conseguir transmitir e anotar o maior número de palavras corretas.

> Vemos que os pequenos jogos possibilitam uma atuação rápida, não requerem a determinação de regras complexas e são de fácil assimilação, sendo indicados especialmente para crianças menores e para curtos momentos de entretenimento.

Pequeno jogo: "Batata quente"

- Materiais – Uma bola de borracha e um aparelho de som.
- Formação – Crianças em círculo com uma bola.
- Desenvolvimento – Ao iniciar a música, as crianças passam a bola para o colega do lado, até que a música pare. Nesse momento, quem estiver com a bola sairá da brincadeira, pois "queimou a mão". Recomeçam a música e a passagem da bola. Quando a música parar novamente, quem estiver com a bola nas mãos sai e dá lugar ao primeiro que havia saído na rodada anterior.

Conheça algumas variações desse jogo:

- quem estiver com a bola nas mãos, quando a música parar, sai e não entra mais;
- quem estiver com a bola nas mãos, quando a música parar, deverá pagar uma prenda, como sorrir três vezes de maneira diferente, chorar alto ou contar o final de uma história.
- passar mais de uma bola ao mesmo tempo, o que exige maior atenção das crianças;
- explorar o manuseio de diferentes materiais para a passagem do círculo, como utilizar uma bexiga – que requer maiores cuidados para que não estoure –, uma esponja, um arco, uma caixa de papelão, uma bolinha de papel amassado ou um material qualquer que não ofereça risco aos participantes;
- realizar a passagem da bola sem uma ordem lógica no círculo;
- realizar a passagem do material com os pés;
- realizar a passagem de uma bexiga, dando-lhe apenas tapinhas;
- cada participante que pega o material deverá correr, passar por um pequeno circuito de materiais, como arcos, cones, uma amarelinha ou algo que exija uma tarefa motora, para somente depois retornar ao círculo e passar o material para frente.

Esse jogo pode explorar o trabalho de passagem dos materiais para a direita e a esquerda, em círculo ou em deslocamento, com os participantes distribuídos em colunas ou em fileiras. Enfim, há uma grande variedade de formações que enriquecem a repetição do jogo; assim, o mesmo jogo poderá ser repetido e apresentar mudanças na sua execução.

10.4.1.2 Exemplos de grandes jogos

Há um grande número de exemplos de jogos que poderíamos citar, mas como esse não é o objetivo deste livro, apresentaremos alguns exemplos para tipificar a classificação sugerida como *grandes jogos*, salientando as variações que podem ser promovidas de acordo com os objetivos, o tempo disponível, o material adequado, a afinidade com a idade dos participantes e demais características que definirão a escolha de determinado jogo.

Grande jogo: "Alerta"

- Material – Uma bola.
- Formação – Participantes espalhados livremente pelo espaço físico disponível para a aula.
- Desenvolvimento – Um participante é sorteado para iniciar o jogo. Ele deverá jogar a bola para cima e chamar outro participante, o qual deverá tentar pegar a bola antes que ela caia no chão. Se conseguir, ele prossegue o jogo chamando outro participante; caso contrário, deverá tentar "matar" outro colega para não ficar com pontos negativos – ao encostar na bola, esse participante grita: "Alerta!" e a turma toda deverá parar na posição de "estátua". Aquele que estiver com a posse da bola dará três passos na direção do colega mais próximo, a fim de acertá-lo com a bola, ou seja, "matá-lo". Se for atingido, o participante perde um ponto, mas se não o for, quem perde um ponto é o participante que não conseguiu acertá-lo. Ao perder cinco pontos, o participante é eliminado da atividade.

Veja algumas das possíveis variações desse jogo:

- cada participante escolhe o nome de uma fruta, um carro ou uma cor, em vez de ser chamado pelo nome;
- ao ouvir a palavra "alerta", todos os participantes devem se abaixar, e o lançamento da bola somente pode ser feito como no boliche, ou seja, com a bola rolando no chão;
- o recreador pode determinar que, na hora de "matar" um colega, o jogador somente poderá fazê-lo com: a mão direita ou a mão esquerda, com as duas mãos, chutando levemente a bola, cabeceando a bola etc.;
- o recreador pode combinar com os participantes um único movimento permitido para se esquivar da bola;
- para evitar a exclusão dos participantes com cinco pontos negativos, estes poderão pagar uma multa e continuar na atividade;
- o número de pontos a ser atingido pelos participantes pode ser reduzido.

Jogos com bola são um grande atrativo para as crianças nas mais diversas situações e podem ser inseridos em diferentes tipos de programações de lazer, entretenimento e recreação. Públicos de todas as idades podem participar, desde que as regras do jogo sejam adaptadas às condições de cada grupo envolvido.

Grande jogo: "Acerte o que combinamos"

- **Material** – Nenhum.
- **Formação** – Participantes em círculo e um deles afastado do grupo.
- **Desenvolvimento** – O grupo deve se reunir e escolher um número. O participante afastado deverá voltar, permanecer no centro do círculo e tentar adivinhar o número que o

grupo combinou. Ao acertar, passa a ser o "pegador", e todos os outros, os fugitivos. Quem for pego, deverá ficar imóvel, sendo libertado pelo toque de um colega.

Há variações desse jogo:

- o grupo pode combinar uma letra, uma cor, um carro, uma flor, um esporte, uma pessoa, um lugar etc.;
- o participante terá quatro chances para acertar e, se não conseguir, o "pegador" deve ser trocado;
- podem ser afastados mais participantes ao mesmo tempo, e o participante que acertar o combinado se tornará o "pegador".

Combinações de regras são características marcantes dos grandes jogos e estimulam a atenção na execução da atividade para cumprir aquilo que foi combinado e aquilo que é aceitável pelas regras imputadas a cada jogo.

Grande jogo: "Pense bem"

- **Material** – Folhas brancas e uma caneta para cada grupo.
- **Formação** – Participantes divididos em grupos e dispostos em colunas. À frente de cada coluna deve haver um risco no chão, que limita a passagem dos participantes. Dois participantes de cada grupo ficam em espaços demarcados à frente da sua coluna, chamados de "mensageiros", limitados entre riscos no chão. O último participante fica com as folhas brancas e a caneta: sua função é ser o "redator".
- **Desenvolvimento** – Serão solicitadas aos grupos diferentes palavras, por exemplo: nomes próprios que comecem com a letra "M"; palavras que comecem com a letra "L" e terminem com a letra "O"; frutas e verduras que comecem com

vogais; nomes de pássaros, flores, cidades etc. Durante um tempo determinado, o grupo informará as palavras para o "mensageiro" que está no percurso; este correrá até o limite e passará as informações para o "redator", que escreverá as palavras que o grupo enviou. Será atribuído ponto ao grupo que escreveu o maior número de palavras dentro do prazo estipulado.

Também existem variações para esse jogo:

- marca o ponto da rodada a equipe que descobrir mais rapidamente a resposta de uma charada ou adivinha, levar a informação para o "redator" da equipe por meio do "mensageiro" e entregar à organização o gabarito preenchido corretamente;
- colocar um número maior de "mensageiros" no percurso, limitados por linhas;
- o recreador canta um trecho de uma música, e os grupos deverão completar o restante da frase a partir da interrupção.

> Deve-se promover um rodízio nas funções do jogo entre o grupo responsável por encontrar as respostas, o "mensageiro" e o "redator".

10.5 Jogos competitivos e cooperativos

Como vimos, o jogo é uma atividade lúdica e estimulante que pode sugerir uma série de ideias e imagens e contribui sobremaneira para as experiências mais ricas e polivalentes no desenvolvimento do ser humano. Como uma atividade física ou intelectual, integra um sistema de regras e define um indivíduo (ou um grupo) vencedor e outro perdedor – daí entendemos o conceito de *jogo competitivo*, no qual, em uma disputa entre adversários, haverá sempre um que perde e outro que ganha.

De acordo com Brown (1994, p. 21), "a competição como forma de relação e como valor, [sic] é elemento-chave e sempre presente em nossa sociedade". Porém, dentro de um quadro classificatório dos jogos, há uma proposta diferenciada de jogos qualificados como *cooperativos*, nos quais o principal objetivo é estabelecer o fortalecimento da convivência social e da cooperação entre os participantes. Nesse caso, não há vencedores nem perdedores.

Tomando a obra de Brotto (1999) como referência, é possível listarmos as diferenças entre os jogos competitivos e os cooperativos:

Nos jogos competitivos
- joga-se contra o outro;
- busca-se ganhar do outro;
- trabalha-se para obter um melhor resultado em relação ao outro;
- há uma interação positiva dentro do grupo, mas negativa com o oponente;
- o importante é competir;
- expõe sentimentos de raiva, gana e rivalidade;
- com quem se joga é inimigo, oposto;
- alguns experimentam o sentimento de derrota.

Nos jogos cooperatívivos
- joga-se com o outro;
- busca-se ganhar juntos;
- trabalha-se em conjunto para obter um objetivo comum;
- o êxito em um grupo concorre para o êxito dos demais;
- o fundamental é cooperar;
- expõe sentimentos de alegria e comunhão;
- com quem se joga é amigo, parceiro;
- todos têm o sentimento de vitória.

A seguir, apresentaremos alguns exemplos de jogos cooperativos. Reconhecemos a grande variedade e possibilidades de adaptação e transformação de jogos preestabelecidos, descritos em muitos livros especializados. No entanto, há uma classificação possível – considerando o objetivo desejado com o jogo escolhido – dentro dos jogos cooperativos: para apresentação, aproximação, descontração, confiança, resolução de conflitos, entre outros. Assim, percebemos quão variado é o cardápio de jogos que temos à disposição. A escolha deve ser feita tendo em vista o objetivo que se almeja e a composição das outras variáveis do contexto que a atividade vai desenvolver.

10.5.1 Jogo cooperativo: "Salve-se com um abraço"

- Material – Uma bexiga.
- Formação – Os participantes estão espalhados pelo espaço da atividade, tendo um participante (o "pegador") com uma bexiga nas mãos.
- Desenvolvimento – O "pegador" tenta tocar o peito de alguém com a bexiga e, se conseguir, ele passará a bexiga, e os papéis se invertem. Para não serem pegos, os participantes têm de abraçar seus pares, encostando o peito um no outro e salvando-se mutuamente.

Conheça algumas variações desse jogo:

- escolher mais de um "pegador" ao mesmo tempo;
- estipular que, para ser salvo, o abraço deverá ser em trio ou em grupos maiores;
- estipular que o abraço pode ser "de costas", sendo que o "pegador" tentará tocar as costas dos fugitivos com a bexiga; o abraço também poderá ser dado com outras partes do corpo;
- substituir a bexiga por outros materiais, como um dado de espuma, uma bola leve, um pedaço de pano ou um pedaço de fita crepe;
- estipular que aquele que foi pego deverá pegar outra bexiga, o que aumentará gradativamente o número de "pegadores".

Os jogos cooperativos são flexíveis, e o seu principal atrativo é que se joga com os outros, e não contra os outros. Esse jogo serve para superar desafios ou obstáculos, não para vencer o oponente. Existe a busca pela participação de todos.

10.5.2 Jogo cooperativo: "Dança das cadeiras"

- Material – Músicas pré-selecionadas, aparelho de som e cadeiras ou banquetas.
- Formação – Cadeiras dispostas em um círculo concêntrico, com cada participante sentado sobre uma cadeira e um que fica sem cadeira.
- Desenvolvimento – Enquanto a música estiver tocando, todos deverão andar por dentro do círculo e, quando a parar a música, todos deverão sentar-se em uma cadeira. Aquele que não conseguir deverá se sentar sobre o colo de um colega. A cada repetição, retira-se uma cadeira, sendo necessário que dois participantes se sentem no colo dos colegas, e assim sucessivamente, até que todos se sentem sobre apenas uma cadeira, ficando um no colo do outro.

Existem variações para esse jogo:

- substituir as cadeiras por arcos e, assim, os participantes devem espremer-se no espaço interno do arco;
- estabelecer algumas regras, como "meninos só podem se sentar no colo de meninos, e meninas no colo de meninas", ou "meninos somente podem se sentar no colo de meninas e vice-versa";
- até que a música reinicie, o participante que está sentado na cadeira pode fazer cócegas no colega que está em seu colo;
- os colegas que estão sentados no colo não podem tocar o chão com os pés, devendo ficar completamente apoiados sobre o que está sentado.

O universo dos jogos é muito vasto e seus objetivos podem ser variados. A utilização dos jogos nas programações de lazer oferece inúmeras vantagens, como a possibilidade de socialização por meio de uma atividade prazerosa, na qual os participantes se envolvem de uma maneira "mágica", pois, sem perceber, entram em um mundo imaginário, defendendo sua equipe, perseguindo um objetivo e cumprindo uma tarefa.

Além disso, outra vantagem que se obtém por meio dos jogos é a integração, que propicia a uma equipe de pessoas a união por um mesmo objetivo, gerando um sentimento de relação entre os participantes. Com isso, em muitas situações, é possível que os participantes adquiram autoconfiança, confiança nos outros, compartilhem responsabilidades, desenvolvam empatia pelos outros e se permitam compreender os sentidos da expectativa.

Apesar de toda satisfação e magia que o jogo oferece pela forma como envolve os participantes, devemos nos atentar para que a proposta de um jogo não requeira tão somente uma preparação para algo que está por vir. O envolvimento no jogo, principalmente pela criança, acontece de forma natural, e pensar no jogo apenas como uma ferramenta de capacitação das habilidades é algo arriscado. Na condição de se ver as crianças como "adultos em potencial" – dessa forma, o jogo serve como aprendizado –, consideramos que a participação destas nos jogos faz parte das ferramentas, a fim de prepará-las para o futuro, com suas derrotas e vitórias.

Dessa forma, a participação espontânea e o envolvimento comprometido no jogo e na brincadeira devem ser considerados principalmente pelo simples objetivo de se buscar diversão. De acordo com Silva e Marcellino (2006, p. 19), "o brinquedo, a brincadeira e o jogo são gostosos, dão prazer, trazem felicidade.

E nenhum outro motivo precisaria ser acrescentado para afirmar sua necessidade".

A vivência dos jogos, o manuseio de brinquedos e a experimentação em brincadeiras, dentro de suas mais variadas possibilidades, são fundamentais para a formação do sujeito lúdico. Mesmo considerando o envolvimento sem objetivos predefinidos, planejados, essa participação em brincadeiras e jogos de todos os tipos tem valor inquestionável, principalmente para a formação das crianças.

Síntese

As brincadeiras e os jogos podem ser classificados em diferentes categorias, segundo diversos autores e de acordo com diferentes critérios estabelecidos. É importante ter conhecimento sobre essas classificações, que nos ajudam na organização da recreação em si, a fim de atingirmos os objetivos e variarmos as formações na hora de jogar, além de desenvolvermos uma variabilidade maior de movimentações e ocupação do espaço.

Neste capítulo, apresentamos algumas das classificações mais utilizadas na literatura, a fim de que você entenda o porquê de cada classificação e saiba como utilizá-la no momento de estruturar a sua atividade.

É certo que a promoção de jogos e brincadeiras como vivência essencial na vida infantil – na medida em que ela permite uma aprendizagem que interfere na construção da identidade da pessoa, na descoberta e afirmação do seu "eu", bem como em sua afetividade e criatividade – interfere positivamente no processo global de desenvolvimento do ser humano.

Questões para revisão

1. Diferencie jogo de brincadeira.

2. Por apresentarem grande variedade e diversidade, existem diversas definições e classificações para os jogos. Sua classificação também ocorre pelo porte (pequenos ou grandes jogos). Nesse contexto, relacione as classificações às sentenças a seguir.

    A. Pequeno jogo.
    B. Grande jogo.
    ( ) Elaboração e execução com menor número de participantes.
    ( ) Destinado a um público a partir da idade intermediária.
    ( ) As regras são mais complexas e em maior quantidade.

    A sequência correta é:
    a. A, A, B, B.
    b. A, B, A, B.
    c. B, A, B, A.
    d. B, B, A, A.

3. A respeito das considerações desenvolvidas por Marcellino (2006a) sobre o lazer na infância, analise as afirmativas a seguir.

    I. Para as crianças que ainda não têm um repertório próprio de atividades lúdicas, é mais importante praticar, até que elas formem um repertório que lhes possibilite assistir e conhecer, com criticidade e criatividade.
    II. Uma das causas para o "furto" do lúdico das nossas crianças na atualidade é a consideração de que a criança é um

adulto em potencial e não vive a sua faixa etária, a não ser como uma preparação para o futuro.

III. Considera-se fundamental o aspecto de que o brinquedo, a brincadeira, os jogos são gostosos, dão prazer, trazem felicidade. E nenhum outro motivo precisaria ser acrescentado para afirmar sua necessidade.

IV. Considera-se que, por meio do prazer, o *brincar* possibilita às crianças a vivência de sua faixa etária e ainda contribui, de modo significativo, para sua formação como seres realmente humanos, participantes da cultura da sociedade em que vivem.

Assinale a alternativa correta:

a. Somente as afirmativas I, II e III estão corretas.
b. Somente as afirmativas II, III e IV estão corretas.
c. Somente as afirmativas I, II e IV estão corretas.
d. Todas as afirmativas estão corretas

4. O jogo é uma atividade lúdica e estimulante que contribui sobremaneira para experiências mais ricas e polivalentes no desenvolvimento do ser humano. Há uma proposta diferenciada de jogos qualificados como *cooperativos*. Sobre o seu formato, assinale com verdadeiro (V) ou falso (F) as afirmações a seguir.

( ) O principal objetivo dos jogos cooperativos consiste em propor a competição de forma saudável entre os participantes.
( ) Não há vencedores nem perdedores.
( ) Os participantes trabalham juntos para atingir um objetivo comum.
( ) Os participantes trabalham juntos para obter um melhor resultado em relação ao outro.

A sequência correta é:

a. F, F, F, V.
b. F, V, V, F.
c. V, F, V, V.
d. F, V, V, V.

5. Há variadas formas de se classificar os jogos. Descreva de que modo considerar o jogo, indicando os tipos de participação e de habilidade requisitada.

Questões para reflexão

1. Devemos deixar que as crianças brinquem sozinhas? Ou, por meio da intervenção adulta, devemos tentar "estruturar" e "melhorar" o brincar das crianças?

2. Quanto e de que forma a organização do brincar incentiva a independência e a autonomia dos pequenos?

3. O brincar é propriedade dos adultos ou das crianças? Existe uma responsabilidade compartilhada?

PARA SABER MAIS

HUIZINGA, J. **Homo ludens**: o jogo como elemento da cultura. 4. ed. São Paulo: Perspectiva, 1996.

Considerando a produção acadêmica sobre o jogo, a brincadeira e o lúdico, a maioria dos autores que discutem os temas utilizam como referência o filósofo Johan Huizinga que, em 1938, publicou seu livro *Homo ludens*, no qual argumenta que o jogo é uma categoria absolutamente primária da vida, tão essencial quanto o raciocínio (*Homo sapiens*) e a fabricação de objetos (*Homo faber*). Assim, a denominação *Homo ludens* significa que o elemento lúdico está na base do surgimento e do desenvolvimento da civilização. Tomando o jogo como um fenômeno cultural, o livro se estrutura sob uma extensa perspectiva histórica, recorrendo inclusive a estudos etimológicos e etnográficos de sociedades distantes, temporal e culturalmente, de nós.

ATIVIDADES PARA ESPAÇOS FECHADOS OU RESTRITOS

CAPÍTULO 11

CONTEÚDOS DO CAPÍTULO
→ Critérios para escolha de atividades desenvolvidas em espaços fechados ou restritos.
→ Necessidade de intervenção profissional para uma exploração adequada do ambiente em propostas de lazer, entretenimento e recreação.
→ Brinquedoteca, ludoteca e sala de jogos.
→ Salas culturais, ateliês e teatros.
→ Bibliotecas.

APÓS O ESTUDO DESTE CAPÍTULO, VOCÊ SERÁ CAPAZ DE:
1. listar considerações necessárias a serem feitas ao planejar uma proposta de lazer, entretenimento e recreação em ambientes fechados ou restritos;
2. adaptar as atividades recreativas quando houver a necessidade de desenvolvê-las em espaços restritos;
3. possibilitar o desenvolvimento de programações de lazer em brinquedotecas, ludotecas, sala de jogos, salas culturais, ateliês, teatros e bibliotecas.

O investimento no tempo livre tem sido fortemente valorizado na atualidade e, portanto, em qualquer espaço, são as atitudes que ensejam bons momentos de lazer, entretenimento e recreação. Em outro momento, quando falamos de equipamentos de lazer, percebemos que, em virtude de vários fatores sociais, os espaços de lazer vêm se adaptando às novas configurações e aos novos contextos e ocasiões. Dessa forma, as atividades recreativas propostas se moldam, a fim de se adaptar e atingir seus objetivos de lazer e entretenimento em diferentes espaços, mesmo naqueles em que há restrições. Sabendo disso, neste capítulo apresentaremos algumas possibilidades e necessidades quando a aplicação de atividades recreativas ocorrer em ambientes de espaço restrito.

Seria inviável listar uma classificação única de locais destinados à programação de ações, projetos ou eventos de recreação em espaços fechados e restritos, pois diversos ambientes com essas características podem comportar uma atuação profissional de lazer, desde que haja o interesse dos participantes e um olhar atento daquele que a desenvolve.

A lista de opções de locais e das atividades disponíveis para cada um deles é ampla. Inclusive, há alguns lugares em que, atualmente, são comumente utilizados no desenvolvimento de atividades de lazer, recreação e entretenimento, mesmo com essa restrição de espaço, tais como: ambientes de um condomínio residencial, diferentes ambientes de cruzeiros marítimos, salas de empresas, salas de grupos religiosos, quartos ou brinquedotecas de hospitais e salas adaptadas em diferentes meios de hospedagem, como pousadas, *spas* e hotéis. A recreação também tem sido oferecida em diferentes meios de transporte, como ônibus, aviões, trens e *vans*, e lugares, como salões de festas, rodas de fogueira, salas de aula, auditórios, salões de jogos e oficinas próprias para recreação, além dos equipamentos não específicos de lazer, comentados no Capítulo 3 desta obra.

É importante considerarmos a especificidade de cada ambiente e os atores que participam da ação, pois, na sua elaboração, existe a influência de um conjunto de fatores, tais como: as raízes históricas que fundamentam determinada ação, os contextos sociais que a envolvem e o ambiente geográfico no qual ela está inserida. Portanto, é válido reconhecermos o local onde será proposta a atividade, para adequá-la melhor às práticas.

Igualmente, é de fundamental importância considerar o que pretendemos com a atividade proposta. Os objetivos podem ser variados, mas, como base do trabalho recreativo, o lúdico, a diversão e o entretenimento devem estar presentes. Isso significa que, o ambiente pode ser preparado para um trabalho formal, como em escolas ou contraturnos escolares, escolas de línguas estrangeiras, encontros religiosos, entretenimento em hotéis ou meios de transporte. Ainda assim, o pano de fundo da atuação envolve a diversão e a busca da satisfação daquele momento de prazer.

Assim, percebemos que, para uma melhor atuação e um melhor resultado, é necessário interpretar os dados para depois atuar. Para essa coleta de informações, a melhor indicação é a presença de um olhar profissional, com experiência técnica que o possibilite colocar em prática o que considera, pela teoria, uma conduta dinâmica, pois a simples reprodução de experiências vividas ou copiadas nem sempre resulta no sucesso da ação. Apenas um ambiente tematizado ou preparado para a realização de propostas de lazer, entretenimento e recreação não fornece garantia de um resultado positivo: há a necessidade de intervenção profissional para uma exploração adequada desse ambiente.

11.1 Escolha de atividades para espaços fechados ou restritos

É necessário realizarmos algumas considerações fundamentais para uma boa opção de trabalho a ser oferecido no desenvolvimento do lazer, principalmente analisando especificidades como as atividades em espaços restritos, uma vez que as imagens de um dia de sol e de amplos espaços ou áreas verdes parecem facilitar o processo de propostas no lazer. Assim, é oportuno expormos certas inquietações:

- A proatividade, a dedicação e o esforço na elaboração são quesitos básicos para um trabalho profissional no lazer. Atualmente, o lazer é avaliado, pensado, produzido e analisado e não simplesmente considerado como um produto oferecido ao consumidor. Portanto, esse estudo e análise fazem-se necessários, pois fornecem suporte às ações propostas nas áreas de lazer, entretenimento e recreação. Quando apresentamos o perfil do profissional do lazer, demonstramos essa preocupação quanto ao seu preparo técnico e humano. Essa atenção ao profissionalismo é percebida, inclusive, no empenho conferido à produção dos materiais necessários e no emprego e uso dos equipamentos disponíveis. O zelo e a sabedoria nas propostas definem o empenho do profissional.
- O lazer pode ocorrer em diversos ambientes, preenche tempos ociosos e é uma ferramenta bem aceita pela maioria, uma vez que tem uma base lúdica capaz de envolver os participantes de forma "mágica". Porém, o desenvolvimento do lazer de forma improvisada, da ação pela ação, simplesmente

para ocasionar um momento de contentamento entre os envolvidos na participação, deve ser tratado como exceção. Mesmo o lazer implicando **planejamento** e **organização** para que tenhamos um resultado eficiente, é comum pensarmos essa atividade como uma ocupação sem necessidade de muito preparo, considerando-a pura vivência de um tempo livre. Esse pensamento se reflete em uma programação de improvisos, sem qualidade, desestruturada.

- Com o investimento que o ser humano vem realizando na contemplação de tempos disponíveis com prazer, atualmente temos uma **profissionalização** necessária nas ofertas do lazer em relação aos espaços apropriados, materiais de qualidade e pessoal capacitado. Ainda que muitas programações ocorram sem a necessidade de materiais específicos ou ambientes preparados, o papel do profissional que atuará nessa programação é mais exigido, afinal, grande parte do desenvolvimento das propostas ficará a cargo daquele que está oferecendo a ação.

- Na atualidade, o lazer não pode mais acontecer de qualquer forma e com qualquer material. Deve haver uma conscientização de que as ações de lazer necessitam de **condições mínimas** para um atendimento adequado, com conforto e segurança, tanto para os participantes como para o profissional que oferece a ação. Há também a necessidade de **investimentos** na infraestrutura dos ambientes, na aquisição de materiais específicos e na contratação de profissionais capacitados para o desenvolvimento competente de ações de lazer.

- Mais que sua formação regular, é a vivência nesse universo tão característico e o seu domínio que garantem ao profissional o êxito da ação. A formação o capacita para ser mais organizado, mais previdente e, portanto, mais eficaz. Porém, sua atuação depende muito mais do seu esforço pessoal e da sua dedicação, de assumir o que faz ou o que pode fazer. O profissional deve estar sempre pronto para atender às pessoas, cujo interesse nas atividades é uma resposta à sua atuação profissional. Muitas vezes, o encerramento de uma programação pode significar o início de outras.
- Além disso, é fundamental para a atuação que o profissional tenha criatividade, ou seja, tenha capacidade de adaptação às circunstâncias e aos recursos disponíveis e de transformação e utilização do que existe no ambiente ou na organização em que atua, em termos de ideias, alternativas, possibilidades e recursos.

Assim, cabe ao profissional do lazer escolher as atividades conforme o perfil do grupo; além disso, ele deve sempre atentar para o seu aprimoramento. Quanto mais experiente for o profissional, maiores chances ele terá de discutir e rever práticas, adaptando-as às necessidades e às perspectivas de cada ação. Com essa vivência, cada profissional constrói o seu próprio repertório de ações possíveis para cada programação, fundamentando-se nas experiências de sucesso e de fracasso de programas, projetos, ações ou eventos vividos, e ampliando o leque de opções para além da recreação como oportunidade de ações de lazer, no seu conteúdo e forma de desenvolvimento.

> A apresentação de uma classificação fechada pode restringir as potencialidades criadoras de cada profissional e reduzir as possibilidades de adaptação ao conteúdo e à forma de atuação.

O que recomendamos na elaboração de uma ação é que se tente propor atividades que abranjam os vários grupos de interesses culturais, proporcionando aos participantes a oportunidade de escolhas nas vivências do seu tempo disponível para o lazer. Assim, uma ação adequada propõe atividades que contemplam a busca do prazer com base nas vivências corporais, intelectuais, individuais ou em grupo ou no papel do participante como espectador ou protagonista, ou seja, atividades em que se tenha a oportunidade de escolha de quando, o quê, com quem e de que maneira os indivíduos podem participar e se envolver.

No entanto, se não houver esse leque de opções, é comum que o participante consuma exatamente o que lhe é oferecido, sem que tenha a possibilidade de diversificar. Isso não é culpa do participante, pois, muitas vezes, ele não tem a chance de entrar em contato com determinadas atividades que estimulem sua participação em outros conteúdos do lazer. Nesse sentido, questionamos: será que pode haver interessados, nas comunidades carentes, em jogar golfe? Não sabemos a resposta, pois dificilmente oferecemos a chance de essas pessoas conhecerem uma atividade como o golfe, pela elitização que a modalidade impõe, pelos equipamentos caros e pelas instalações específicas, que são comuns somente para uma camada social privilegiada.

Da mesma forma, o profissional deve considerar o tipo do lazer que deseja proporcionar aos participantes: não o lazer como mero passatempo, da ação pela ação, com o intuito único de manter os participantes ocupados ou entretidos, tratado como "mercadoria", mas um lazer de significados, construção e participação, que compartilhe a ideia de um mundo mais humanizado, incorporado pelo seu coletivo, e contribua para a formação da cidadania do ser humano.

Tendo em vista os conteúdos do lazer, o ideal seria abranger nele os vários interesses culturais. Dessa forma, contar com a leitura e a interpretação de uma equipe multidisciplinar na fundamentação do programa, projeto, ação ou evento produzirá em um resultado mais abrangente, com maiores possibilidades.

Nesse contexto, os participantes têm a oportunidade de combinar, de acordo com a sua vontade, as possibilidades que são propostas. Considerando esse aspecto, a atuação do profissional do lazer é fundamental, pois tende a explorar ao máximo os conteúdos propostos.

Não existe um rol de atividades específicas para cada atuação. As atividades podem ser adaptadas para os diversos tipos de ambientes e, ainda, a escolha da atividade deve ser programada conforme um diagnóstico, o qual pode solicitar a ajuda de profissionais de outras áreas que tenham conhecimento específico, por exemplo, de esportes radicais ou de aventura ou de atividades artísticas ou musicais.

Um grande número de profissionais, entre eles psicólogos, pedagogos, educadores e até arquitetos, vem discutindo cada vez mais a necessidade de destinação de espaços específicos para o desenvolvimento de atividades de lazer, entretenimento e recreação, como uma vivência essencial para o ser humano.

Considerando que as atividades recreativas não estão vinculadas exclusivamente aos momentos de lazer, é necessário reconhecermos a importância de inserir a brincadeira, o jogo e a recreação em diferentes momentos do cotidiano, ou, simplesmente, criar uma atmosfera lúdica nos diversos ambientes em que os indivíduos convivem.

Nesse sentido, as atividades desenvolvidas em espaços fechados ou restritos ganham cada vez mais importância, justamente pelo enclausuramento da população nas grandes cidades na atualidade. Com um pouco de criatividade e alguns materiais do dia a dia, é possível criarmos condições para que os indivíduos, especialmente as crianças, permaneçam ativos e comprometidos, até mesmo quando o clima não for favorável, por exemplo.

Apesar da economia de espaço pelo volume de edificações no mundo moderno, especialmente nas grandes cidades, onde se concentra a maior parte da população, o espaço não pode ser um limitador para o desenvolvimento do lazer. Para tanto, é comum que bares, restaurantes, supermercados, *shopping centers* e academias de ginástica criem espaços atrativos para manter as crianças em atividade. Esses equipamentos sugerem um ambiente temático, normalmente colorido e chamativo, acolhedor e cheio de graça. Enquanto os pais permanecem, por mais tempo, livres da necessidade de atenção exclusiva aos filhos, estes têm atenção privilegiada nos ambientes mencionados. Nessas salas, há a proposta de interação dos participantes e equipamentos de som, vídeo, jogos eletrônicos e de tabuleiro, por exemplo. Contudo, com o auxílio de um profissional, também é possível proporcionar a interação das crianças que utilizam o espaço, promovendo, assim, algumas atividades recreativas no período em que permanecem no local.

11.2 Brinquedoteca, ludoteca e babyteca

As brinquedotecas são espaços que contam com uma coleção de jogos e brinquedos, organizada para ser usada livremente por quem se interessar. Esses espaços foram criados especificamente para o atendimento de crianças e adolescentes, mas também são voltados para adultos. Entre os lugares em que podem ser inseridas as brinquedotecas temos universidades, hospitais, museus, clubes, comunidades carentes, presídios e espaços públicos.

Conforme a organização do equipamento, a supervisão profissional, o perfil dos usuários e a localização, esses ambientes mantêm uma programação de atividades voltada para a recreação, o entretenimento ou o lazer dos participantes. É comum que haja também programações de cunho educativo, as quais exploram momentos de ensino e aprendizado, especialmente quando esses equipamentos são estabelecidos em espaços formais, como escolas, creches ou instituições sociais.

Algumas brinquedotecas são mantidas em escolas, oferecendo brinquedos educacionais como forma de substituir o *playground* por algo que possa ensinar enquanto entretém os alunos. Isso auxilia no desenvolvimento de objetivos pedagógicos que proporcionem interação dos pares, além de aprendizado, diversão e estímulo das capacidades motoras.

Uma brinquedoteca deve ser um ambiente atrativo, um espaço físico adequado com brinquedos e materiais diversificados que estimulem o imaginário do público, com decoração própria, dinâmica e, muitas vezes, tematizada, e que seja de apreço especialmente do público infantil, a ponto de as crianças sentirem-se como parte daquela atmosfera.

Paralelamente às brincadeiras, uma brinquedoteca pode oferecer em sua programação a pura e simples exploração do espaço e dos brinquedos, por meio da disponibilização de toda a estrutura para a experimentação das crianças e do estímulo de sua criatividade e da participação coletiva, uma vez que faz com que os usuários interajam com os demais visitantes, sem a necessidade da presença constante de um profissional.

Nos hospitais, as brinquedotecas têm como objetivo tornar a estadia da criança menos traumatizante, por meio de momentos de diversão, o que, segundo pesquisas atuais na área médica, contribui de forma positiva para a recuperação dos pacientes infantis. A criança encontra nos brinquedos uma forma de distração e divertimento, passando até mesmo a compreender melhor o seu tratamento. Além disso, a diversão contribui para o desenvolvimento físico, psicológico e social das crianças no período em que estão no hospital. Por fim, sabemos que os profissionais responsáveis pelo atendimento lúdico devem ser capacitados para essas atividades.

Por outro lado, a **ludoteca** (ou adoleteca) é uma variação da brinquedoteca e se destina a oferecer atividades apropriadas para adolescentes e jovens; há também a **babyteca**, que tem como objetivo atender a crianças menores, acompanhadas ou não dos responsáveis, com um serviço de atendentes exclusivos para essa faixa etária. Assim como a brinquedoteca, a ludoteca e a babyteca disponibilizam uma grande diversidade de brinquedos, jogos, livros e outros materiais lúdicos.

11.3 Salas culturais, ateliês, salas temáticas e teatros

As salas (ou centros) culturais, os ateliês, as salas temáticas – onde são desenvolvidas oficinas – e os teatros apresentam programações destinadas à promoção de atividades que atendam às expectativas especialmente de crianças e adolescentes, mas também há a possibilidade de direcioná-las para o público adulto e idoso, com o objetivo de transmitir um conjunto de informações, competências e estímulo à atividade criativa.

Esses ambientes podem fazer parte de complexos maiores ou dispor de um atendimento personalizado. Por exemplo, em um hotel de grande porte ou em ambientes públicos de contraturno escolar, podem ser oferecidas atividades com profissionais específicos para o desenvolvimento de oficinas, de arte ou de representação.

Nesses espaços, as ofertas vão desde oficinas de olaria, modelagem e pintura até a fabricação de brinquedos, tapeçaria, produção de livros, peças teatrais, grupos de dança e técnicas de escrita, entre muitos outros.

11.4 Bibliotecas

Infelizmente, as novas tecnologias têm causado um distanciamento, especialmente do público infantil, em relação à utilização de livros. Com isso, desenvolvermos instrumentos para atrair a criança ao hábito da leitura é um trabalho necessário.

As bibliotecas podem ampliar o serviço de atendimento ao proporcionar momentos de alegria e diversão que vão muito além do contato com os livros. Para tanto, oferecem uma programação com atividades lúdicas e alternativas para o melhor uso do espaço, dinamizando o ambiente e tornando-o mais atrativo.

Várias livrarias já se utilizam dessa forma de proposta, oferecendo programações lúdicas com teatro de fantoches, contação de histórias ou oficinas diversas em ambientes acolhedores. Com isso, conquistam-se novos leitores e fidelizam-se os clientes, além de se criar um clima descontraído e prazeroso na livraria.

As bibliotecas também podem dispor de espaços próprios para exposições, sessões de projeção, palestras, leituras coletivas e contato com autores, proporcionando uma relação interativa com os usuários. Porém, lembramos que esse tipo de programação acontece eventualmente, pois, na maior parte do tempo, deve-se respeitar o ambiente de silêncio que é exigido em uma biblioteca.

Síntese

Apesar de o lazer se caracterizar como uma questão de necessidade na rotina do ser humano, é notória a dificuldade apresentada por muitas pessoas em optar por sua realização nesse tempo livre de obrigações, por diversos fatores sociais, como a não priorização na distribuição do tempo diário, semanal ou mensal; a falta de oportunidades de vivência em grupos sociais; e o aumento do estresse no trabalho e na vida diária, especialmente com o aumento da insegurança profissional e das pressões quanto ao aumento da produtividade. A maioria das pessoas não está preparada para a fruição desse tempo, pois está tão imersa no frenesi do trabalho que já não sabe o que fazer no tempo livre. Para tanto, o papel do profissional do lazer é determinante para orientar as melhores opções e, assim, proporcionar o desenvolvimento coerente em relação ao tempo e ao espaço disponíveis, provocando uma ação efetiva de lazer e, consequentemente, a sua continuidade.

Questões para revisão

1. A lista de opções de locais e atividades disponíveis é ampla, sendo que em alguns lugares, atualmente, é muito comum o desenvolvimento de atividades de lazer, recreação e entretenimento. Elenque os diferentes locais em que podem ser oferecidas atividades de lazer.

2. Assinale com verdadeiro (V) ou falso (F) as afirmativas a seguir.
   ( ) Boas propostas de atividades recreativas requerem espaço para o seu desenvolvimento.
   ( ) A proatividade é um quesito básico para um trabalho profissional no lazer.
   ( ) É possível programar momentos de lazer no interior de uma biblioteca.
   ( ) Uma programação recreativa sempre apresentará um resultado eficiente, mesmo sem planejamento e organização.

A sequência correta é:
a. F, V, V, F.
b. F, F, F, V.
c. F, V, V, V.
d. V, V, F, V.

3. É muito comum encontrarmos leitores resistentes a mudanças no interior das bibliotecas, que buscam os mesmos livros, têm o mesmo estilo de leitura, querem silêncio no ambiente etc. Contudo, que outros tipos de programação podem ser propostas em uma biblioteca, além da consulta ao acervo e da retirada de livros e pesquisas?

4. A respeito das considerações sobre o conceito de *brinquedoteca*, analise as afirmativas a seguir.
   I. As brinquedotecas são espaços destinados às crianças.
   II. As brinquedotecas procuram ensinar e promover conhecimentos por meio de brincadeiras orientadas.
   III. A ludoteca, a adoleteca e a babyteca têm a mesma intencionalidade da brinquedoteca.

Assinale a alternativa correta:
a. Somente as afirmativas I e III estão corretas.
b. Somente a afirmativa II está correta.
c. Somente a afirmativa III está correta.
d. Todas as afirmativas estão corretas.

5. Assinale com verdadeiro (V) ou falso (F) as afirmativas a seguir.

( ) A brinquedoteca é um lugar para recreação, sem espaço para que a criança permaneça parada, desenhando, pintando ou lendo.
( ) A brinquedoteca pode existir até mesmo sem brinquedos, desde que sejam proporcionados outros estímulos às atividades lúdicas.
( ) A brinquedoteca é um lugar onde mais importante que o brinquedo é o ato lúdico que proporciona ao público infantil.
( ) A brinquedoteca é fundamental para o aprendizado infantil, uma vez que facilita novas descobertas e provoca transformações profundas, na medida em que oferece à criança o brincar nas suas mais variadas formas.

Assinale a sequência correta:
a. F, V, V, V.
b. V, V, V, F.
c. F, V, F, V.
d. F, V, V, F.

Questões para reflexão

1. Os recursos da moderna tecnologia têm sido decisivos na transformação dos hábitos de lazer em nossos dias. Isso ocorre de maneira positiva ou negativa? Qual é a influência desses recursos nas opções de lazer do ser humano?

2. Entre as classes sociais economicamente ativas, é possível afirmarmos que praticamente todos os trabalhadores estão ou estarão submetidos, em maior ou menor grau, a pressões e ao estresse, absorvendo ou somatizando conflitos nas condições atuais de vida, uma vez que estão inseridos em um sistema – o capitalista – que objetiva o aumento da produtividade. Como fica a necessidade do lazer nessas circunstâncias? Aponte alternativas.

> **PARA SABER MAIS**
>
> MARCELLINO, N. C. (Org.). Lazer e recreação: repertório de atividades por ambientes. Campinas: Papirus, 2010. v. 2.
>
> Com a intenção de compartilhar um repertório de atividades de recreação e lazer vivenciado e recomendado por diferentes autores que atuam no mercado de recreação e entretenimento, esse livro apresenta sugestões de atividades que podem ser desenvolvidas por profissionais de várias formações e que são adequadas a diferentes ambientes, como bibliotecas, condomínios, cruzeiros marítimos, empresas, hospitais, hotéis, ônibus e *spas*, levando em consideração o espaço, os equipamentos disponíveis e as relações socioculturais.

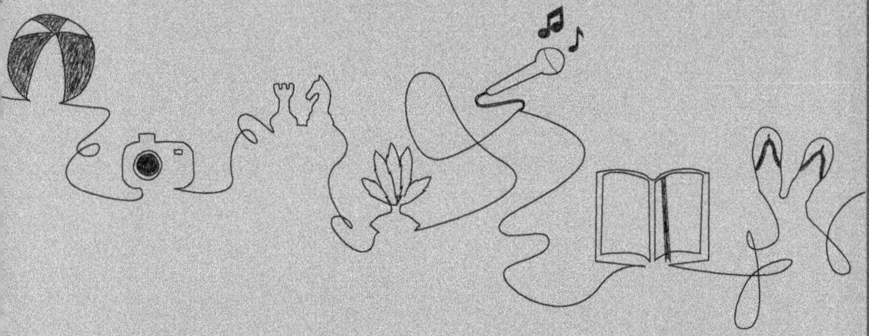

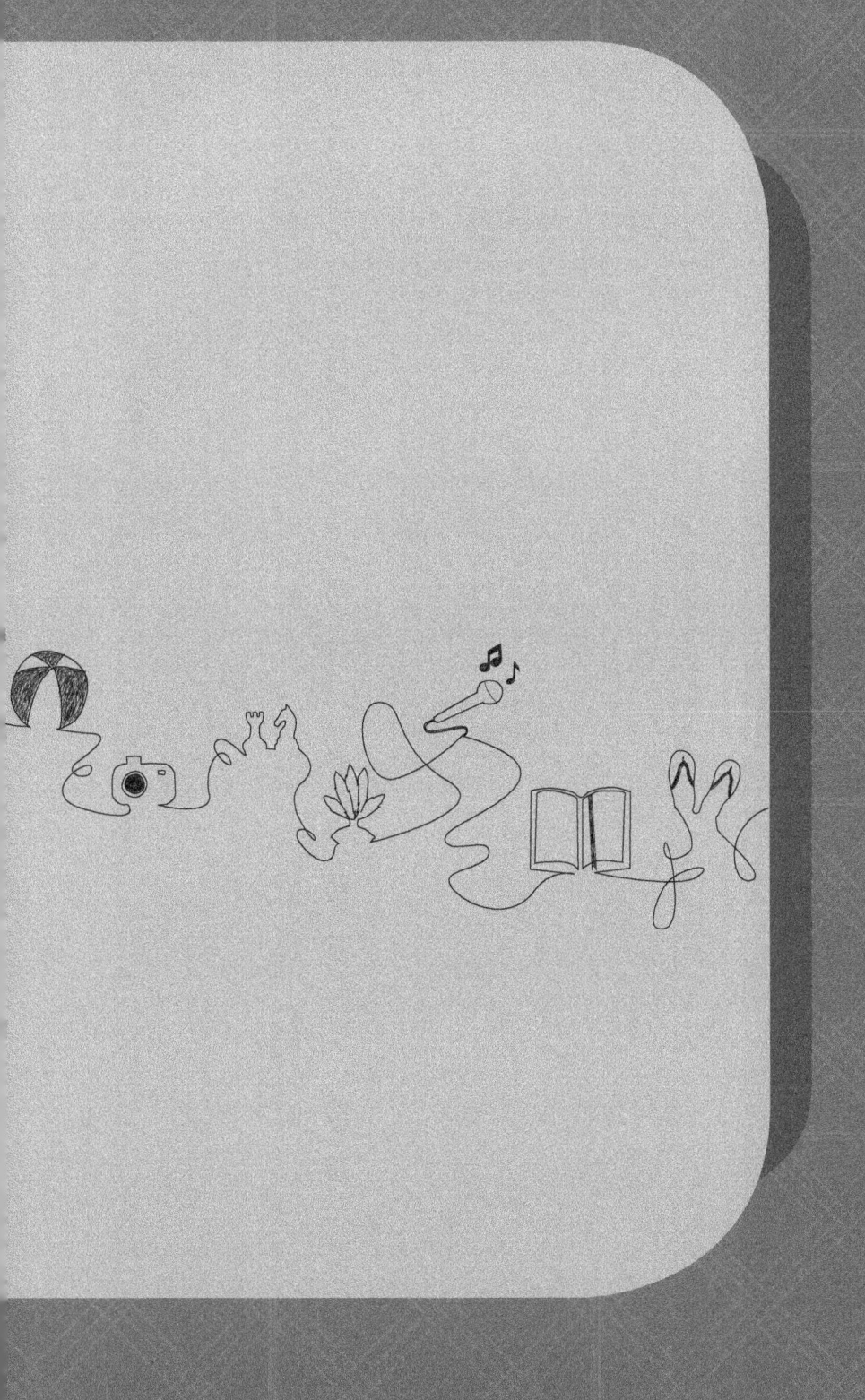

DINÂMICAS DE GRUPO

CAPÍTULO 12

CONTEÚDOS DO CAPÍTULO

- Aspectos relevantes para uma melhor organização das dinâmicas de grupo.
- Dinâmicas de grupo para apresentação.
- Dinâmicas de grupo para integração.
- Dinâmicas de grupo para motivação.
- Dinâmicas de grupo para "quebrar o gelo".
- Dinâmicas de grupo para animação e relaxamento.
- Dinâmicas de grupo para lideranças e liderados.
- Dinâmicas de grupo para recrutamento e seleção de candidatos.
- Dinâmicas de grupo para treinamento corporativo.

APÓS O ESTUDO DESTE CAPÍTULO, VOCÊ SERÁ CAPAZ DE:

1. realizar a escolha apropriada da dinâmica de grupo, com base na análise de diversos fatores;
2. escolher o tipo de dinâmica de grupo apropriada, conforme os objetivos de atuação.

Todas as atividades que são desenvolvidas com um grupo (sob forma de reuniões ou *workshops*, grupos de trabalho, grupos em treinamento, grandes eventos etc.), que objetiva a integrar, desinibir, "quebrar o gelo", divertir, refletir, aprender, apresentar, promover o conhecimento, competir ou "aquecer" podem ser denominadas *dinâmicas de grupo* (Militão; Militão, 2000). Isto é, as dinâmicas de grupo são utilizadas como ferramentas de aplicação ampla e podem ter suas atividades e intervenções adaptadas a diferentes públicos, objetivos, locais e recursos disponíveis. O simples encontro de pessoas para contemplar um objetivo grupal qualquer é considerada uma dinâmica de grupo.

Essas dinâmicas podem ser direcionadas à aplicação em empresas, escolas, igrejas, grupos de jovens, grupos em situação de lazer e diversão, programas de incentivo à melhora da qualidade de vida, turismo ou recreação etc. Além desses grupos, existem outras derivações, de acordo com as necessidades ou os objetivos específicos, como grupos de recuperação coletiva (alcoólicos anônimos e outros grupos de ajuda).

Entre as diversas possibilidades, a aplicação das dinâmicas de grupo permite:

- observar o comportamento de um ou mais indivíduos inseridos em um coletivo;
- elaborar um levantamento dos pensamentos, sentimentos e práticas dos participantes;
- realizar a preparação para um novo conceito a ser inserido;
- propor a discussão de elementos que atribuem sentido a processos que serão vivenciados;
- fazer com que a compreensão não seja apenas intelectual;
- dar suporte prático a discussões;
- promover a interação do grupo.

Isso significa que a variedade de ofertas é grande e abre muitas possibilidades nas dinâmicas de grupo. Desse modo, evidenciamos a importância do profissional que aplicará a dinâmica, pois dele depende grande parte do sucesso no alcance dos objetivos. Quem aplica a dinâmica deve ter claro o objetivo e os pontos que deseja alcançar com as atividades, pois conduzir um encontro é um ato que exige atenção e planejamento.

Durante a realização das dinâmicas de grupo, as responsabilidades do aplicador são inúmeras. Cabe a ele acompanhar a realização da atividade escolhida, explicá-la e fornecer o *feedback* (retorno) ao grupo.

Devemos considerar alguns aspectos na preparação de uma dinâmica de grupo, tais como a **habilidade e a idade dos participantes**, a **escolha dos ambientes** para sua realização, os **riscos que devem ser calculados**, a **seleção e o preparo dos materiais** a serem utilizados e a **duração** prevista para o desenvolvimento da dinâmica. Ou seja, é preciso adequar o método e o conteúdo da proposta, mensurar o nível de riscos e planejar o que se vai realizar e a duração da atividade.

Na execução das dinâmicas, Militão e Militão (2000) propõem outros aspectos relevantes que devem estar presentes, em uma ordem, para a melhor organização das dinâmicas de grupo:

⇨ Distribuição dos participantes – O aplicador deve se preocupar com a disposição dos participantes de acordo com as exigências da dinâmica, considerando os objetivos a serem atingidos ou a necessidade de organização, bem como o tamanho do grupo (pequeno, médio ou grande) a que a dinâmica será aplicada.

- Instruções – O profissional também deve ter a preocupação de explicar a dinâmica, esclarecendo de modo adequado a atividade proposta aos participantes.
- Demonstração – Quando sentir necessidade, o aplicador deve exemplificar a execução da dinâmica, para esclarecer as dúvidas que venham a surgir entre os participantes.
- O momento do jogo – É a vivência da dinâmica escolhida. O aplicador deve atentar-se para que a participação de todos corresponda ao esperado da atividade, de forma satisfatória.
- Final do jogo – O profissional responsável pelo desenvolvimento da dinâmica deve reconhecer o momento de finalizar a atividade – quando os objetivos foram atingidos ou com base no conhecimento das etapas do jogo, ou seja, conhecer suas possíveis consequências, sabendo o momento de encerrar a técnica.
- Sentimentos e emoções – Na maioria das dinâmicas, é importante ter o momento de "curtir" a vivência, isto é, de se falar sobre a sensação experimentada durante o jogo.
- Discussão – É nesse ponto que a dinâmica atinge sua aplicação mais importante: as lições a que se pretendia. É o momento de constatar se os objetivos foram ou não atingidos.
- Fechamento – Nessa fase, o profissional deverá esgotar todos os comentários, explicações ou lições aprendidas por meio do jogo escolhido para o momento.

As possibilidades do que podemos alcançar com uma dinâmica são infinitas, pois há dinâmicas de grupo que servem para todos os tipos de situações ou necessidades.

12.1 Dinâmicas de grupo para apresentação

As dinâmicas de grupo para apresentação possibilitam a revelação de certos aspectos sobre o perfil dos participantes, como: quem são eles, de onde vêm, o que fazem, como e onde vivem, do que gostam, seus sonhos, o que sentem e pensam. Nesse sentido, é possível fazermos com o que os participantes se apresentem sem "máscaras" ou "rodeios" e com autenticidade, sem constrangimento. Ainda, essas dinâmicas têm como objetivo a exposição dos participantes, promovendo a comunicação e a descontração entre eles.

Essas dinâmicas também são aplicadas em situações nas quais é necessário apresentar um novo membro e iniciar um relacionamento interpessoal entre ele e seus colegas de trabalho. No caso de empresas, elas agilizam a integração desse novo membro em relação aos processos administrativos, oferecendo segurança e estimulando o relacionamento interno e o *networking* corporativo.

Em outras situações de lazer e recreação, como em um hotel ou em uma viagem, as dinâmicas de grupo para apresentação buscam favorecer a socialização, facilitar a comunicação entre os envolvidos e o seu contato mais próximo e assumir o objetivo de expor todos os participantes a uma condição descontraída e favorável para um momento de prazer.

Para ilustrar de que forma podemos propor uma atividade com esses objetivos, apresentamos um exemplo de dinâmica de grupo que pode ser utilizada nessas situações.

12.1.1 Dinâmica de grupo: "Conhecendo o outro"

- Material – Cartões preparados com uma pergunta em cada um.
- Sugestões de perguntas para a realização da dinâmica –
    - O que você faz melhor?
    - Se você ganhasse na loteria, o que faria com o dinheiro?
    - Qual é a lembrança mais prazerosa de um final de semana em viagem?
    - Em que partido você votou na última eleição?
    - Por quem você era apaixonado durante a adolescência?
    - Quando foi a última vez em que você chorou de tanto rir?
    - Quando foi a última vez em que você chorou?
    - Quando foi a última vez em que você pegou algo que não lhe pertencia?
    - Com que idade você acha que vai morrer?
    - Qual foi o momento mais feliz da sua vida?
- Desenvolvimento – Forme um círculo com os participantes, coloque os cartões no centro, virados para baixo, e explique que cada cartão tem uma pergunta no seu verso. Convide os participantes a pegarem um cartão cada e a responderem à pergunta nele contida, tão sinceramente quanto puderem. Sugira que, se alguém não se sentir em condições de responder à pergunta, poderá trocá-la por outra. Deixe as respostas criarem a discussão, desde que não seja de forma agressiva ou ameaçadora.
- Dicas
    - Inicie o processo, abrindo espaço para que os participantes façam comentários sobre sentimentos,

dificuldades, facilidades e outros assuntos que o grupo julgar importantes.
→ Perceba se os participantes são espontâneos nas suas respostas e se têm facilidade de se comunicar.

Lembramos que há muitas dinâmicas a serem propostas, e a escolha da que melhor se adapta ao ambiente, grupo e momento dependerá de uma avaliação do profissional, levando em consideração especialmente os objetivos que pretende atingir.

12.2 Dinâmicas de grupo para integração

Nas dinâmicas de integração, as propostas buscam provocar a interação pessoal e grupal, por meio de exercícios direcionados que permitam compartilhar aspectos íntimos das relações interpessoais do grupo. As atividades escolhidas para esse fim trabalham a interação, a comunicação e os encontros e desencontros do grupo.

Essas dinâmicas podem ser direcionadas a grupos que já se conhecem e que têm convivência, mas que necessitam de um impulso para melhorar o relacionamento interno. Também visam à integração de pessoas que não se conhecem, mas que, por algum motivo, precisam estabelecer relações sociais.

Como ilustração dessas dinâmicas, apresentaremos, a seguir, um exemplo do que pode ser proposto.

12.2.1 Dinâmica de grupo para interação: reconhecimento de personalidades

- Material – Etiquetas adesivas com nomes de pessoas famosas.
- Formação – Com o grupo em um círculo, o coordenador da dinâmica pede licença para colocar uma etiqueta nas costas de cada um e pede para que ninguém fale o que está escrito nas etiquetas dos outros. Em seguida, o coordenador permanece no meio do círculo e avisa ao grupo que vai contar até "3" para que o grupo faça um barulho de explosão. Após esse barulho, ele diz ao grupo que houve uma explosão: todos são sobreviventes e estão traumatizados, perderam a memória e terão de ajudar uns aos outros a descobrir quem são. Esse auxílio se dará com um participante fazendo perguntas fechadas para o outro, ou seja, as respostas só poderão ser "sim", "não" ou "não sei". Caso alguma pessoa tenha dificuldade em descobrir, o coordenador pode fornecer uma dica até que todos descubram seus respectivos personagens.
- Sugestão de personagens
    - **Desenhos animados** – Popeye, Mickey, Pato Donald, Pateta, Mônica, Magali, Cebolinha, Cascão.
    - **Cantores** – Falcão, Roberto Carlos, Reginaldo Rossi, Madonna, Fábio Jr.
    - **Heróis** – Super-Homem, Hulk, Mulher-Maravilha, Aquaman, Peter Pan, Hércules, Batman, Mulher-Gato.
    - **Personalidades** – Ayrton Senna, Xuxa, Pelé, Faustão, Silvio Santos.

Provocar a socialização não é o objetivo exclusivo a ser atingido, pois, em todas as dinâmicas, há uma conexão com esse fenômeno, ou seja, despertar para um processo de integração dos envolvidos é algo que está presente na prática de todas as dinâmicas.

12.3 Dinâmicas de grupo para motivação

Muito comuns em diversas reuniões e encontros, as dinâmicas de grupo destinadas a motivar os participantes são utilizadas quando se pretende dar uma "injeção de ânimo" no grupo envolvido.

Usualmente, essas dinâmicas são introduzidas quando o objetivo do trabalho a ser desenvolvido versa sobre encorajar um grupo, fortalecer e valorizar os envolvidos, para que se sintam motivados a se empenhar mais no alcance das metas e, com isso, convençam-se de que têm potencial para seguir sem se desmotivar por fatores diversos.

12.3.1 Dinâmicas de grupo para motivação: "Caça talentos"

- Material – Um cartão impresso para cada participante.
- Procedimento – Cada participante receberá um cartão preparado com uma lista de talentos, adjetivos e qualidades. Ao iniciar a sessão, os componentes deverão relacionar cada um dos colegas presentes que tenham uma ou algumas daquelas

características, apontando as qualidades e os adjetivos que acreditam que cada um tem. Após um tempo determinado, o aplicador solicita que os participantes apresentem a percepção de cada um, deixando livre para que, além da apresentação, eles expliquem os motivos pelos quais escolheram especificamente cada um como "dono" daquele talento.

- Dicas
  - → Listar os talentos, adjetivos ou qualidades e deixar alguns espaços em branco, para que cada participante tenha liberdade de associar talentos, adjetivos e qualidades a outros colegas presentes.
  - → Listar talentos, adjetivos e qualidades (por exemplo, caridoso, bem-humorado, feliz, inteligente, forte, coerente, simpático, habilidoso, concentrado e organizado).
  - → Abrir espaço para que os participantes façam comentários sobre sentimentos, dificuldades, facilidades e outros assuntos que o grupo julgar importantes no momento de reconhecer características positivas nos colegas.

Como a lista preparada apresenta apenas características positivas, ao final da dinâmica, cada participante refletirá sobre a imagem que os colegas presentes têm dele ou dela, sentindo-se motivado pelo reconhecimento.

12.4 Dinâmicas de grupo para "quebrar o gelo"

As dinâmicas de grupo que têm como objetivo "quebrar o gelo" procuram eliminar as tensões e a seriedade do grupo, desinibindo e descontraindo o ambiente e os participantes. Elas são indicadas para quando é necessário resgatar o relacionamento interpessoal dos participantes ou em situações nas quais existem problemas na comunicação interna, sequela de algum tipo de conflito ou pela simples falha de liderança.

Essas dinâmicas são utilizadas especialmente para aproximar os participantes, estimular as relações interpessoais, a troca de ideias e a criatividade, em um ambiente informal e animado. Elas também auxiliam no início de algum evento, quando os participantes ainda estão apreensivos ou ansiosos e, para criar um clima de descontração no ambiente, utiliza-se uma postura lúdica, com a inserção de alguma atividade que atinja os objetivos que elencamos.

Para ilustrar essa dinâmica, citamos, a seguir, a "Redação", que tem como objetivo desenvolver a percepção, brincar com a sintonia ou falta dela para posterior *feedback*, além de proporcionar a interação e explorar a criatividade, por meio de uma atividade que promova a comunicação e o trabalho em equipe.

12.4.1 Dinâmica de grupo para "quebrar o gelo": "Redação"

- ⇨ Material – Folha de papel sulfite.
- ⇨ Procedimento – Em uma folha, os participantes escrevem uma palavra qualquer para iniciar a corrente da redação (por exemplo: "Eu", "Nós", "Se", "Talvez", "Sei que", "Espero que" etc.). Cada participante contribui para a redação, colocando uma palavra ou uma pequena frase que lhe dê continuidade.

De forma sucessiva, todos os participantes escrevem. O exercício se encerra após a avaliação do que foi escrito.

- Dicas
    - Iniciar o processo abrindo espaço para que os participantes façam comentários sobre sentimentos, dificuldades, facilidades e outros assuntos que o grupo julgar importantes.
    - Verificar a criatividade, o trabalho em equipe e a aprendizagem dos participantes.
    - Realizar o exercício verbalmente.
    - Direcionar a atividade para a fixação ou a avaliação da retenção de conhecimentos teóricos.

São inúmeros os exemplos de dinâmicas que podemos utilizar quando há necessidade de criar um clima favorável à integração dos participantes, principalmente no início de uma sessão, encontro ou reunião. Muitas vezes, o principal objetivo consiste em desinibir os participantes ou descontrair o ambiente.

12.5 Dinâmicas de grupo para animação e relaxamento

Essas dinâmicas têm como objetivo minimizar as tensões do ambiente e provocar um relaxamento físico ou mental, fazendo com que o participante volte-se para si e perceba a situação em que se encontra, enfocando seu cansaço, ansiedade, fadigas, emoções etc.

Elas facilitam o encontro entre pessoas que se conhecem pouco e são importantes quando o clima do grupo é muito frio e impessoal. As dinâmicas de grupo para animação e relaxamento podem ser utilizadas quando se está cansado, quando o ambiente está tedioso ou, ainda, quando há a necessidade de retomar uma atividade interrompida.

É também possível utilizar essas dinâmicas ao encerrar um trabalho, concluir um evento ou despedir-se de um grupo. Além disso, elas podem ser inseridas nos intervalos de um encontro, como forma de entretenimento. Para exemplificar uma dinâmica que atende a esses objetivos, propomos a atividade chamada "Chocolate no pacote".

12.5.1 Dinâmica de grupo para animação e relaxamento: "Chocolate no pacote"

- Materiais – Um chocolate bem embrulhado com papel, um garfo, uma faca, um dado, um chapéu e um casaco.
- Formação – Com os participantes em pé, dispostos em um círculo. Um deles iniciará com o dado nas mãos, e outro, vestindo um chapéu e um casaco, ficará no centro do círculo com o garfo, a faca e o pacote embrulhado nas mãos.
- Desenvolvimento – O participante que está com a faca e o garfo nas mãos tenta abrir o pacote usando os talheres. Os colegas do círculo lhe tomam o lugar, se, lançando o dado, tirarem o número 6. Quando conseguirem esse número, devem colocar o chapéu e o casaco e recomeçar a desfazer o embrulho. O dado ficará circulando de mão em mão e, sempre que um participante obter o número 6, ocupará o lugar do participante do centro, tentando desfazer o pacote.

Ganhará o chocolate o participante que conseguir desfazer o pacote.

Conheça algumas variações dessa dinâmica:

- Colocar mais pacotes embrulhados, pois assim o participante terá de escolher qual pacote tentará abrir.
- O participante que obtiver o número 6 no dado deverá colocar uma roupa de palhaço, vestir meias compridas, tirar os sapatos ou realizar qualquer outra prova de agilidade.

> É interessante que o recreador tenha um prêmio de consolação para todos os participantes, como um chocolate pequeno ou uma bala.

12.6 Dinâmicas de grupo para lideranças e liderados

A relação entre lideranças e liderados passa por diferentes momentos e, por isso, conforme a ocasião, as diversas modalidades de dinâmicas de grupo podem ser adaptadas para uso nos encontros entre essas relações sociais. Sua definição depende do objetivo escolhido.

Essas dinâmicas podem ser úteis em diferentes circunstâncias, tanto no setor educacional como no setor empresarial. Tendo como ferramenta os jogos colaborativos ou as dinâmicas organizadas, esse formato de trabalho é indispensável para integrar participantes, motivar o conhecimento, apresentar novos conceitos, resolver conflitos, desenvolver mudanças no comportamento e educar.

Quando existe a necessidade de fixar conhecimentos, normalmente as dinâmicas com essa finalidade levam mais tempo. Diversas atividades podem ser adaptadas e, com isso, incrementa-se o processo de ensino e aprendizagem, quando são utilizadas no setor educacional. Aqui, entendemos que as atividades lúdicas estimulam a participação, produzem um ambiente agradável, de cumplicidade entre o professor e o aluno, e aumentam a aceitação e o interesse pelos conteúdos expostos ou pelo trabalho a ser desenvolvido.

A seguir, mostramos um exemplo de dinâmica de grupo para líderes e liderados – ou para alunos e professores –, conhecida como "O segredo da Esfinge".

12.6.1 Dinâmica de grupo para alunos e professores: "O segredo da Esfinge"

- → Materiais – Um conjunto de cartões com perguntas de três tipos: falso ou verdadeiro, múltipla escolha (respostas "a", "b" ou "c") e discursiva; e giz escolar para marcar o percurso até a "Esfinge sagrada".
- → Formação – Os participantes são divididos em grupos. Cada grupo escolherá um representante para proferir as respostas. No chão, é marcado um percurso separado em quadrados, como um jogo de ludo, sendo que o grupo que chegar primeiro à última marcação vence a partida.

> → Desenvolvimento – Há um sorteio para determinar a ordem da jogada nos grupos. O primeiro grupo a jogar deve escolher uma das três alternativas para iniciar seu percurso. Perguntas do tipo fácil têm duas alternativas (falso ou verdadeiro), e as respostas corretas a elas marcam apenas um ponto. Se respondidas corretamente, as perguntas de nível médio, de múltipla escolha, fazem com que o grupo avance duas casas. As perguntas difíceis, com respostas abertas, permitem que o grupo avance três casas, quando respondidas corretamente. Caso o grupo responda errado, ele perde o número de casas que ganharia se acertasse. O tempo será cronometrado, pois cada grupo terá apenas 30 segundos para anunciar a resposta. O grupo que conseguir chegar até a "Esfinge sagrada" em primeiro lugar vence o jogo.

Fonte: Adaptado de Miranda, 1996, p. 59.

- Exemplos de perguntas –
    - O rato é um animal que transmite doenças ao homem? (verdadeiro ou falso)
    - O número 120 é formado por uma centena e duas dezenas? (verdadeiro ou falso)
    - O lobo uiva, o gato mia e o porco:
        a) grunhe.
        b) urra.
        c) coaxa.
    - Um exemplo de animal vertebrado é:
        a) a formiga.
        b) o passarinho.
        c) a aranha.

- Para representarmos o número 105 em algarismos romanos, utilizamos quais letras?
- Qual é o sentido que permite às pessoas ouvirem diversos sons?

Veja uma variação dessa dinâmica:

- O grupo pode ficar sentado e apenas um dos integrantes se desloca pelo percurso.

Há outro exemplo de dinâmica que também pode ser utilizada em uma situação educativa: "A mensagem secreta".

12.6.2 Dinâmica de grupo para lideranças e liderados: "A mensagem secreta"

- Material – Palavras em cartões.
- Formação – Com os participantes divididos em grupos, sendo que cada grupo receberá certa quantidade de palavras que formam uma frase.
- Desenvolvimento – Os grupos têm um tempo determinado para distribuírem as palavras, formando a frase. É necessário que a frase tenha sentido e que todas as palavras recebidas pelo grupo sejam utilizadas. Vence o primeiro grupo que montar a frase corretamente.

Veja algumas variações dessa dinâmica:

- distribuir letras para que o grupo elabore uma palavra;
- escolher uma determinada frase, que deve ser acertada para que o grupo marque o ponto;

- distribuir números, sendo que os grupos têm um resultado a obter, elaborando uma expressão numérica com os seus cartões.

Nessa dinâmica, existe a possibilidade de se promover a discussão com os colaboradores de uma empresa, iniciando o trabalho com uma frase de efeito que resume as características de um novo produto, serviço ou até mesmo pessoa. A dinâmica também pode ser utilizada em contextos políticos, religiosos ou comerciais, com uma expressão repetitiva de uma ideia ou propósito.

12.7 Dinâmicas de grupo para recrutamento e seleção de candidatos

As dinâmicas de grupo para recrutamento e seleção de candidatos visam especificamente a criar ferramentas para a análise do comportamento dos participantes.

As empresas de recursos humanos são as que mais se beneficiam da utilização dessas dinâmicas, pois, por meio delas, é possível nivelar os candidatos e avaliar como eles se comportam em grupo, compartilham informações, resolvem situações nos momentos de discussão ou lidam com conflitos.

É possível, ainda, identificar pessoas de personalidade forte, criativas e/ou líderes e analisar o potencial de comunicação dos candidatos e seu comportamento diante de situações que exigem raciocínio rápido. Ou seja, pela aplicação dessas dinâmicas, o recrutador pode perceber competências e habilidades que vão além do currículo, sendo possível analisar os participantes que se destacam no trabalho em equipe, na tomada de decisões ou, até mesmo, na forma como se relacionam com os demais. Além disso, essas dinâmicas têm como objetivo analisar determinados comportamentos e atitudes, tais como: flexibilidade, postura na negociação, relacionamento interpessoal e organização.

O emprego de dinâmicas nessas ocasiões tende a refletir de forma espontânea a personalidade dos participantes, visto que o jogo ou a atividade lúdica provoca reações naturais.

Um exemplo de dinâmica possível para a análise do perfil dos candidatos é o "Bazar de objetos", que descreveremos a seguir.

12.7.1 Dinâmica de grupo para recrutamento e seleção de candidatos: "Bazar de objetos"

- Materiais – Uma mesa, com diversos objetos que podem ser vistos em um bazar doméstico ou em uma loja de artigos de segunda mão. O número de itens tem de ser maior do que o número de participantes. Antes de o exercício começar, uma folha de papel ou um pano grande deve cobrir todos os artigos.
- Desenvolvimento – Coloque os objetos sobre a mesa, cobrindo-os com um pano antes de o grupo entrar na sala. Diga aos participantes que, quando o pano for retirado, eles devem se aproximar, escolher e pegar um artigo da mesa que os atraia, por alguma razão. Depois que todos tiverem

selecionado os objetos, cada um se apresenta ao grupo e diz por que aquele item em particular o atraiu.

- Dicas –
  - Perguntar o que os participantes acharam da escolha dos colegas e explorar o conteúdo exposto.
  - Verificar se eles gostariam de ter pegado um objeto que já tinha sido escolhido e perguntar como eles se sentiram ao ter de mudar sua escolha.
  - Perceber a reação dos participantes quando recebem algum *feedback* sobre sua escolha.

> O tempo da atividade pode variar de acordo com a quantidade de participantes e das colocações durante o processo.

12.8 Dinâmicas de grupo para treinamento corporativo

Especificamente para o trabalho com colaboradores de uma empresa, as dinâmicas aplicadas ao treinamento corporativo têm o objetivo de consolidar um novo modelo de trabalho e apresentar os requisitos necessários para a manutenção e o fortalecimento do trabalho com qualidade. Elas se caracterizam pela oferta de momentos fora do ambiente de trabalho, que estimulam a experiência vivida como forma de assimilação, o que representa uma forma mais assertiva do que os treinamentos convencionais.

No meio corporativo, o chamado *treinamento experiencial ao ar livre* (Teal) apresenta-se como uma revolução na educação empresarial, pois é uma ferramenta para a formação de equipes altamente entrosadas, capazes de planejar, tomar decisões e agir rapidamente. Seu método de ação busca, por meio de atividades vivenciais, realizar um processo de mudança de comportamento, no qual a equipe sempre deverá pensar em conjunto. Para muitos dos participantes, essas atividades são a verdadeira superação de desafios e limites em meio à natureza (Dinsmore, 2004).

Essas atividades podem ser desenvolvidas com um calendário mais amplo ou no estilo *workshop* (oficina), enquanto as dinâmicas de grupo para treinamento corporativo são elaboradas em apenas um dia.

De acordo com Rink, citado por Dinsmore (2004, p. 22),

> No Teal, os participantes são motivados a quebrar paradigmas, promover mudanças em si próprios e nas empresas em que trabalham, administrar e manter pessoas motivadas, identificar estruturas empresariais ultrapassadas e ter a coragem de denunciá-las. Treinar a razão combinada à emoção é a síntese da revolução em educação para o gerenciamento da empresa vencedora.

Entre as dinâmicas que promovem o treinamento corporativo por meio de atividades na natureza, tomaremos como exemplo a "Calha humana", adaptada da proposta de Dinsmore (2004, p. 56). Essa atividade propõe o trabalho em equipe e requer a cooperação e a determinação do grupo para o alcance dos resultados.

12.8.1 Dinâmica de grupo para treinamento corporativo: "Calha humana"

- Materiais – Pedaços de calhas ou de canos plásticos cortados ao meio, longitudinalmente. Para cada grupo participante, aproximadamente 5 calhas, 20 bolas de tênis e 1 balde.
- Desenvolvimento – O grupo deve se unir, com cada membro segurando um pedaço da calha para formar um escoadouro, e fazer com que uma sequência de bolas de tênis, metáfora das *vendas da empresa*, possa rolar livremente até cair dentro de um balde, metáfora do *negócio fechado*. Porém, as calhas unidas formam apenas um quinto (20%) da trajetória até o balde, e cada integrante da equipe deve correr com seu pedaço de calha para prolongar o escoadouro assim que a bola passar por ele.

Existe uma variação dessa dinâmica:

- No meio do trajeto, o balde pode ser transferido de lugar, obrigando o grupo a reorientar a formação do escoadouro.

Com todas essas opções de aplicabilidade, as dinâmicas de grupo oferecem uma ampla rede de ações. Existem inúmeras propostas, mas para que elas tenham utilidade, faz-se necessário que o profissional que as escolhe considere o objetivo a que se propõe e o tempo disponível para sua realização. Ele deve levar em conta ainda o cumprimento dos objetivos e o perfil dos participantes, da ocasião e do ambiente.

No que diz respeito às falhas que podem ocorrer durante a aplicação de uma atividade, Luques (2012) relata que "não é em relação à dinâmica em si, mas atribui-se ao preparo técnico de quem a aplica, pois nem todos estão preparados para isso. É preciso treino em análise, descrição de comportamentos e, principalmente, de técnicas de observação".

O resultado de uma dinâmica de grupo não define se os participantes estão certos ou errados, mas, sim, as características que compõem os seus perfis. Portanto, cabe ao profissional conduzir a dinâmica de maneira adequada, com foco no objetivo desejado.

Os recursos que podem ser utilizados nas dinâmicas variam, incluindo atividades com projeções, vídeos, exposições dialogadas, textos, histórias contadas, materiais esportivos, além de técnicas de teatro, tarjetas e cartazes. A opção será determinada pelas condições dos ambientes, pela oportunidade e necessidade da ocasião e pelos objetivos a serem atingidos. Há uma grande variação de possibilidades na aplicação das dinâmicas, inclusive em relação aos recursos utilizados.

Existe muita diferença quanto ao **tempo de aplicação**, o qual varia conforme o perfil da atividade, dos participantes e dos objetivos a serem atingidos. Aconselhamos que a atividade não seja muito extensa, o que pode causar desgaste entre os participantes e torná-la enfadonha. Quando o tempo de realização de uma dinâmica se excede, pode-se correr o risco de perder o foco e a atividade tornar-se inútil. Existem dinâmicas curtas, longas e ainda aquelas realizadas em partes, ao longo de uma semana, por exemplo, com duração de poucos minutos por dia e, ao final de um período de dias, todas as ações são retomadas e se promove uma discussão.

> Lembre-se: não é o tempo de aplicação que garante o sucesso de uma dinâmica.

Ressaltamos também que os resultados ficam comprometidos, se o profissional tentar adaptar em 15 minutos uma dinâmica que tem a previsão de se realizar em 45 minutos, em virtude das impossibilidades de determinado momento. Nesse caso, é conveniente utilizar outra atividade que se enquadre melhor no tempo disponível.

Com base nessas considerações, fica claro que as dinâmicas de grupo podem ser muito úteis e aplicáveis em diferentes contextos e têm grandes chances de sucesso, mas isso dependerá de quem a organiza, seleciona e promove.

Síntese

O ser humano vive em sociedade e nela está inserido com suas facilidades e dificuldades. Para garantir a sua sobrevivência, ele enfrenta permanentemente desafios que o envolvem, seja em aspectos físicos, seja em aspectos sociais. Assim, para sobreviver, é necessário aprender a conviver.

As dinâmicas de grupo que apresentamos neste capítulo propõem experiências variadas, em diferentes contextos, a fim de provocar, com um cunho lúdico, de forma real ou simulada, a experimentação de se desenvolver como um ser social.

Para tanto, categorizamos as diferentes oportunidades em que uma dinâmica de grupo pode auxiliar nesse aprendizado, levando em conta que o profissional que a aplicará tem conhecimento dos objetivos propostos, do resultado que pretende atingir e da escolha da melhor opção, com base em informações mínimas necessárias, que se tornam relevantes para o desenvolvimento de uma atividade adequada.

Questões para revisão

1. Dentro do lazer, do entretenimento e da recreação, encontram-se as dinâmicas de grupo. No que consistem essas atividades?

2. Na execução das dinâmicas, Militão e Militão (2000) propõem aspectos relevantes que devem estar presentes para melhor organizá-las. Assim, ordene a sequência correta da prática e os aspectos considerados relevantes dentro do contexto da execução das dinâmicas de grupo.

   ( ) Instruções.
   ( ) Sentimentos e emoções.
   ( ) Distribuição dos participantes.
   ( ) Demonstração.
   ( ) Discussão.
   ( ) Fechamento.
   ( ) Momento do jogo.
   ( ) Final do jogo.

A sequência correta é:

a. 8, 4, 3, 5, 7, 2, 1, 6.
b. 2, 6, 1, 3, 7, 8, 4, 5.
c. 1, 3, 2, 5, 7, 6, 4, 8.
d. 3, 2, 1, 7, 5, 4, 6, 8.

3. As possibilidades que podem ser alcançadas com base nas dinâmicas são infinitas, pois há dinâmicas de grupo que servem para todos os tipos de situações ou necessidades. Nesse sentido, relacione a necessidade à situação:

A. Dinâmicas para motivação.
B. Dinâmicas para "quebrar o gelo".
C. Dinâmicas para integração.
D. Dinâmicas para apresentação.

( ) Procuram eliminar as tensões e a seriedade do grupo, desinibindo e descontraindo o ambiente e os participantes.
( ) Possibilitam a revelação de certos aspectos do perfil dos participantes.
( ) Podem ser utilizadas sempre que se observar que o grupo não está totalmente convencido de que será capaz de atingir os objetivos propostos.
( ) Trabalham a comunicação e os encontros e desencontros do grupo.

A sequência correta é:

a. A, B, C, D.
b. C, A, B, D.
c. B, D, A, C.
d. C, A, D, B.

4. No meio corporativo, o treinamento experiencial ao ar livre (Teal) apresenta-se como uma revolução na educação empresarial. Nesse sentido, explique o que ele é e em que sentido é utilizado para motivar os funcionários.

5. A respeito das considerações sobre o desenvolvimento das dinâmicas de grupo, analise as afirmativas a seguir.
   I. Com a prática das dinâmicas de grupo, espera-se atingir o mesmo comportamento de todos os participantes.
   II. As dinâmicas de grupo para recrutamento e seleção de candidatos visam especificamente criar ferramentas para a análise do comportamento dos participantes.
   III. As dinâmicas para recrutamento e seleção de candidatos tendem a refletir, de forma espontânea, a personalidade dos participantes, pois provocam reações naturais.

Assinale a alternativa correta:
   a. Somente as afirmativas I e III estão corretas.
   b. Somente a afirmativa II está correta.
   c. Somente as afirmativas II e III estão corretas.
   d. Todas as afirmativas estão corretas.

Questão para reflexão

Reflita sobre o emprego das dinâmicas de grupo nas diversas situações e responda as questões:
   a. Promovê-las é a solução para todos os problemas que surgem em um grupo?
   b. Todos podem aprender em uma dinâmica de grupo?

c. Todos querem aprender em uma dinâmica de grupo?
d. O gestor/aplicador acredita no resultado que pode atingir com uma proposta de dinâmica de grupo?
e. A promoção de dinâmicas de grupo não desenvolve atitudes, mas apenas conhecimentos e habilidades?

PARA SABER MAIS

KOMBO. Dinâmicas de grupo. Disponível em: <http://www.kombo.com.br/materiais-rh/dinamicas-grupo>. Acesso em: 27 jun. 2014.

Há muitas fontes com indicações sobre dinâmicas de todos os tipos e com um repertório infinito. Recomendamos o *site* da empresa Kombo, que apresenta e descreve mais de 500 dinâmicas. Nesse *site*, você pode escolher por categorias (apresentação, integração, motivação etc.) e pela atitude que espera dos participantes (organização, autoconfiança, autonomia, criatividade, cooperação etc.). É possível ainda integrar conteúdos e visualizar o tempo designado para a aplicação das dinâmicas.

MILITÃO, A. S.O.S.: dinâmica de grupo. Rio de Janeiro: Qualitymark, 1999.
MILITÃO, A.; MILITÃO, R. Jogos, dinâmicas e vivências grupais. Rio de Janeiro: Qualitymark, 2000.

Essas duas obras mostram como desenvolver as melhores técnicas em atividades de grupo. Os dois livros apresentam exercícios e técnicas variadas que podem ser utilizadas na íntegra ou de forma adaptada por estudantes, profissionais ou aqueles que conduzem projetos, encontros, simpósios e *workshops* – ou ainda para todos os profissionais que convivem ou trabalham com pessoas.

BRINCADEIRAS PARA ÔNIBUS

CAPÍTULO 13

CONTEÚDOS DO CAPÍTULO

→ Vantagens e desvantagens do desenvolvimento de atividades recreativas dentro de ônibus.
→ Fatores que o profissional deve considerar na execução das atividades escolhidas.
→ Atividades recreativas a bordo.

APÓS O ESTUDO DESTE CAPÍTULO, VOCÊ SERÁ CAPAZ DE:

1. proporcionar momentos de alegria e descontração a bordo de um meio de transporte como o ônibus, planejando e organizando as atividades com base no levantamento de diversos fatores que influenciam a sua escolha.

O ônibus é o meio de transporte mais utilizado em situações de deslocamento de grupos, quando se organiza a condução coletiva de pessoas para uma atividade de lazer, como passeios, viagens turísticas, viagens pedagógicas, deslocamentos para clubes recreativos, colônias de férias, acampamentos, retiros religiosos e grupos de imersão. Em todos esses casos, é comum existir um momento de descontração no período em que as pessoas permanecem dentro do ônibus.

Com isso, o recreador deve pensar no que fazer nesse tempo ocioso de traslado, e as atividades realizadas nesse período devem fazer parte do planejamento e da programação, proporcionando integração, interação e convivência entre os passageiros, e ainda entre eles e os profissionais presentes (Barbosa, citado por Marcellino, 2010).

> O entretenimento durante um deslocamento, uma viagem ou um simples passeio transforma esse tempo enfadonho em um momento agradável e prazeroso. O objetivo principal aqui é tornar as distâncias mais curtas, fazendo uso de atividades recreativas e, assim, tornar o turista ou passageiro o ator principal do seu lazer.

Para tanto, assim como em todas as demais ocasiões de propostas de lazer, entretenimento e recreação, é necessário realizar um diagnóstico da viagem, ter um breve conhecimento do público, realizar a escolha do ônibus adequado e considerar todos os requisitos de segurança para os envolvidos.

O passatempo oferecido durante um deslocamento não se reflete apenas na atuação do profissional: um ônibus equipado pode ajudar muito nesse quesito, pois um aparelho de DVD, um equipamento de som ou até mesmo uma sala de jogos – no caso dos ônibus *double deck* –, principalmente para as viagens longas, faz diferença no atendimento prestado.

O trabalho de recreação dentro dos ônibus apresenta algumas **vantagens**, como: a proximidade entre os participantes, o número exato de envolvidos – ainda que possamos considerar a não participação de todos os passageiros, uma vez que essas atividades não devem ser obrigatórias – e a organização dos passageiros em duplas e equipes previamente separadas (lado direito e esquerdo, frente e fundos do ônibus, por exemplo).

Também podemos listar algumas **desvantagens** presentes no desenvolvimento de atividades dentro dos ônibus: a falta de espaços adequados, a restrição de algumas atividades pela dificuldade de locomoção nesse ambiente e o fato de que algumas pessoas podem passar mal ao desempenhar determinados tipos de atividades, principalmente se houver a necessidade de ler ou escrever no interior do ônibus em deslocamento. Outro aspecto que merece destaque é a posição do profissional que vai atuar diante do grupo, pois, para que conquiste a atenção dos passageiros ao aplicar as atividades recreativas durante o deslocamento, ele deve se colocar de frente para todos e de costas para a estrada, permanecer em pé no corredor ou mesmo de joelhos sobre uma poltrona, desequilibrando-se e sem muita visibilidade do trajeto que o ônibus está percorrendo. Assim, ele acaba não acompanhando as curvas e as freadas feitas pelo motorista, fato que oferece certo risco à sua segurança.

No que diz respeito à legislação brasileira do Sistema Nacional de Trânsito (SNT), é imprescindível sempre atentar para a segurança dos passageiros, que devem permanecer sentados e usando o cinto de segurança. Se o ônibus dispõe de sistema de som com microfone, isso é um fator que facilita as atividades, mas se não há esse equipamento, a distância até o último passageiro exige uma voz alta, com boa dicção, ou ainda que o profissional se coloque em pé no meio do corredor; essa é uma situação de ainda maior insegurança, pois, para conquistar a atenção e ser ouvido por todos, o recreador terá de se deslocar pelo corredor para acompanhar as atividades.

Um ônibus muito grande pode ser bonito e confortável, mas, para a realização de atividades recreativas, o tamanho pode ser um dificultador, pelo distanciamento entre os passageiros e pela dificuldade que o profissional terá para criar uma interação entre ele e os participantes.

As atividades escolhidas, normalmente, têm o objetivo principal de distrair os passageiros, sendo que as mais utilizadas são as de cantoria, os jogos de adivinhação, os desafios e os bingos. Porém, há inúmeras atividades que podem ser adaptadas para realização dentro de um ônibus.

> A seleção das atividades deve atender ao gosto da maioria dos participantes, mas deve-se ter respeito por aqueles que não querem ou não gostam de participar desse tipo de atividade.

Para a adequação das atividades selecionadas, Barbosa, citado por Marcellino (2010), lista alguns fatores que o profissional deve considerar, uma vez que influenciam diretamente na execução das atividades escolhidas:

- o período em que ocorrerá a viagem, bem como a duração do traslado;
- o destino e o objetivo da viagem;

- a análise social dos participantes (faixa etária, gênero, perfil profissional, motivações para a viagem etc.);
- o itinerário a ser seguido, ou seja, o tipo de rodovia, as velocidades permitida e possível em virtude das condições físicas e técnicas da estrada, o que pode facilitar ou dificultar o trabalho, como é o caso de estradas rurais, deslocamento em serras com curvas, tráfego pesado de caminhões ou tráfego intenso de carros.
- os recursos disponíveis dentro do ônibus (serviço de bordo, guias turísticos, microfone, televisores, aparelhos de som e de DVD).

Apesar de parecer simples proporcionar momentos de alegria e descontração a bordo de um meio de transporte como o ônibus, percebemos a existência de muitos detalhes que devem ser considerados para um trabalho que almeje o contentamento dos participantes. Por isso, é necessário que o profissional do lazer tenha atenção para esses detalhes, antecipando seu planejamento e suas ações e minimizando possíveis falhas.

13.1 Atividades recreativas a bordo

Existem várias atividades que podem ser adaptadas para execução em um espaço restrito. Sendo assim, apresentamos, nos tópicos a seguir, uma lista de atividades para serem desenvolvidas dentro de um ônibus.

13.1.1 Atividade recreativa a bordo: "Tic-tac, bum!"

→ Materiais – Um cronômetro para cada equipe, um dado, uma caixa de sapatos e uma lista de tarefas.

→ Formação – Os participantes são divididos em equipes, cada um em sua poltrona. Representados por um líder, tentam chegar juntos, no menor tempo possível, aos 31 pontos. Há a necessidade de um cronômetro para cada equipe marcar o tempo de execução das provas até chegar ao fim. O cronômetro é acionado sempre que for indicado o início da jogada daquela equipe.

→ Desenvolvimento – Depois de definida a ordem de jogo, o líder da primeira equipe lança o dado na caixa, e o número sorteado representa a tarefa que o grupo deve cumprir, a qual foi descrita previamente em uma lista. O tempo do cronômetro é parado somente quando a equipe consegue realizar a tarefa ou a declina. Cada equipe tem direito de declinar de cinco tarefas até o fim do jogo, mas são adicionados dois minutos ao tempo geral da equipe como multa. Cada equipe terá seu tempo cronometrado durante todo o jogo, acionando e parando o cronômetro durante as jogadas.

Na segunda jogada de cada equipe, aciona-se novamente o cronômetro a partir do momento em que o dado é lançado até o cumprimento da tarefa, e assim sucessivamente, até se chegar aos 31 pontos. O segundo número sorteado pelo dado é somado ao primeiro, como no exemplo: se, na primeira jogada, obteve-se 3 e, na segunda, 4, a casa da lista de tarefas será a de número 7. A tarefa número 31 é uma adivinhação definida antecipadamente, na qual consta um nome de uma personalidade para cada equipe, sendo que será divulgado somente o que a caracteriza (se é um super-herói, um atleta, um artista, um animal etc.).

Enquanto uma equipe joga, a outra aguarda a sua vez com o cronômetro parado. Se ambas as equipes atingirem o mesmo número de pontos, vence a equipe que o fizer no menor tempo cronometrado.

→ Lista de tarefas –
  → Cada pessoa da equipe deve falar o seu primeiro nome de trás para frente.
  → Alguém da equipe deve declamar um trava-língua.
  → Toda a equipe deve cantar um trecho de uma música de Roberto Carlos.
  → Toda a equipe deve coreografar uma música com a palavra *amor*.
  → A equipe deve apresentar um batom vermelho.
  → Alguém da equipe deve imitar uma pessoa famosa.
  → O líder deve dizer o nome de dez ossos do corpo humano.
  → Uma pessoa da equipe deve soletrar a palavra *diversão* de trás para frente.

As tarefas se sucedem dessa forma, até o número 31. Ao chegar nesse item, a equipe deve descobrir a sua personalidade, fazendo ilimitadas tentativas, e terá somente respostas "não" enquanto não acertar a personalidade destinada à sua equipe. O cronômetro será paralisado quando alguém da equipe acertar a personalidade.

Fonte: Adaptado de Mian, 2010, p. 54.

13.1.2 Atividade recreativa a bordo: "Fototeste"

> → Material – Cartões com fototeste, ou seja, cartões preparados antecipadamente com fotos dos olhos de artistas, personalidades importantes ou pessoas famosas, que sejam de domínio público e de conhecimento da maioria dos participantes.
> → Formação – Com os passageiros sentados em suas poltronas.
> → Desenvolvimento – Será selecionado um determinado número de cartões de fototeste, escolhidos conforme o público participante. A escolha dos cartões pode mudar conforme a idade e o perfil dos passageiros. Esses cartões são apresentados à dupla de passageiros nas poltronas. Quem apresentar as fotos computará os acertos e os erros, e vence a dupla que conseguir atingir o maior número de acertos.

Fonte: Adaptado de Cavallari; Zacharias, 2004, p. 128.

Conheça algumas variações dessa atividade:

- mostrar a foto para cada grupo, que tem um tempo determinado para acertar o personagem – nesse caso, a foto deve ser impressa em um cartão maior, para possibilitar a visualização por todos os passageiros;
- cada grupo recebe uma parte da foto da personalidade e tem um tempo determinado para tentar reconhecê-la; o grupo marca tantos pontos quantos personagens acertar. Os cartões podem ser confeccionados em grupo, ou seja, em cada cartão numerado, coloca-se uma série de olhos de personalidades, e a dupla preenche um gabarito com as respostas;

⇒ a imagem pode ser de outra(s) parte(s) do corpo além dos olhos, desde que faça alusão a alguma personalidade, como uma boca conhecida, uma orelha com algum diferencial, uma parte do corpo ou uma peça de roupa exclusiva de um artista, personalidade importante ou pessoa famosa.

> As fotos devem ser selecionadas com antecedência e ser de pessoas conhecidas pelo universo dos participantes.

13.1.3 Atividade recreativa a bordo: "Quiz"

→ Material – Lista pré-elaborada de perguntas.
→ Desenvolvimento – Essa é uma competição intelectual entre os passageiros, os quais podem responder às perguntas em duplas, separados pelas poltronas, ou em grupos; por exemplo: o grupo da frente e o dos fundos, ou de um lado e do outro do ônibus. Há também a possibilidade de se fazer a pergunta individualmente ou utilizando um microfone, apresentando-se a pergunta a todos os participantes ao mesmo tempo. Nesse caso, há a necessidade de que a resposta seja descrita pelos participantes em uma folha própria (gabarito). Após todas as perguntas serem lançadas, repetem-se as questões com a apresentação das respostas, para se verificar o número de erros e acertos dos participantes. Vence quem obtiver o maior número de acertos.

Fonte: Adaptado de Ribeiro, citado por Marcellino, 2010, p. 53.

Na mesma proposta, há a sugestão de Cavallari e Zacharias (2004), conhecida como "Loteria cultural", em que as perguntas elaboradas são de múltipla escolha, com alternativas de verdadeiro ou falso ou "a", "b", "c" e "d", mais ou menos como apresentamos a seguir:

- A maior altura de uma prova de saltos ornamentais em uma competição olímpica é a da plataforma de 10 m acima do nível da piscina.
  ( ) Verdadeiro.
  ( ) Falso.
- Qual é o país que tem a maior área em quilômetros quadrados (km^2)?
  a. Rússia.
  b. Canadá.
  c. China.
  d. Itália.

13.1.4 Atividade recreativa a bordo: "Chutômetro"

- Materiais – Folha para escrever os palpites e materiais, como pote de moedas, rolo de barbante, cartas de baralho; os materiais dependem do desafio a ser lançado.
- Desenvolvimento – Consiste em uma espécie de desafio de números, em que cada participante pode dar o seu palpite e registrar em uma folha a quantidade que estima. Vence quem chegar mais próximo da resposta correta. Também pode ser coletado o palpite da dupla.

↦ Exemplos de perguntas
  → Qual o valor em moedas que há dentro do pote?
  → Quantos metros de barbante existem no rolo?
  → Qual é a altura da Torre Eiffel?
  → Quantas cartas de baralho há neste maço?

Essa atividade é interessante para a aproximação do profissional com os passageiros, uma vez que existe a necessidade de se passar de banco em banco para o preenchimento do palpite na folha. Nessa dinâmica, o profissional estabelece contato visual e se aproxima dos participantes, apresentando-se e passando a conhecer cada um pelo nome.

Além disso, essa atividade possibilita múltiplas variações, ao se solicitar o palpite em diversos temas, envolvendo conhecimentos sobre determinados assuntos, e também o simples palpite sobre um tema desconhecido. Ela é de fácil execução e pode ser utilizada com todas as faixas etárias, adaptando-se os temas das perguntas apresentadas.

13.1.5 Atividade recreativa a bordo: "Desafio das siglas"

→ Materiais – Cartões impressos com as siglas e folhas para registro das respostas.
→ Formação – Em grupos ou em duplas, com os passageiros utilizando como parceiro(a) a pessoa sentada a seu lado.
→ Desenvolvimento – Os participantes devem desvendar o significado de algumas siglas. São entregues cartões com as siglas impressas e uma folha para as respostas.

> → Exemplos de siglas e suas respostas:
>   → 24 H do D: 24 horas do dia.
>   → 26 L do A: 26 letras do alfabeto.
>   → 7 D da S: 7 dias da semana.
>   → 7 M do M: 7 maravilhas do mundo.
>   → 12 S do Z: 12 signos do zodíaco.
>   → 66 L da B: 66 livros da Bíblia.
>   → 60 M em 1 H: 60 minutos em 1 hora.
>   → 365 D no A: 365 dias no ano.
>   → 12 M no A: 12 meses no ano.
>
> Em razão da complexidade no entendimento das siglas, essa atividade é direcionada a públicos com idade acima de 15 anos.

Fonte: Adaptado de Ribeiro, citado por Marcellino, 2010, p. 141.

13.1.6 Atividade recreativa a bordo: "Jogo do 'quem tem?'"

- Material – Lista previamente preparada de solicitações.
- Formação – Com os participantes divididos em duas equipes, com um representante cada.
- Desenvolvimento – É anunciado um item, e a equipe que entregar em primeiro lugar o objeto, pelas mãos do líder, marcará o ponto. Vence a equipe que fizer o maior número de pontos. Um detalhe: esse representante não poderá ficar em pé; ele deve estar sentado na primeira poltrona, e o objeto solicitado deve ser passado para frente pelos companheiros

de equipe, de mão em mão, até chegar nas mãos do representante, que o entrega ao animador.

- Exemplo de lista de solicitações –
    - Quem tem uma caixinha de hastes flexíveis (cotonetes)?
    - Quem tem uma caneta com tinta vermelha?
    - Quem tem uma escova de dente azul?
    - Quem apresenta uma foto 10 cm × 15 cm em que aparece um membro da equipe?
    - Quem faz aniversário mais próximo da data de hoje? (aqui, é necessário apresentar um documento que o comprove)
    - Quem tem o maior número de chaves no mesmo molho?
    - Quem tem um óculos de sol?
    - Quem tem um pacote de bolachas recheadas de chocolate?
    - Quem tem uma moeda de R$ 1,00?
    - Quem tem um cartão telefônico?
    - Quem tem um abridor de garrafas?
    - Quem tem uma lixa de unha?
    - Quem tem uma chupeta?
    - Quem tem um comprimido?
    - Quem tem um grampo de roupas?
    - Quem tem uma pomada?
    - Quem tem uma caixa de fósforos?
    - Quem tem uma medalha?
    - Quem tem um colírio?

É necessário combinar com os passageiros que os objetos solicitados devem chegar às mãos do representante da equipe sem ser lançado, ou seja, deve ser passado de mão em mão entre os participantes até chegar ao representante, para que este o entregue ao recreador, que computará o ponto para a equipe.

São inúmeros os exemplos de atividades que poderíamos descrever, mas o nosso propósito de apresentar essas possibilidades práticas é mostrar que o trabalho a ser desenvolvido depende muito do profissional que planejará tal atuação.

Temos enfatizado um alerta para todas as situações de oferta de lazer, entretenimento ou recreação: na maioria das situações, as várias atividades não dependem de estrutura ou de equipamentos sofisticados, mas, sim, de uma atitude propositiva do profissional do lazer. Ou seja, independentemente da restrição de espaços, as propostas de trabalho de sucesso na recreação dependem muito mais da atuação profissional do que de outros fatores. Assim, uma interferência profissional nos diversos ambientes que mencionamos neste capítulo avaliará uma possibilidade maior de o resultado alcançado ser positivo e, em decorrência disso, promoverá uma ação mais prazerosa aos envolvidos.

Nesse sentido, para que uma atividade ocorra com sucesso, alguns princípios devem ser considerados:

- Conquista da clientela – Um grupo de participantes integrados incorpora melhor uma atividade do que um grupo disperso.
- Compreensão dos objetivos gerais do grupo – Saber identificar as vontades do grupo auxilia a superar as expectativas.
- Motivação – É essencial que os profissionais estejam bem dispostos, para que a "energia positiva" contagie o grupo e as atividades ocorram de forma animada.
- Explicações claras e objetivas – O desenvolvimento das atividades flui melhor quando todos os integrantes sabem qual é o seu papel e o objetivo da atividade.

- Comunicação visual – Funciona como um estímulo para a realização das atividades, além de ser uma forma de divulgação.
- Segurança – Deve-se prevenir acidentes e atuar de forma para que eles sejam minimizados. Os riscos nas atividades devem ser sempre calculados, para que a integridade de todos os participantes seja preservada.
- Materiais adequados – Um material bem elaborado, de fácil manuseio, limpo e organizado, sempre chamará mais atenção dos participantes e serve de estímulo para a adesão dos interessados.

Mesmo as atividades que não necessitam de espaços mais amplos oferecem oportunidades ímpares de diversão aos participantes. É preciso termos cuidado e boa percepção para apresentar uma atividade adequada e, assim, agradar a maioria do público.

Síntese

O ônibus é um dos transportes terrestres mais utilizados para conduzir grupos em situações de lazer. Esse tempo despendido nos traslados pode ser mais bem aproveitado quando há a possibilidade de intervenção profissional, que pode oferecer uma programação de atividades recreativas a fim de integrar os passageiros, motivá-los à participação ou ocupar um tempo que seria ocioso durante o trajeto.

Com base no levantamento de diversas variáveis, propusemos alguns referenciais que auxiliarão o profissional a programar adequadamente esse tempo de lazer, entretenimento e recreação a bordo, preenchendo-o com atividades recreativas e proporcionando momentos agradáveis no decorrer do deslocamento.

Questões para revisão

1. O entretenimento durante um deslocamento, uma viagem ou um simples passeio transforma esse tempo enfadonho em um momento agradável e prazeroso. Seu objetivo principal é tornar as distâncias mais curtas a partir das atividades recreativas propostas e, assim, tornar o turista ou passageiro o ator principal do seu lazer. Nesse sentido, relacione as vantagens (A) e as desvantagens (B) de se realizar atividades de recreação dentro de um ônibus.

   A. Vantagem.
   B. Desvantagem.
   ( ) Espaço disponível.
   ( ) Proximidade entre os participantes.
   ( ) Organização dos passageiros em duplas.
   ( ) Locomoção dentro do ônibus.
   ( ) Posição do profissional que vai atuar diante do grupo.
   ( ) Número exato de envolvidos.

Assinale a sequência correta:
   a. B, B, B, A, A, A.
   b. A, B, A, B, B, A.
   c. A, B, B, A, A, B.
   d. B, A, A, B, B, A.

2. Assinale com verdadeiro (V) ou falso (F) as afirmações a seguir.
   ( ) O traslado deve ser sempre uma parte integrante da programação de atividades de lazer.
   ( ) A fim de proporcionar maior integração, devemos envolver o motorista em todas as atividades recreativas propostas.
   ( ) O profissional de lazer deve desenvolver as atividades recreativas sem se descuidar do caminho que o ônibus está percorrendo.
   ( ) O profissional deve investigar o tipo de rodovia escolhida pelo motorista, para depois propor as atividades recreativas.

   Assinale a sequência correta:
   a. F, F, F, V.
   b. V, V, V, F.
   c. V, V, F, F.
   d. F, F, F, F.

3. Para a adequação das atividades selecionadas, existe uma lista de fatores que o profissional deve considerar, pois eles influenciam diretamente na execução das atividades escolhidas. Nesse sentido, cite os fatores que devem ser levados em consideração para a formatação de atividades de lazer durante os deslocamentos.

4. Que equipamentos podem auxiliar o profissional de lazer em sua programação recreativa a bordo de um ônibus de turismo?

5. Considerando o desenvolvimento de atividades recreativas dentro de um ônibus de turismo, analise as afirmativas a seguir.

   I. No momento da atividade recreativa, não há problema em propor o deslocamento dos passageiros no interior do ônibus.
   II. Para atuar com segurança, o profissional deve escolher as atividades por suas preferências individuais.
   III. É importante propor atividades competitivas entre o fundo e a frente do ônibus, pois já existe uma separação natural.

   Assinale a alternativa correta:
   a. Somente as afirmativas I e III estão corretas.
   b. Somente a afirmativa II está correta.
   c. Todas as afirmativas estão corretas.
   d. Todas as afirmativas estão incorretas.

Questão para reflexão

Entre os passageiros que estão em uma viagem de turismo, há pessoas que têm interesses diferentes. Como direcionar o trabalho recreativo respeitando os passageiros que preferem dormir ou não participar das propostas recreativas?

> **PARA SABER MAIS**
>
> MIAN, R. **Ônibus de turismo**: profissionalismo a bordo. Jundiaí: Fontoura, 2010.
>
> Se você se interessa pelo trabalho de recreação desenvolvido durante o deslocamento em diferentes meios de transporte, leia esse livro, que apresenta dicas práticas referentes à escolha ideal do ônibus, os tipos de turistas a bordo, os cuidados especiais em diferentes situações que ocorrem em viagens, além da descrição de mais de 200 atividades recreativas que podem ser propostas nesse ambiente.

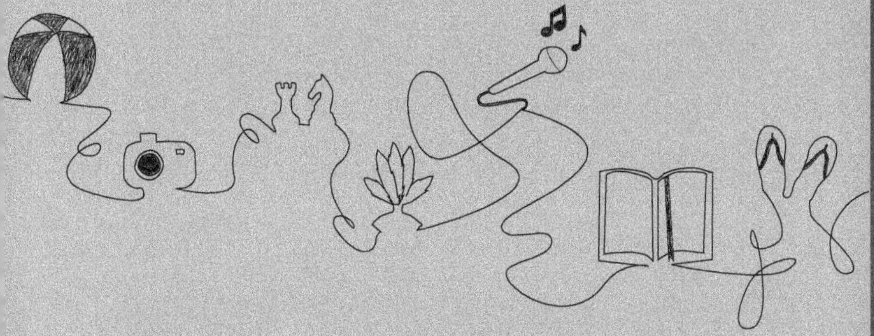

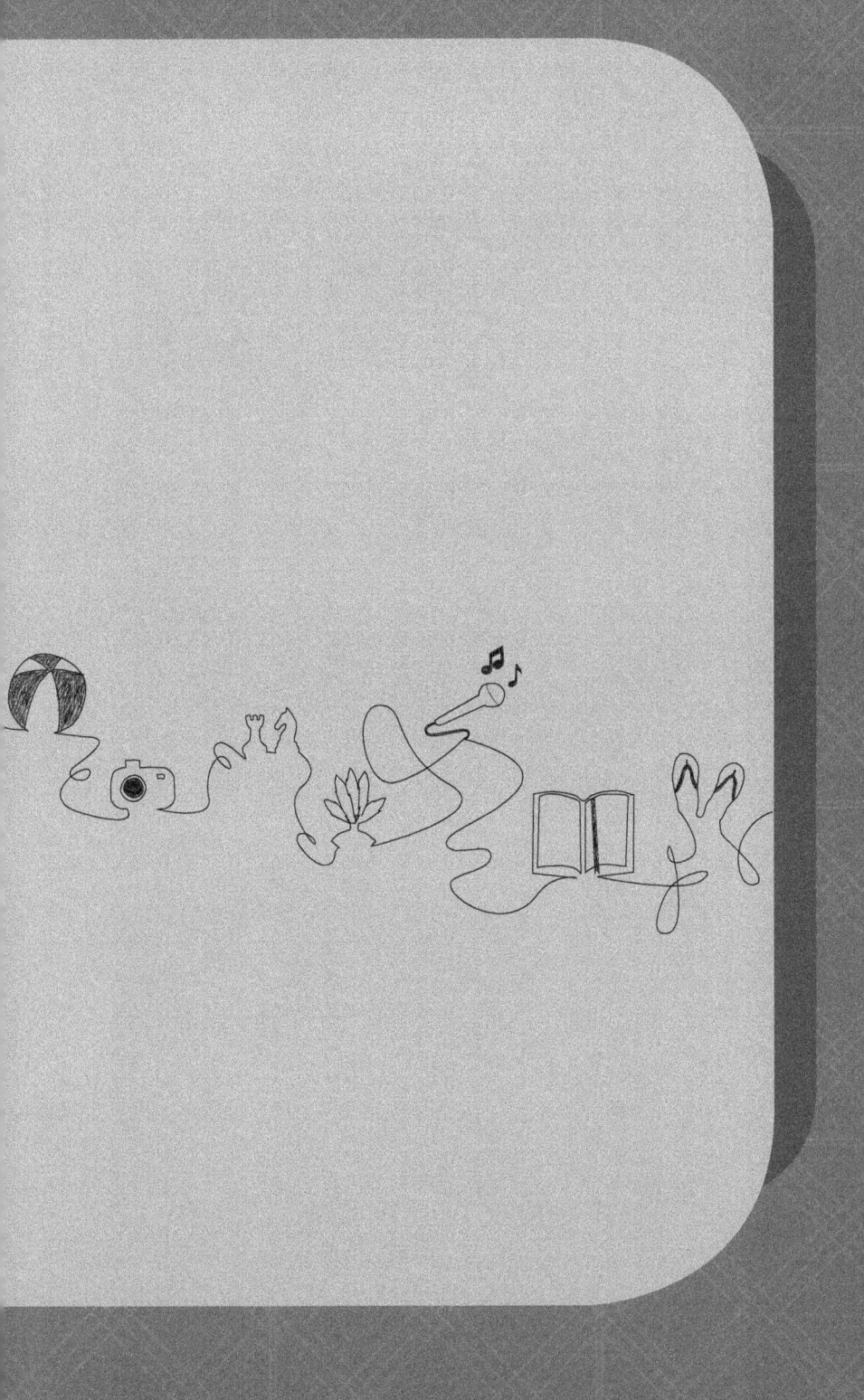

RECREAÇÃO PARA GRUPOS ESPECIAIS

CAPÍTULO 14

CONTEÚDOS DO CAPÍTULO

→ Programação de atividades de lazer, entretenimento e recreação para pessoas com necessidades especiais.
→ Recreação que inclui pessoas com deficiência.
→ Recreação para idosos.

APÓS O ESTUDO DESTE CAPÍTULO, VOCÊ SERÁ CAPAZ DE:

1. atender com profissionalismo e garantir oportunidades de vivência do lazer para todos, especialmente pessoas com deficiência e idosos.

Quando propomos uma ação, um programa, um projeto ou um evento de lazer, podemos direcionar as atividades para determinados grupos, atendendo a uma clientela específica. Porém, em muitas oportunidades da oferta do lazer, faz-se necessário expandir essa ação, uma vez que a participação de pessoas com necessidades especiais, por exemplo, tem aumentado a cada dia.

Esse pensamento de facilitar o acesso aumenta as possibilidades de participação das pessoas, fazendo com que aquelas que foram por tanto tempo excluídas das oportunidades do lazer, atualmente queiram e busquem participar desses momentos. Com isso, não podemos deixar de considerar a possibilidade da participação de todos, indistintamente, o que nos faz repensar algumas práticas, como adaptar os locais, as propostas e os materiais utilizados, além de capacitar os profissionais para que realizem o atendimento adequado.

Podemos considerar como pertencentes a grupos especiais todos os participantes que apresentem necessidades decorrentes do contexto de vida, particularmente as características da incapacidade. Assim, integram essa lista as **pessoas com deficiência**, às quais são garantidas as possibilidades de exercer e usufruir de suas funções, seus direitos e deveres sociais; **pessoas com determinadas restrições**, como as da **terceira idade** que, muitas vezes, têm dificuldade de se deslocar por problemas ósseos ou musculares, dificuldade de entendimento pela audição debilitada ou pelo não uso da sua capacidade intelectual.

As pessoas **obesas** que têm dificuldade de locomoção também fazem parte dessa lista, bem como os **cardiopatas**, hipertensos e **diabéticos**, ou pessoas acometidas por outras doenças que lhes impõem restrições físicas.

É importante mencionarmos que as pessoas pertencentes a grupos especiais necessitam de liberação médica para desempenhar atividades sistemáticas. Enquanto os grupos de pessoas em plenas condições físicas não dispensem totalmente de atenção, os grupos especiais de que tratamos aqui sempre exigem maior atenção em relação a essas atividades, em especial quanto a suas condições de saúde.

> Assim, o profissional envolvido com a área do lazer deve considerar todas as possíveis clientelas para elaborar suas propostas, atendendo com profissionalismo a todos esses públicos e garantindo oportunidades da vivência do lazer para todos os segmentos.

Segundo dados da Organização das Nações Unidas (ONU, 2014), aproximadamente 10% de qualquer população são portadores de algum tipo de deficiência. Atualmente, o Brasil tem mais de 180 milhões de habitantes, logo, cerca de 18 milhões de brasileiros têm algum tipo de deficiência. Desse total, 50% são portadores de deficiência mental.

Apesar desses dados alarmantes e que necessitam de atenção e prioridade, além das pessoas com deficiências, há outras oportunidades de inclusão que devem ser consideradas no momento de planejarmos o lazer, no que diz respeito às particularidades que comprometem a participação, tais como: estrangeiros com dificuldade no entendimento da língua, comunidades carentes, classes minoritárias, grávidas, hospitalizados, presidiários ou pessoas em situação de confinamento (correcionais) e dependentes químicos.

> **QUESTÃO PARA REFLEXÃO**
> Todas as pessoas que apresentam as necessidades que mencionamos anteriormente têm direito ao lazer, certo? Sendo assim, como poderíamos oferecer-lhes oportunidades de diversão?

As políticas públicas de lazer desenvolvidas em todas as esferas do governo (municipal, estadual e federal) devem visar ao acolhimento e à oferta para todos, indistintamente, procurando enfatizar atitudes como o respeito às diferenças, a crença no potencial humano, a descoberta de possibilidades e a superação das dificuldades (Munster, citado por Schwartz, 2004), a fim de fornecer condições para garantia da igualdade de oportunidades. Vamos tratar desse tema mais especificamente no último capítulo desta obra.

14.1 Recreação que inclui pessoas com deficiência

No decorrer desta obra, temos enfatizado o quanto é necessário inserir momentos de lazer na vida de todos os seres humanos, destacando aqui essa noção de *todos*, a fim de anular qualquer possibilidade de distinção, exclusão ou restrição. Assim, isso significa dizer que o lazer também é possível e uma necessidade na vida das pessoas com deficiência. Portanto, é uma obrigação a inclusão de atividades de recreação para pessoas pertencentes a grupos com diferentes necessidades especiais e que seja permitida a efetiva participação destes na sociedade e sua inclusão em qualquer contexto social. É necessário compreendermos, inclusive, que as propostas de lazer, entretenimento e recreação também são as mesmas; o que muda são as condições com que essas atividades chegam até essas pessoas, as técnicas de aplicação e o treinamento profissional, o que fará toda a diferença.

A finalidade aqui é adequar as práticas, a fim de garantir e permitir que todas as pessoas tenham participação em propostas de lazer e recreação. A adaptação que deve acontecer é uma variação das estratégias e das metodologias de trabalho, considerando-se a possibilidade de atender às necessidades de cada indivíduo. Para isso, é importante propormos alguns ajustes que tornem possível a inclusão e o envolvimento legítimo da pessoas que apresentam alguma necessidade especial na realização das atividades.

Dessa forma, se o profissional atuante deseja propor uma atividade de pintura ao seu grupo de crianças, e entre elas existe uma que apresenta deficiência motora, a qual aparentemente a impede de realizar essa tarefa, devem ser utilizadas estratégias de apoio para tornar essa atividade acessível também a ela. Nesse caso, se a criança não consegue se juntar às demais no chão, basta convidar todas as outras para que se sentem em uma grande mesa.

> Como profissional, em vez de uma folha de papel sulfite, você pode oferecer à criança um papel maior e mais grosso, como a cartolina, e fixá-lo sobre a mesa com o auxílio de fita adesiva, o que ajuda muito se a criança não pode contar com o uso total de suas mãos. Pode ser que você precise oferecer um pincel mais grosso a essa criança, pois, assim, sua apreensão se torna mais fácil, ou que seja necessário fixar o pincel à mão da criança, envolvendo-a com uma faixa. Por fim, é possível que essa criança prefira segurar o pincel com a boca.
> Como podemos perceber, embora simples, tais adaptações permitem a participação dessa criança nas atividades e, por isso mesmo, fazem a diferença.

Essas mesmas pessoas que pertencem a grupos especiais e que foram menosprezadas no passado, na sociedade atual são muito mais ativas e participativas. A sua inclusão na rotina das atividades ditas "normais" tem sido concretizada cada vez mais, e isso também ocorre nos momentos de lazer.

Por isso, é importante distinguirmos as necessidades dos grupos a serem atendidos para que seja possível oportunizar a sua participação e reconhecer as suas diferenças, garantindo, assim, a fruição do seu lazer. Diante disso, o conhecimento das necessidades individuais, o estudo e a informação sobre as características daqueles que as têm, o treinamento dos profissionais e a adaptação dos ambientes são necessários e proporcionarão um trabalho com qualidade, em todas as ocasiões.

Para Munster, citado por Schwartz (2004, p. 140), especialmente "a pessoa com deficiência, já prejudicada por ser considerada fora dos 'padrões estabelecidos de normalidade', ou por não ser respeitada em suas diferenças, ainda fica exposta a todos os outros fatores que podem restringir ainda mais o seu acesso ao lazer."

Assim, garantir que, nos momentos de lazer e descanso, aconteça mesmo a satisfação e a vivência de um período agradável para esse público – e não de cansaço e constrangimento – é o mínimo que podemos considerar ao pensarmos em uma melhor oferta.

A oferta de atividades recreativas para pessoas com deficiência não difere das comumente realizadas em programas de recreação e, por respeitar as diferentes restrições de cada tipo de deficiência, o correto seria falarmos em atividades de recreação que "incluam" a pessoa nessa situação. No momento do planejamento, deve-se ter cuidado e realizar as adaptações metodológicas necessárias à proposta das atividades, em relação às orientações de participação, aos materiais e equipamentos utilizados, ao espaço físico e às regras de desenvolvimento da atividade e, por último, aos cuidados especiais para que todos tenham a oportunidade de participar.

14.2 Recreação para idosos

A Organização Mundial da Saúde (OMS) classifica cronologicamente como idosos as pessoas com mais de 65 anos de idade em países desenvolvidos e com mais de 60 anos de idade em países em desenvolvimento. No Brasil, a população idosa tem aumentado de forma progressiva: a estimativa para 2020 é de 30 milhões de idosos, o que representa quase 13% da população brasileira (IBGE, 2002).

Apesar de grande parte de esse público ter suas habilidades limitadas pelo tempo vivido, o que é ocasionado por mudanças físicas e emocionais, sua busca pela qualidade de vida tem sido evidente. Diversos fatores têm influenciado essa manifestação, como o avanço da medicina, o aumento da expectativa de vida e as políticas públicas que garantem os seus direitos. Como resultado desse processo, vemos que os idosos são cada vez mais estimulados a conquistar uma vida com maiores e melhores condições.

> Nessa perspectiva, "vovós" sentadas na cadeira de balanço fazendo crochê ou "vovôs" jogando dominó na praça com os amigos são situações cada vez mais raras. Atualmente, uma grande parcela daqueles que chegam a essa etapa de vida tem energia, disposição e quer aproveitar da melhor forma todos os momentos, inclusive e prioritariamente os momentos de lazer.

A oferta de atividades para o público idoso em situações de lazer tem aumentado, justamente por ser uma clientela garantida, promissora e fiel. Empresários do setor do lazer têm investido em atividades para os idosos, oferecendo serviços criados "sob medida" ou adaptados para garantir a sua segurança, e também considerando as suas dificuldades.

Os conhecidos **grupos da terceira idade** vêm se proliferando e ganhando cada vez mais espaço na sociedade, em razão da procura pela atração de estar junto com outros e a possibilidade de vivenciar momentos de prazer, encontrando-se nesses grupos espaço para ser ouvido, ser aceito, ter o afeto retribuído, entre outros fatores (Santos Filho, citado por Schwartz, 2004).

Ao propormos atividades para um grupo de idosos, é necessário procurarmos saber quais são os seus interesses, o que gostam de fazer e se gostariam de experimentar atividades novas. Atualmente, existem diversas possibilidades de adaptação para incluir os idosos nas programações dos diferentes equipamentos de lazer, pois, embora haja uma classificação por idade cronológica e algumas características dessas pessoas sejam semelhantes, existem distinções das possibilidades, das necessidades, dos níveis de satisfação e de expectativas de participação em cada atividade proposta, sendo necessário investigar e respeitar as peculiaridades de todos.

> É preciso que as atividades oferecidas, além de serem significativas, proporcionem estimulação física, cognitiva e social. Para isso, um ambiente acolhedor, seguro e coerente com as expectativas e as necessidades dos idosos participantes garantirá a sua inclusão. O lúdico, sempre presente na oferta do lazer, é um importante recurso que garante a adesão dos idosos às propostas do lazer.

Ao oferecer as propostas de lazer, entretenimento e recreação para o público idoso, é preciso valorizarmos a execução de atividades lúdicas, a fim de propiciar a integração social, pois o idoso necessita e estima a atividade em grupo, pela participação em atividades físicas e culturais. Há certas restrições à aceitação do novo, bem como dos erros e acertos de outras pessoas, mas não existe tanta dificuldade de se expor e valorizar mais a participação que os resultados.

Ao trabalhar com essa clientela, é importante que o profissional disponha de certa dose de atenção e carinho no tratamento com as pessoas idosas, mas ele também deve se atentar para não infantilizar essa postura. O cuidado e a prudência se devem às alterações físicas, mas o idoso não se sente confortável ao ser rotulado como incapaz ou dependente, como é o estereótipo comum da sociedade sobre a imagem dessa faixa etária. Isso significa que, em linhas práticas, ao se referir ao idoso, é necessário atentar-se para que ele não receba as informações como se não tivesse condições de realizar aquela atividade sozinho, como uma criança, com a qual utilizamos as palavras no diminutivo, por exemplo: "me dê sua mãozinha", "suba a escadinha", "vamos fazer uma brincadeirinha". Ao contrário, o profissional deve exaltar a imagem de autonomia e independência, dentro das possibilidades que cada um ainda apresenta.

Ao atuar com profissionalismo, compreendendo as diferenças e promovendo o lazer com seriedade, o profissional induz a participação ativa do idoso, o qual se sentirá incluso nas propostas – o que evidencia uma postura positiva, animada, saudável e motivada pela busca de melhores condições de vida.

Inúmeras atividades têm sido oferecidas com sucesso a esse público, o que contribui para a diversão e a ocupação sadia do tempo de lazer, com a oferta de programações específicas em determinados equipamentos, como hotéis e cruzeiros marítimos, e em diversas esferas de atuação dos órgãos públicos, que disponibilizam espaços e atividades adaptadas para todos os gostos e possibilidades.

Veja a seguir algumas das atividades de recreação que são adequadas e podem ser adaptadas para o público da terceira idade:

- esportes (adaptações);
- atividades artesanais e trabalhos manuais, bricolagem;
- cinema, teatro, *shows*, dança, bate-papo, festas, reuniões, passeios;
- atividades na natureza;
- excursões, viagens, piqueniques;
- jogos de salão e de mesa;
- dinâmicas recreativas.

As dinâmicas que estimulam a convivência e fortalecem os relacionamentos são exemplos de atividades recreativas a serem promovidas com idosos, como a atividade chamada "Procure o seu par", a qual apresentamos a seguir.

14.2.1 Recreação para idosos: "Procure o seu par"

- Materiais – Cartões com diferentes imagens de animais ou cartões coloridos e música para descontrair o ambiente.
- Formação – Os cartões devem estar espalhados pelo local.
- Desenvolvimento – Cada participante receberá um cartão e, ao sinal, deslocando-se no ritmo da música, deverá encontrar seu par ou seu grupo, que corresponde à família dos animais ou às cores semelhantes. Após encontrá-lo(s), os participantes devem se apresentar ou falar sobre um tema estipulado para, depois, um apresentar o outro ao grande grupo.

Fonte: Adaptado de Santos Filho, citado por Schwartz, 2004, p. 161.

As atividades recreativas direcionadas ao público idoso devem, preferencialmente, provocar a integração e a cooperação. Em contrapartida, a competitividade individual deve ser evitada. Ao trabalharmos com essa faixa etária, devemos criar oportunidades para que os participantes realizem novas experiências, estimulando sua autonomia e respeitando suas limitações. Todas as escolhas de atividades de lazer, entretenimento ou recreação devem ser programadas conforme um diagnóstico das possíveis necessidades estabelecidas no local ou para a execução das atividades. Na maioria das situações, pequenas adaptações à prática resolvem essas diferenças. Porém, para isso, exige-se que a organização seja planejada e que a programação seja elaborada para qualquer ação que vise a atender aos objetivos definidos.

Os programas oferecidos que podem ser adaptados devem propor ações coletivas, visando ao atendimento das demandas específicas, reconhecendo e respeitando as diferenças e não deixando de atender a ninguém. Ao adaptar as atividades por meio do lúdico, com a recreação, tem-se facilidade de proporcionar momentos de descontração e entretenimento, minimizando as dificuldades de participação.

Muitas vezes, a adaptação que é necessária para o desenvolvimento de determinada atividade não é tão complexa, mas, para que o profissional compreenda isso, é necessário que procure informações relativas às especificidades e tenha interesse pelas possibilidades, informando-se a respeito dos cuidados especiais, da orientação quanto às formas de participação e das ameaças que devem ser evitadas, além de consultar a literatura especializada na área das deficiências ou das necessidades de determinados grupos.

Entre os principais empecilhos encontrados estão as dificuldades ocasionadas pela arquitetura. Como a preocupação de inclusão é relativamente recente, muitos espaços, equipamentos e ambientes não estão preparados e não propiciam acessibilidade. Isso significa que uma das maiores barreiras encontradas no atendimento a grupos com restrições e, portanto, que necessitam de atenção especial no que tange ao acesso ao lazer, são as instalações físicas dos espaços e equipamentos que exigem certas adaptações.

Os participantes com dificuldade de locomoção, como os cadeirantes ou aqueles que se deslocam com a ajuda de muletas ou andadores, necessitam de acessibilidade, rampas, portas largas ou mesmo elevadores, em determinadas situações. A ausência de tais recursos restringe a participação de alguns e/ou inibe a presença em determinadas ocasiões, afastando essas pessoas da possibilidade de convívio social. Além de estarem sujeitos a barreiras sociais, existem barreiras arquitetônicas que os impossibilitam de se tornarem participativos. Porém, enfatizamos que de nada adianta haver rampas e elevadores de acesso, se não houver, por parte do profissional, boa vontade e disposição para um atendimento adequado a esse público.

Síntese

A opção por ocupações de lazer é um direito de todos, inclusive daqueles que foram excluídos por muito tempo desse tipo de programação, como as pessoas com deficiência, os idosos, as pessoas com restrições físicas (com dificuldade de locomoção, obesidade, cardiopatia, hipertensão, diabetes ou os acometidos por outras doenças. Portanto, os profissionais devem ser capacitados para melhor atender a todos, especialmente para assegurar a inclusão desses públicos em todos os contextos oferecidos.

Um exemplo claro se apresenta pelo envelhecimento da população brasileira, que é impulsionado pela queda da taxa de natalidade e pelos avanços da biotecnologia. Dessa forma, além de esse grupo se tornar mais numeroso a cada dia, ele também está mais saudável e ativo, o que faz jus à sua relevante participação nas diversas programações de lazer; o mesmo ocorre com as pessoas com deficiência, que se tornaram mais adeptas a vivências em diversos ambientes e ocupações de lazer.

Essas novas demandas exigem a promoção de acessibilidade aos espaços e equipamentos, adaptação às ofertas de atividades e capacitação dos profissionais que estão à frente dessas oportunidades.

Com isso, torna-se imprescindível que o profissional do lazer tenha uma visão otimista quanto a essa inserção de pessoas pertencentes a grupos especiais e reconheça os desafios destes, para então oferecer oportunidades de inclusão nas atividades de lazer, entretenimento e recreação.

Questões para revisão

1. Em muitas oportunidades da oferta de lazer, faz-se necessário expandir essa ação, uma vez que a participação de pessoas com deficiência tem aumentado cada vez mais. Com base no exposto, discorra sobre quem pertence a esses grupos denominados *especiais*.

2. Considerando o direito ao lazer para todos, analise as questões a seguir.
   I. O fator econômico é uma barreira para o acesso ao lazer.
   II. O tempo disponível para o lazer é desigual entre as diferentes classes sociais.
   III. As oportunidades desiguais de espaço são uma barreira para o acesso ao lazer.

   Assinale a alternativa correta:
   a. Somente as afirmativas I e III estão corretas.
   b. Somente a afirmativa II está correta.
   c. Todas as afirmativas estão corretas.
   d. Todas as afirmativas estão incorretas.

3. Quando se fala em *inclusão*, afirma-se que os sujeitos são plurais e que essa pluralidade deve ser valorizada e aceita nas suas peculiaridades. Considerando essa afirmação, avalie as sugestões de condutas a serem tomadas pelos profissionais do lazer.
   I. O profissional do lazer deve planejar e incentivar atividades próprias para meninas e outras para meninos, tomando uma postura protetiva e respeitando os aspectos culturais de cada gênero.
   II. Deve-se evitar a participação de pessoas com deficiência nas atividades recreativas, pois é preciso conscientizar-se de que práticas como essas reforçam a discriminação e a exclusão, ao invés de ampliar as possibilidades de intervenção com os sujeitos.
   III. O menor incentivo para as meninas praticarem atividades esportivas ocorre por questões naturais.

Assinale a alternativa correta:
- a. Somente as afirmativas I e III estão corretas.
- b. Somente a afirmativa II está correta.
- c. Todas as afirmativas estão corretas.
- d. Todas as afirmativas estão incorretas.

4. Sobre a programação de atividades de recreação que incluam as pessoas com deficiência, analise as considerações a seguir.
   I. As atividades de lazer e recreação são as mesmas, o que se alteram são as condições nas quais essas atividades chegam até as pessoas com certas restrições.
   II. Pensando em uma oferta melhor, o profissional deve se atentar para que, no momento de lazer, ocorra a vivência de um período agradável das pessoas com deficiência, e não de cansaço e constrangimento.
   III. Cabe ao profissional do lazer assegurar oportunidades de participação a todas as pessoas, indistintamente, apesar de que qualquer atendimento especializado seja necessário para tal.

É correto afirmar que:
- a. Somente as afirmativas I e III estão corretas.
- b. Somente a afirmativa II está correta.
- c. Todas as afirmativas estão corretas.
- d. Todas as afirmativas estão incorretas.

5. No que diz respeito ao lazer, todos têm o direito de desfrutá-lo? Quais são os aspectos a que as políticas públicas devem visar, para prover lazer a todas as camadas da sociedade?

Questão para reflexão

Na atualidade, as universidades e as demais instituições educacionais já estão iniciando um trabalho de formação na área de inclusão. Você se sente preparado para atuar com públicos em que estão inseridas pessoas com deficiência?

PARA SABER MAIS

OMS – Organização Mundial da Saúde; WB – The World Bank. Relatório mundial sobre a deficiência. São Paulo: SEDPCD, 2012. Disponível em: <http://www.pessoacomdeficiencia.sp.gov.br/usr/share/documents/RELATORIO_MUNDIAL_COMPLETO.pdf>. Acesso em: 4 ago. 2014.

A OMS e o Banco Mundial (BM) produziram em conjunto o *Relatório mundial sobre a deficiência*, com o objetivo de oferecer evidências a favor de políticas e programas inovadores, capazes de melhorar a vida das pessoas com deficiência. Esse documento explica o que é deficiência em toda a sua diversidade, além de apresentar questões sobre acessibilidade e formas de participação na educação de crianças com deficiência e discurtir sobre o mercado de trabalho para a pessoa com deficiência e muitas outras recomendações.

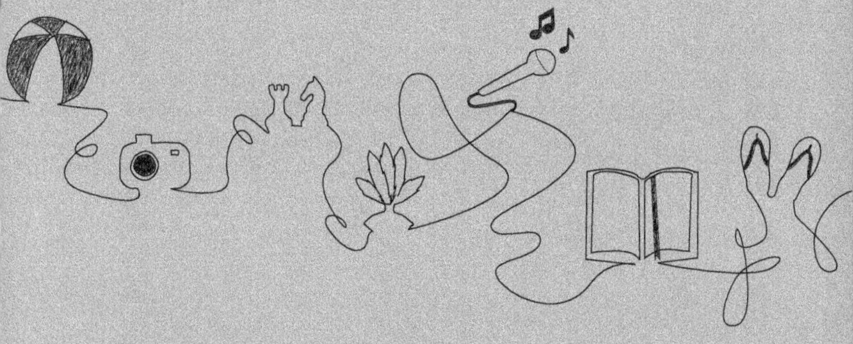

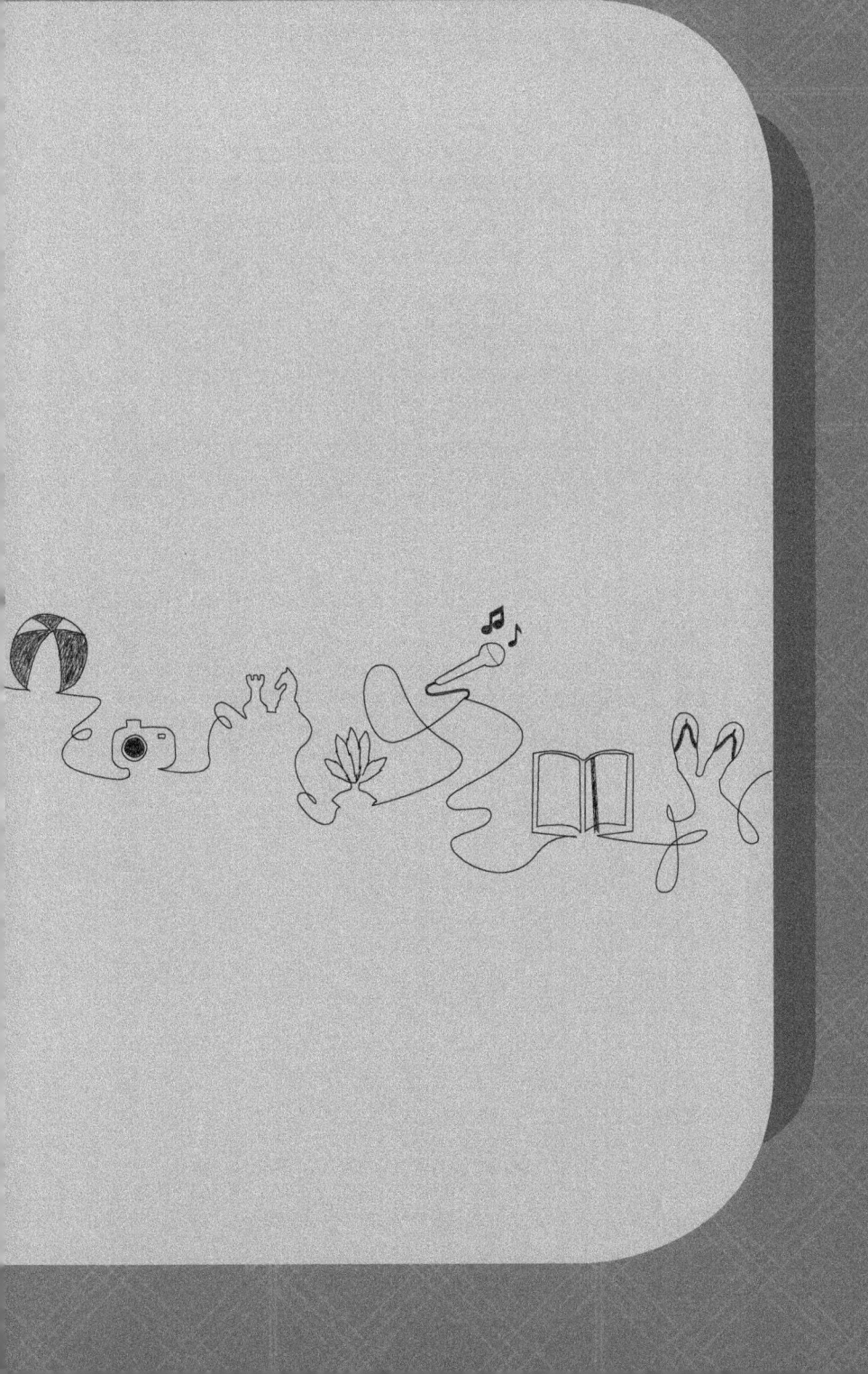

RECREAÇÃO EM HOTÉIS E NAVIOS

CAPÍTULO 15

CONTEÚDOS DO CAPÍTULO

→ Hotéis de lazer.
→ Opções de lazer na hotelaria.
→ Cruzeiros marítimos.
→ Opções de lazer a bordo de navios.

APÓS O ESTUDO DESTE CAPÍTULO, VOCÊ SERÁ CAPAZ DE:

1. reconhecer as possibilidades de ofertas de lazer que podem compor o quadro de programações de recreação e entretenimento em hotéis de lazer e cruzeiros marítimos;
2. planejar e organizar diferentes programações de lazer, considerando as diversas variáveis que compõem um hotel de lazer e um cruzeiro marítimo.

A intenção de estabelecermos opções de lazer, tanto em cruzeiros como em hotéis, é a mesma: manter os hóspedes satisfeitos, por meio do oferecimento de entretenimento e descontração e, assim, fazer com que eles permaneçam hospedados por mais tempo.

Para Campos (2003),

> As alternativas de lazer no contexto turístico e hoteleiro são atrativas e de forte impacto promocional junto a nichos emissores de turistas. Andrade (2001) coloca que a maior parte dos lucros financeiros e do progresso do turismo depende do mercado do lazer, que funciona em quase todas as circunstâncias integrando as programações turísticas e hoteleiras.

Atualmente, tanto o cruzeiro quanto o hotel de lazer que não oferecerem esses serviços de entretenimento estão fadados ao insucesso perante a concorrência, que possivelmente oferece esses serviços – eles não são mais apenas um diferencial de mercado, mas uma exigência de turistas que buscam hospedagem, curta ou longa, justamente pela promessa de descanso, entretenimento e diversão por meio de vivências lúdicas. Em razão dessa grande concorrência, satisfazer não apenas as necessidades de lazer, mas também as expectativas e, se possível, superá-las, passou a ser o diferencial dos hotéis de lazer e dos cruzeiros marítimos.

> No âmbito do lazer, a oferta de entretenimento e recreação na hotelaria e em cruzeiros atualmente abre espaço para um grande contingente de profissionais, como **consultores**, **gestores** e **monitores de recreação**, ampliando assim o atendimento especializado no setor.

O pacote de serviços que pode ser oferecido nesses equipamentos é bastante diversificado, uma vez que o investimento atual é alto e qualificado, disponibilizando-se desde simples salas de jogos, quadras esportivas e piscinas até espaços específicos para determinadas modalidades, como uma parede de escalada ou uma quadra fechada de *squash*. Essas variações se tornam necessárias em virtude da grande variedade de hóspedes que procuram por esses serviços.

Apesar de ser comum associarmos a diversão à infância, nesses ambientes propícios ao lazer tornou-se corriqueiro o envolvimento de todas as faixas etárias nas atividades recreativas. Nessa perspectiva, é possível reunir um público heterogêneo, o qual possivelmente apresentará altos níveis de satisfação, posto que lhe é oferecido a melhor relação custo-benefício para uma estadia de lazer.

Tanto no caso do hotel como no do cruzeiro, para satisfazer os hóspedes, devem ser previstas atividades para ambos os sexos, para as diversas faixas etárias e para pessoas de gostos, interesses e culturas diferentes. Na maioria desses ambientes, quase todas as atividades de lazer oferecidas estão incluídas no valor do pacote, mas, conforme a especificidade ou necessidade de locação de equipamentos, algumas atividades, como esqui ou mergulho, podem ser cobradas separadamente. A principal estratégia é criar alternativas que façam com que o hóspede deixe o conforto das instalações em busca da realização de outras necessidades.

15.1 Hotéis de lazer

Grandes oportunidades para oferecer o lazer, o entretenimento e a recreação são encontradas nos hotéis, locais em que se concentra uma grande porcentagem de pessoas com a intenção de buscar ocupações que despertem bem-estar, ao empregarem o seu tempo disponível com o próprio lazer. Um hotel de lazer geralmente está repleto de homens, mulheres, casais, famílias e grupos de pessoas que dispõem de tempo para investir no seu prazer, a fim de se entreter e suavizar as tensões da rotina.

Atualmente, a grande maioria dos hotéis disponibiliza uma ampla gama de atividades e profissionais especializados – com formação diversificada – em promover esses momentos de bem-estar, investindo recursos na ampliação dos serviços e criando diferenciais no atendimento e na recepção daqueles que os procuram.

As programações de lazer que os hotéis oferecem se diferenciam por sua **tipologia**, pois se adéquam às peculiaridades locais e categorias, principalmente em função dos equipamentos disponíveis, das expectativas dos hóspedes e, consequentemente, das atividades que serão oferecidas.

Apesar de, na maioria dos empreendimentos hoteleiros, o objetivo do lazer ser o de preencher a estadia do hóspede com atividades prazerosas, inserindo o estímulo ao descanso, ao entretenimento e à descontração, as ofertas de um hotel de praia, por exemplo, diferem da programação oferecida em um hotel de campo ou fazenda, um *resort*, um *lodge*, um *spa* ou ainda de uma estância hidromineral.

Atualmente, um dos principais diferenciais oferecidos na hotelaria é a recreação, tendo sua demanda aumentada pela concorrência, inclusive em hotéis de negócios ou de eventos. Considerando a sazonalidade, é comum que hotéis de lazer se ocupem de outros objetivos, como eventos e negócios nos períodos de baixa frequência, o que valoriza muito a oferta desses serviços com uma equipe de recreação.

De qualquer forma, como tem aumentado a quantidade de serviços de lazer na hotelaria, passou-se a ser requisitada de mão de obra mais qualificada, principalmente pelas oportunidades e possibilidades de profissionalização atuais.

No que diz respeito ao espaço físico, aos materiais e à faixa etária da clientela, as atividades que serão oferecidas devem ser planejadas respeitando todos esses elementos. Por causa da concorrência, atualmente exige-se uma maior diversificação dos serviços oferecidos, os quais devem acompanhar as novas tendências do mercado. Nesse sentido, é primordial investir na qualidade dos serviços prestados, nos materiais, na estrutura física e no pessoal.

Cada hotel deve considerar o perfil dos usuários e o seu nível socioeconômico, bem como o tempo, o período e o clima durante a estadia, além das características da clientela que se hospeda em dias de semana – que pode ser diferente daquela que procura o hotel em finais de semana ou feriados prolongados –, para, então, adequar a programação e oferecer o serviço mais próximo das expectativas da demanda. Deve-se considerar ainda a possibilidade de existirem hóspedes que não têm interesse pela intervenção do serviço especializado da recreação. É necessário respeitar a privacidade de cada hóspede, que, muitas vezes, pode estar buscando apenas descanso, contemplação da natureza ou atividades calmas e individuais, não desejando participar da programação que o hotel disponibiliza.

Nesse sentido, é importante que o hotel ofereça espaços e equipamentos para o lazer que não necessitem de profissionais especializados e nos quais o hóspede possa realizar a sua própria diversão, sem monitoria, além de ter liberdade para escolher aquilo que mais lhe agrada; isso porque, entre os objetivos de estadia, há diferenças e finalidades diversificadas, tais como: um casal em lua de mel, uma família procurando tempo para convivência, pessoas buscando relaxar, viajando sozinhas ou interessadas em fazer novas amizades.

Por isso, voltamos a salientar a importância de se conhecer o quadro classificatório dos interesses culturais[1] proposto por Dumazedier (1976), o qual indica a inclusão de diferentes linguagens e manifestações na programação, que ampliam e enriquecem o alcance das propostas de lazer.

15.1.1 Opções de lazer na hotelaria

Em relação à programação de lazer na hotelaria, devemos considerar o tipo de hotel, para atender de modo correto às expectativas das famílias, dos casais e dos grupos que o contratam, pois o hóspede cria uma ideia em relação ao que pretende encontrar à sua disposição, no que diz respeito à disponibilidade de atividades de lazer. Por exemplo, se é um hotel de praia, espera-se que ocorra o estímulo a atividades em torno da piscina ou na praia, caminhadas ao longo da faixa de areia e atividades ao ar

---

[1] Os interesses culturais do lazer foram apresentados no Capítulo 5 desta obra.

livre com exposição ao sol. No caso de hotéis-fazenda, almeja-se a possibilidade de vivenciar o estilo rural, como o cultivo de hortas, a pescaria e a proximidade com animais comuns em uma fazenda.

Desse modo e como já tratamos anteriormente, é preciso que a programação se adapte ao tipo de hotel, bem como à sua capacidade, localização, período do ano e dia da semana, considerando espaços disponíveis, número de hóspedes nas diversas faixas etárias e quantidade de profissionais disponíveis para atendimento e acompanhamento das atividades. Também é necessário analisar o perfil dos hóspedes (famílias, casais, pessoas sozinhas, grupos de agências ou grupos fechados – como em um congresso realizado no hotel – ou um grupo da terceira idade). É comum inserir a programação de recreação nos intervalos desses eventos.

Alguns ambientes são ricos em possibilidades a serem exploradas em diferentes situações e, por isso, sua utilização poderá ser múltipla. Por exemplo, uma sala de jogos pode se tornar um salão de bingo, uma sala para oficina de artes ou, ainda, disponibilizar jogos intelectivos ou de tabuleiro para os hóspedes.

O uso da piscina pode ser explorado em diversos momentos, como para o desenvolvimento de aulas de hidroginástica, jogos de polo aquático, biribol e atividades recreativas, como gincanas aquáticas.

Outros espaços também podem ser disponibilizados aos clientes, como um "cantinho do bebê" ou uma brinquedoteca, que oferecem brinquedos próprios para as crianças menores e onde os responsáveis podem brincar com seus filhos; se desejarem, podem ainda fazer uso do serviço de *baby sitter*, que realizará o atendimento às crianças.

Esses mesmos ambientes podem ser disponibilizados para que os hóspedes os utilizem sem monitoria, ou seja, pode haver na programação um "momento da leitura" e, fora dela, ser disponibilizado o acesso aos livros que permanecem nesse espaço.

Outros espaços, como piscinas e boates, podem ter um duplo aproveitamento: por um lado, podem ser disponibilizados em determinadas horas do dia para a realização de recreação; por outro, podem ser utilizados pelos hóspedes sem estar vinculados ao programa de recreação do hotel.

A seguir, forneceremos algumas sugestões que podem servir de base para se elaborar uma programação de lazer, entretenimento e recreação nesses ambientes. Porém, essas sugestões não são indicadas como um receituário, pois dependem de um grande número de variáveis. Vamos a elas:

- Esportes coletivos tradicionais e torneios diversos.
- Jogos e brincadeiras tradicionais, bem como brincadeiras na piscina, gincanas e jogos de "caça ao tesouro".
- Jogos esportivos, cooperativos e de inclusão.
- Atividades noturnas, como jogos de estratégia, caça ao fantasma ou um "acampadentro" (com as crianças dormindo na sala de jogos, por exemplo).
- Sessões de contação de histórias.
- Salas de jogos com cartas de baralho, jogos intelectivos e de tabuleiro.
- Brinquedoteca, ludoteca, gibiteca e biblioteca.
- Sessões de ginástica, hidroginástica, alongamento e caminhada.
- Empréstimo de materiais esportivos.
- Atividades e oficinas de artes.

- Rodas de chá, chimarrão, casa do colono e roda de fogueira.
- Festas temáticas alusivas a diferentes comemorações, como: festa junina, Páscoa e Natal.
- Piqueniques, almoços especiais e jantares temáticos.
- Passeios, trilhas e visitas a atrações naturais.
- Disponibilização de equipamentos para ser alugados, como bicicletas, cavalos, charretes, paredes de escalada, camas elásticas e brinquedos infláveis.

De acordo com o tamanho do empreendimento, da capacidade de hospedagem e, consequentemente, da quantidade de profissionais, é necessário oferecer concomitantes opções de lazer, entretenimento ou recreação, aumentando assim as possibilidades de escolha dos hóspedes.

15.2 Cruzeiros marítimos

Em virtude da popularização dos cruzeiros marítimos, o acesso a essa opção de lazer tem se propagado, gerando a ampliação do número de navios entre as companhias e, assim, com o aumento considerável dos serviços que cada embarcação oferece, com o objetivo de sempre superar o que é oferecido pela concorrência.

Para Amaral (2006, p. 6), além de transportar e alimentar os passageiros,

> um navio de cruzeiro proporciona inúmeras alternativas de lazer e garante tranquilidade, conforto e segurança, colocando à disposição do passageiro todos os elementos necessários [...] [para sua estadia, ou seja, oferece a bordo uma ampla e variada oferta de lazer e todas as condições que o turista necessita em sua] viagem: *shows*, festas, pistas de dança, bares, cassino, restaurantes, cinema.

De acordo com a Organização Mundial do Turismo (OMT, 2001), os navios funcionam como *resorts* flutuantes e conquistaram, nos dias atuais, um importante mercado em todo o mundo.

Oferecendo serviços semelhantes aos de um hotel de lazer, os cruzeiros marítimos se converteram em um destino turístico, transformando-se no próprio motivo da viagem. Além disso, segundo a OMT (2001), o meio de transporte pode ser considerado uma atuação turística em si, pois também faz parte da experiência do indivíduo.

Um cruzeiro pode oferecer uma extensa programação de bordo, com atividades realizadas 24 h por dia e a possibilidade de lazer para todas as idades, a depender do itinerário, da duração, do navio e da companhia escolhida. Assim, enquanto há pessoas que estão acordando para uma caminhada matinal, outras, na mesma embarcação, estão indo dormir após uma noite de festa. No entanto, é necessário trabalhar com a hipótese de que existem hóspedes que buscam somente a tranquilidade de um banho de sol no deque da piscina, de uma leitura vespertina na biblioteca ou de simplesmente se entregar à observação do mar. Em todas essas situações, a equipe de animação deve estar atenta aos gostos e expectativas de atendimento.

Atualmente, a opção pela viagem de lazer em um cruzeiro tornou-se mais acessível e passou a atrair também os brasileiros de classe média. Sem se preocupar em arrumar e desarrumar as malas em cada destino que visita, os participantes de cruzeiros se divertem enquanto se deslocam de um lugar para o outro. Esse melhor aproveitamento de todo o tempo é uma grande vantagem nesse tipo de turismo. O atrativo para a escolha de uma companhia normalmente é a programação a bordo, que usualmente é farta e variada, sendo que a diversão se inicia logo após a saída do navio do porto, com uma animada recepção, e continua durante todo o percurso.

A equipe de animação geralmente é dividida, com monitores especializados por faixa etária, sendo comuns as seguintes categorias:

- *kids* – de 4 a 6 anos;
- *junior* – de 7 a 12 anos;
- *teen* – de 13 a 17 anos;
- adultos – a partir de 18 anos.

> Observação: as crianças menores de 4 anos devem permanecer sob os cuidados de seus pais ou responsáveis legais.

15.2.1 Opções de lazer a bordo do navio

Apesar de disponibilizarem um espaço limitado, os navios usados em cruzeiros são capazes de comportar uma estrutura de lazer que satisfaz e até mesmo surpreende seus passageiros (Ponce, 2006).

Em geral, as opções são: *shows* no estilo Broadway, mágicos e *performers*, apresentações de grupos musicais, festas, bailes, concursos e

> atividades recreativas diversas, como: bingo, jogos de grupo e salão, atividades culturais e esportivas, gincanas, *shows*, [...] aulas de gastronomia, coquetelaria, [degustação de vinhos, demonstração de dobra de guardanapos, esculturas em vegetais] ou artes

> manuais, seminários, filmes, competições, [aulas de dança], aulas de línguas ou cursos de mergulho, golfe, torneios de carta, aulas de ginástica, caminhadas, dança, sauna, [...] [parede de escalada, pista de patinação no gelo]. (Amaral, 2006, p. 57)

Excursões organizadas nos portos de escala, com excursões opcionais de todos os tipos, proporcionam o componente turístico que complementa as opções disponíveis a bordo, havendo ainda a alternativa de passeios realizados pelos passageiros por conta própria. Existem também passeios menores, realizados em embarcações de pequeno e médio porte, como saveiros e escunas.

De acordo com Amaral (2006, p. 77), "existem cassinos plenamente equipados a bordo dos navios, oferecendo os jogos mais populares, como *blackjack* (vinte e um), [...] [pôquer], roleta e máquinas caça-níqueis".

Algumas embarcações oferecem salas de exibição de cinema, e também é possível assistir a filmes disponibilizados em alguns canais de televisão ou alugar um filme na locadora do navio.

Quanto a equipamentos disponíveis para o lazer não orientado – como alternativas autônomas para os passageiros que preferem atividades sem influência de monitores de recreação –, um grande atrativo dos navios são as piscinas, as quais existem em diferentes concepções (infantis, com ondas, *jacuzzis*, aquecidas). Também é necessário que haja espaços nos quais os passageiros possam se envolver em atividades de lazer, entretenimento e recreação que não requerem a presença do pessoal da animação, por exemplo, em bibliotecas, salas de jogos, visitas à ponte de comando, serviços de salão de beleza, *spa* e lojas a bordo, como tabacaria, joalheria, perfumaria e outras, que vendem bebidas, roupas e acessórios.

Considerando as ofertas de lazer, entretenimento e recreação, tanto os hotéis de lazer como os cruzeiros marítimos têm investido em recursos físicos, materiais e humanos para uma prestação de serviços de qualidade cada vez maior, capazes de atender a todos os públicos interessados, desde crianças, jovens, famílias, idosos e empresas a grupos fechados ou específicos.

Podemos perceber diversas semelhanças entre os dois tipos de empreendimento (hotéis e cruzeiros), os quais têm inclusive o mesmo tipo de público; isso gera certa concorrência nesses mercados, afinal, ambos buscam oferecer serviços e infraestrutura de lazer os mais completos possíveis para atrair os clientes.

Os dois destinos de lazer oferecem serviços variados, que tornam mais completa a viagem dos turistas, além de uma estrutura de lazer voltada para públicos de diferentes gostos e faixas etárias.

A modernidade, a sofisticação e a oferta de uma grande variedade de atividades e serviços, como academias, piscinas, *spas*, discotecas, bares e restaurantes, em ambos os tipos de viagem, permitem também considerarmos os hotéis de lazer e os cruzeiros como destinos semelhantes, pois são opções turísticas com foco no lazer e, muitas vezes, são o próprio motivo da viagem dos turistas. Ambos procuram atender às necessidades e aos desejos de seus clientes referentes a hospedagem, alimentação, atividades de lazer, serviços e entretenimento. Isso nos permite considerá-los como autossuficientes, uma vez que sua oferta reúne todas essas opções em um único espaço, que contempla todos os elementos necessários em uma viagem de lazer.

Síntese

Tanto em cruzeiros marítimos como em hotéis de lazer, o campo de atuação do lazer vem se ampliando e solicitando maiores investimentos. Ambos são um convite à vivência de momentos prazerosos. Dessa forma, é necessário que os profissionais do lazer conheçam as características de cada equipamento para planejar programações melhores e mais adequadas, dentro das possibilidades e potenciais que cada espaço oferece.

Neste capítulo, vimos que há diferenças entre os tipos de hotéis e suas possibilidades espaciais e que existem diferentes investimentos realizados pelos cruzeiros marítimos para o melhor aproveitamento do navio em atividades e programações de lazer. Apesar disso, percebemos as exigências crescentes de oportunidades de lazer por parte dos turistas, que se hospedam em busca de descanso, entretenimento ou diversão, por meio de vivências lúdicas.

Por fim, verificamos que, atualmente, o sucesso na oferta do lazer em hotéis de lazer e cruzeiros marítimos está diretamente relacionado à qualidade dos serviços, à capacitação dos profissionais e ao potencial desenvolvido em cada um desses ambientes. Assim, em virtude da grande concorrência que existe no mercado, o investimento nessa área passou a ser o diferencial entre os diversos hotéis de lazer e os cruzeiros marítimos.

Questões para revisão

1. Na atualidade, um dos campos que mais tem se ampliado na área de lazer, recreação e entretenimento é o dos hotéis de lazer, que incluem, geralmente, atividades programadas por uma equipe de recreação. Nesse sentido, analise os itens a seguir.

    I. O entretenimento é uma área que pode agregar valor aos produtos e aos serviços turísticos.
    II. As ofertas de entretenimento nos hotéis de lazer criam um diferencial entre a concorrência.
    III. A oferta de entretenimento em hotéis de lazer compete a diferentes campos de atuação, como as artes, a educação e o turismo.

    Assinale a opção correta:
    a. Apenas o item I está certo.
    b. Apenas os itens I e II estão certos.
    c. Apenas os itens II e III estão certos.
    d. Todos os itens estão certos.

2. As alternativas de lazer, entretenimento e recreação em hotéis de lazer e cruzeiros marítimos é ampla. Não é possível ter um receituário, pois há interferências em relação a espaço, clima, tempo de estadia, capacidade de hospedagem e, consequentemente, quantidade de profissionais. Sendo assim, relacione algumas sugestões de atividades que podem ser propostas nesses ambientes.

3. Nem sempre o hóspede de um hotel ou o passageiro de um cruzeiro está disposto a participar das atividades propostas por um animador. Muitas vezes, por motivos pessoais, eles preferem se envolver em atividades de lazer nas quais não é necessária a orientação de um profissional. Considerando isso, questiona-se: que alternativas esses ambientes oferecem para o lazer não orientado?

4. Assinale com verdadeiro (V) ou falso (F) as afirmações a seguir.
   ( ) Os profissionais que trabalham com o lazer na hotelaria são mais qualificados, principalmente pelas atuais oportunidades e possibilidades de profissionalização.
   ( ) A recreação na hotelaria tem a função de ampliar as relações interpessoais dos hóspedes.
   ( ) O profissional de lazer é a atração principal de um hotel.
   ( ) O serviço de recreação facilita a utilização da estrutura que um determinado local coloca à disposição dos hóspedes.

   Assinale a sequência correta:
   a. F, V, F, V.
   b. V, V, V, F.
   c. F, F, F, V.
   d. V, V, F, V.

5. Sobre a oferta de lazer e entretenimento em hotéis de lazer ou a bordo de navios, analise as considerações a seguir.
   I. Tanto no hotel como no navio, é necessário disponibilizar espaços nos quais o hóspede ou o passageiro possa se

envolver com atividades de lazer, entretenimento e recreação, sem requerer a presença do pessoal da animação.
II. Em todas as ofertas de entretenimento, tanto no hotel como no navio, existe a necessidade de orientação e supervisão das atividades programadas, para se ter certeza do seu melhor aproveitamento.
III. Considerando as ofertas de lazer e entretenimento, tanto os hotéis de lazer como os cruzeiros marítimos têm investido em recursos físicos, materiais e humanos para uma prestação de serviços de qualidade cada vez maior, exclusivamente para o público infantil, que é o maior interessado nesse tipo de atividade.

Assinale a alternativa correta:
a. Somente as afirmativas I e III estão corretas.
b. Somente a afirmativa I está correta.
c. Todas as afirmativas estão corretas.
d. Todas as afirmativas estão incorretas.

Questão para reflexão

Realmente é crescente o número de navios destinados a cruzeiros marítimos na costa brasileira, o que possibilita novidades aos passageiros e muitas oportunidades de trabalho para os profissionais do lazer, os quais poderão atuar como diretores de cruzeiro, chefes da animação ou animadores. Nesse sentido, eles convivem com passageiros de diferentes culturas. Assim, como preparar uma programação que atenda a um público tão diversificado? Aponte alternativas.

PARA SABER MAIS

NEGRINE, A.; BRADACZ, L.; CARVALHO, P. E. G. de. Recreação na hotelaria: o pensar e o fazer lúdico. Caxias do Sul: Educs, 2001.

O serviço de recreação ressignifica as alternativas de lazer que a hotelaria e os cruzeiros marítimos podem oferecer a seus hóspedes. O mercado que proporciona esse serviço de recreação está cada vez mais exigente e requer planejamento para melhores investimentos na área, pois o sucesso está diretamente relacionado à qualidade dos serviços que são oferecidos e às alternativas que são colocadas à disposição dos usuários. Sendo assim, *Recreação na hotelaria: o pensar e o fazer lúdico* é um livro que aborda essa temática, com a exposição da leitura de três profissionais experientes que socializam os conhecimentos adquiridos na prática. A leitura da obra é recomendada a profissionais de diferentes áreas do conhecimento que se envolvem com a promoção da recreação, especialmente no ambiente hoteleiro.

·· ESTUDO DE CASO ··

Inserir a brincadeira em uma programação de lazer e recreação é, sim, uma tarefa fácil, especialmente quando destinada a atender ao público infantil. Apesar de ser uma atividade natural e espontânea, tornar a brincadeira um entretenimento divertido requer conhecimento do público-alvo, da cultura inserida no contexto e, principalmente, dos objetivos a serem atingidos com as escolhas.

Por meio da brincadeira, percebemos que uma folha de papel pode se tornar um barco ou um avião e que esse produto pode ser fonte de imaginação, além de atingir inúmeros objetivos, como promover um contato mais próximo entre os envolvidos, despertar o gosto por novos aprendizados e lugares desconhecidos e estabelecer novas relações sociais.

Dessa forma, reconhecendo que a recreação na hotelaria deixou de ser um diferencial e se tornou um fator indispensável para a escolha do empreendimento pelos hóspedes, o hotel de lazer X contratou uma empresa de lazer Y para realizar uma proposta de novos investimentos na área de entretenimento e recreação do hotel, com possíveis instalações e adequações dos equipamentos de lazer, de acordo com o perfil do estabelecimento turístico e do público-alvo.

A empresa Y foi escolhida pelo hotel X por apresentar experiência em consultorias e ter uma equipe multidisciplinar, ou seja, uma equipe composta por profissionais de diferentes áreas e com conhecimentos no campo do lazer, com formação em turismo, educação física, artes, educação e administração.

Com o início dos trabalhos, a empresa Y realizou um levantamento das opções atuais de lazer oferecidas pelo empreendimento, incluindo a área física, como a arquitetura dos espaços e as mobílias. A empresa Y avaliou ainda a qualidade dos diversos serviços oferecidos pelo hotel X, realizou um levantamento dos concorrentes próximos, verificou o quadro de funcionários, analisou o perfil dos hóspedes em dias de semana, fins de semana, feriados prolongados e férias, bem como o período de estadia de cada categoria que utiliza comumente os serviços do hotel.

Essa composição de ações da empresa Y teve como objetivo propor adequações no planejamento do hotel X, alterações necessárias no seu funcionamento e especialmente na maior oferta de serviços, a fim de beneficiar e fidelizar os hóspedes usuários, pois entende-se que alinhar os diferentes setores da administração do hotel determinaria a qualidade dos serviços oferecidos.

Com o propósito de oferecer entretenimento e descontração de forma adequada e profissional, a empresa Y propôs os seguintes ajustes ao hotel X:

- Uma boa equipe é fundamental para a satisfação dos clientes. Essa equipe pode ser contratada ou terceirizada, mas requer que sua composição conte com profissionais de diferentes áreas que trabalhem com o lazer, o entretenimento e a recreação.
- Algumas opções de atividades requerem pessoal qualificado, como no caso de esportes de aventura (arvorismo e rapel, por exemplo).
- O planejamento das atividades que serão oferecidas deve ser pensado em função do espaço físico disponível, dos

materiais e da faixa etária do público usuário, podendo ser alterado conforme o período da semana, do mês ou do ano.

- O serviço de entretenimento deve estar integrado ao todo do hotel X, que se empenhará em divulgar as alternativas de lazer e recreação oferecidas, inclusive entre os funcionários, para que todos tenham as informações ou os meios para responder às dúvidas dos hóspedes.
- Os equipamentos de lazer, as atividades e os materiais disponíveis para a recreação e o entretenimento dos hóspedes devem estar em sintonia com o local, correspondendo às expectativas daqueles que se hospedam no hotel X.
- A mesma sala destinada ao acolhimento dos hóspedes para um carteado ou jogos de tabuleiro também deverá contar com aparelhos eletrônicos, como TV, computador, *videogames* e uma estante de livros, os quais ficarão à disposição dos hóspedes que preferem gozar de momentos individuais de lazer e recreação. Essa mesma sala terá outras funções, com serviços diferenciados, tais como: oficinas artísticas, gincanas com tarefas intelectuais, virtuais ou artísticas em dias frios, tudo para otimizar a ocupação do espaço.
- Deverá ser criada uma sala destinada às crianças – um ambiente colorido, atrativo, com móveis adaptados e material recreativo, como livros, fantasias, jogos e muitos brinquedos.
- O hotel X deverá fornecer acessibilidade para as pessoas com necessidades especiais, principalmente idosos com dificuldade de locomoção, por ser um grupo muito frequente em hotéis.

Considerando esses itens mencionados pela empresa Y, o hotel X teve de realizar ajustes no seu funcionamento, sendo importante salientar que nem todos exigiram investimentos financeiros, mas modificaram alguns benefícios oferecidos aos hóspedes. Essas adaptações promoveram maior satisfação dos hospedes que procuravam entretenimento no período de estadia no hotel X, especialmente pela qualidade e variedade dos serviços colocados à sua disposição na área de lazer, entretenimento e recreação, que passaram a ser planejados e executados por profissionais, em ambientes preparados, com materiais adequados e integrados ao funcionamento dos outros serviços do hotel.

Com as novas propostas de entretenimento, os hóspedes passaram a se sentir melhor durante o período em que permaneciam no hotel X, divertindo-se mais, sentindo-se mais relaxados e desfrutando as opções com mais prazer, muitas vezes permanecendo mais tempo no hotel e retornando com mais frequência. Além disso, os hóspedes passaram a divulgar para outras pessoas a qualidade dos serviços oferecidos pelo hotel.

... PARA CONCLUIR... ...

Na evolução da espécie humana, constatamos que sempre esteve presente a ocupação do tempo livre com a busca por prazer, descanso e formas de diversão, caracterizadas, em seus contextos, por diferentes concepções, tais como: ócio, recreação, divertimento, descanso e folga, ou seja, uma ocupação prazerosa do tempo. Essas manifestações lúdicas muitas vezes eram – e ainda são – utilizadas como instrumentos do tempo de não trabalho e como recursos de apaziguamento da inquietação social, estrutura de base para a alienação.

Esse tempo de descanso e festa destinado à população em geral, mesmo que reduzido, bastante controlado e voltado à manutenção da ordem, corresponde à possibilidade de equilibrar a relação entre trabalho e não trabalho, como possibilidade de satisfação e felicidade pela realização. Diante de todos esses fatos, sustentamos que, apesar das possibilidades de tempo livre que a ciência e a tecnologia oferecem, nem todos os indivíduos estão preparados para a utilização desse tempo, pois somos fruto de uma educação para o trabalho, e não para o tempo livre.

O ser humano estrutura sua relação com o tempo pela divisão dos tempos sociais, estabelecidos pelo grau de importância particular que impõem a cada uma dessas parcelas. Esses tempos sociais têm como subdivisões o tempo de trabalho e o tempo de não trabalho, e são compostas, entre outros, pelo tempo para a vida familiar, o tempo para a formação educacional, o tempo para a religião e o tempo para descanso. Isto é, em todo o mundo, o tempo é composto por categorias que são priorizadas e moldadas pelo estilo de vida das diferentes sociedades, e a destinação dessas prioridades é influenciada diretamente pela família, pela própria sociedade e por sua cultura.

Assim, nesta obra, apresentamos um embasamento para o profissional que promove, concebe, planeja e organiza o lazer em diferentes segmentos da sociedade. Nossa intenção não foi apresentar soluções mágicas para o melhor aproveitamento do tempo livre e, com isso, garantir a satisfação de todos a partir da vivência do lazer. Em contraposição aos problemas que podem surgir e se agravar com o aumento do tempo livre, educar o indivíduo para aproveitar de forma consciente essa parcela do tempo pode oferecer a ele diversas possibilidades de crescimento físico, psíquico e emocional, além de promover convivência, solidariedade e humanização.

No entanto, ao propor um leque de interesses do lazer nas diferentes possibilidades que apresentamos, nosso objetivo maior é contribuir para fundamentar teoricamente o entendimento que se tem de lazer e suas ideias associadas e, assim, enriquecer as oportunidades de aproveitamento do tempo livre, buscando e proporcionando o bem-estar e o bem viver.

Portanto, nossa perspectiva é o incremento das potencialidades, a fim de que o ser humano ocupe de forma positiva essa parcela de tempo livre, de lazer, de momentos disponíveis com maior qualidade, maior número de oportunidades e, consequentemente, melhores escolhas, o que contribui para a formação de pessoas mais realizadas e felizes. Somente com base nas oportunidades que experimentam e vivenciam é que as pessoas poderão se manifestar culturalmente e claramente, buscando seu contentamento individual.

Essa transformação não é tão simples, pois exige uma mudança essencial de foco. É necessário lutar contra hábitos arraigados e inconscientemente inacessíveis, especialmente com a tecnologia, presente de forma decisiva em nossas vidas, nos oferecendo mais e mais conforto. Hoje as pessoas usam seus carros para percorrer distâncias mínimas, como dois quarteirões para ir ao supermercado. O telefone sem fio é outro vilão; quando esse aparelho não existia, as pessoas se deslocavam de um cômodo a outro para atender as ligações. Atualmente, as pessoas levam, para todos os canto da casa, o telefone sem fio e seus celulares.

Nesse sentido, cada pessoa deve realizar um importante trabalho reflexivo sobre seus valores, seus fundamentos, sua prática e suas ações habituais. Ou seja, a pessoa tem a possibilidade de evoluir, de um mundo direcionado quase que estritamente aos deveres, às responsabilidades e à rigidez do trabalho, para um mundo com melhores condições de crescimento, mais qualidade de vida e maior realização pessoal.

Essas ações são atividades resultantes de um trabalho produtivo, que tem a capacidade de recriar a prática do cotidiano, em que a característica principal que a determina é o prazer. Nessa visão de produção da existência humana pelo processo da humanização, o lazer é peça fundamental em todas as esferas da sociedade, formais ou não formais, desenvolvido na forma de recreação, na qual se transmitem e se ensinam jogos e brincadeiras capazes de tornar vários momentos da vida simplesmente divertidos.

Desse modo, mesmo que de maneira cultivada, oferecer o acesso e o conhecimento às diferentes áreas das atividades culturais é um direito social que deve ser garantido a todos. Essas oportunidades servirão como fonte de experiência para que cada um encontre o seu prazer em viver e conviver, a sua felicidade perante as escolhas e, ainda, para que reconheça a possibilidade de homogeneização da sociedade e reduza as distâncias culturais entre as classes.

O acesso à cultura proporciona opções para o indivíduo se manter nela, aprimorar-se e buscar constantemente a superação, de si, do outro e do seu conhecimento, crescimento e humanização. Por meio do lazer, o indivíduo pode descobrir uma forma mais humana de viver, encontrando em seu prazer uma das necessidades vitais da dignidade humana: a felicidade.

Somente a partir das oportunidades que experimentam e vivenciam é que as pessoas poderão se manifestar culturalmente de forma mais apropriada, com mais sentido, buscando seu contentamento individual. Nesse sentido, Marcellino (1995) expõe a importância que têm as ocupações. Para tanto, faz-se necessário que as pessoas conheçam as atividades que satisfazem os seus vários interesses, aumentando com isso a responsabilidade do profissional do lazer, pois este deverá ter condições de fornecer o mínimo de orientação e estímulo para que os indivíduos vivenciem essas opções. Assim, reconhecendo o fascínio que as atividades de lazer exercem sobre o ser humano e, mais ainda, constatando as suas potencialidades como um tempo de vivência de novos valores, consideramos o lazer um como componente inevitável no cotidiano estressante da atualidade.

É necessário, portanto, considerar a distinção entre a intervenção que acontece de forma sistemática ou formal, realizada sobretudo por meio dos momentos de desfrute do lazer, e outra, de forma assistemática ou informal, a qual engloba todas as relações entre os vários processos de transmissão cultural.

Com essa evolução emergente, o lazer constitui-se em um objeto a ser tratado com seriedade, devendo receber atenção prioritária pelo Poder Público, pelos setores privado e acadêmico, pelas instituições sociais, pela comunidade e pela família, ou seja, pelos diversos segmentos da sociedade que estão comprometidos com o exercício efetivo do lazer pela população, como um dos fatores básicos para a aquisição da cidadania e a busca de uma vida com mais sentido e qualidade.

Utilizar adequadamente o tempo de lazer em atividades que proporcionem o necessário retorno de satisfação e prazer é um problema atual. Por isso, existe a necessidade de novos profissionais na área do lazer, que se comprometam com a gestão desse fenômeno social, de forma a apontar para uma compreensão mais humana do lazer, e capazes de formar, informar, instruir, preparar o ser humano na sua totalidade e tornar as pessoas aptas a desfrutar adequadamente de um novo tempo "livre", que não acarreta em perdas na produção econômica e que traz ganhos a uma vida com mais sentido e contentamento, com momentos de realização e satisfação.

Vamos adiante, colaborando para a criação de um mundo mais homogêneo e humanizado, na tentativa de garantir a todos os indivíduos o acesso a uma vida mais digna, repleta de significados e, portanto, com mais gozo e encanto.

Essa responsabilidade também está em suas mãos. Bom trabalho e que você tenha sempre muito lazer em sua vida!

Referências

A VELHICE segundo a OMS começa aos 65 anos. Blog Estatuto do Idoso, 2 nov. 2009. Disponível em: <http://estatutodoidoso.blogspot.com.br/2009/11/velhice-segundo-oms-comeca-aos-65-anos.html>. Acesso em: 20 ago. 2014.

AMARAL, R. Cruzeiros marítimos. 2. ed. Barueri: Manole, 2006.

ANDRADE, J. V. de. Gestão em lazer e turismo. Belo Horizonte: Autêntica, 2001.

ANTUNES, A.; FROMER, M.; BRITTO, S. Comida. Intérprete: Titãs. Jesus não tem dentes no país dos banguelas. Rio de Janeiro: WEA, 1987. Faixa 2.

BARRETO, M. Manual de iniciação ao estudo do turismo. Campinas: Papirus, 2003.

BOULLÓN, R. C. Atividades turísticas e recreativas: o homem como protagonista. Bauru: Edusc, 2004.

BRASIL. Constituição (1988). Diário Oficial da União, Brasília, DF, 5 out. 1988. Disponível em: <http://www.planalto.gov.br/ccivil_03/constituicao/Constituicao.htm>. Acesso em: 6 nov. 2014.

_____. Lei n. 8.069, de 13 de julho de 1990. Diário Oficial da União, Poder Legislativo, Brasília, DF, 16 jul. 1990. Disponível em: <http://www.planalto.gov.br/ccivil_03/leis/l8069.htm>. Acesso em: 20 ago. 2014.

_____. Lei n. 10.741, de 1º de outubro de 2003. Diário Oficial da União, Poder Legislativo, Brasília, DF, 3 out. 2003. Disponível em: <http://www.planalto.gov.br/ccivil_03/leis/2003/l10.741.htm>. Acesso em: 20 ago. 2014.

BRASIL. Ministério do Esporte. Conselho Nacional do Esporte. Política Nacional do Esporte. Brasília, 2005. Disponível em: <http://www.esporte.gov.br/arquivos/politicaNacional/politicaNacionalCompleto.pdf>. Acesso em: 20 ago. 2014.

BROTTO, F. O. Jogos cooperativos: se o importante é competir, o fundamental é cooperar! 3. ed. Santos: Projeto Cooperação, 1999.

BROWN, G. Jogos cooperativos: teoria e prática. São Leopoldo: Sinodal, 1994.

BRUHNS, H. T. (Org.). Lazer e ciências sociais: diálogos pertinentes. São Paulo: Chronos, 2002.

CAMARGO, L. O. de L. O que é lazer? São Paulo: Brasiliense, 2003.

CAMPOS, L. C. A. M.; GONÇALVES, M. H. B.; VIANA, M. C. O. de. Lazer e recreação. Rio de Janeiro: Senac, 1998.

CAMPOS, J. G. C. Recreação hoteleira na atualidade e o fracionamento do lazer. eTur, 19 jun. 2003. Disponível em: <http://www.etur.com.br/conteudocompleto.asp?idconteudo=1281>. Acesso em: 12 jan. 2014.

CAMPOS, J. G. C. et al. Colônia de férias em hotéis: uma alternativa para a baixa temporada. eTur, 3 ago. 2003. Disponível em: <http://www.etur.com.br/conteudocompleto.asp?idconteudo=1431>. Acesso em: 17 jan. 2014.

CAVALLARI, V. R.; ZACHARIAS, V. Trabalhando com recreação. 7. ed. São Paulo: Ícone, 2004.

CHAUÍ, M. Introdução. In: LAFARGUE, P. O direito à preguiça. São Paulo: Hucitec; Ed. da Unesp, 1999.

CIVITATE, H. Acampamento: organização e atividades. Rio de janeiro: Sprint, 2000.

CLASSIFICAÇÃO dos jogos. Educa o físico, 23 abr. 2010. Disponível em: <http://educaofisico.blog.terra.com.br/recreacao-e-lazer/os-jogos>. Acesso em: 24 jan. 2014.

DINSMORE, P. C. Teal: treinamento experiencial ao ar livre – uma revolução em educação empresarial. Rio de Janeiro: Senac, 2004.

DUMAZEDIER, J. Lazer e cultura popular. São Paulo: Perspectiva, 1976.

_____. Sociologia empírica do lazer. São Paulo: Perspectiva, 1999.

FERREIRA, A. B. de H. Novo dicionário Aurélio da língua portuguesa. 3. ed. Curitiba: Positivo, 2004.

GOMES, C. L. Dicionário crítico do lazer. Belo Horizonte: Autêntica, 2004.

GUERRA, M. Recreação e lazer. Porto Alegre: Sagra, 1988.

HUIZINGA, J. Homo ludens: o jogo como elemento da cultura. 4. ed. São Paulo: Perspectiva, 1996.

IBGE – Instituto Brasileiro de Geografia e Estatística. Pesquisa piloto de uso do tempo 2009: primeiros resultados. 2012. Disponível em: <http://www.ibge.gov.br/home/estatistica/indicadores/sipd/decimo_segundo_forum/uso_tempo_2009.pdf>. Acesso em: 25 ago. 2013.

IBGE – Instituto Brasileiro de Geografia e Estatística. Diretoria de Pesquisas. Departamento de População e Indicadores Sociais. Perfil dos idosos responsáveis pelos domicílios no Brasil, 2000. 2002. Disponível em: <http://www.ibge.gov.br/home/estatistica/populacao/perfilidoso/perfidosos2000.pdf>. Acesso em: 20 ago. 2014.

KISHIMOTO, T. M. (Org.). Brincar e suas teorias. São Paulo: Pioneira Thomson Learning, 2002.

LARA, L. M.; PIMENTEL, G. G. A. de. Resenha do livro "Os jogos e os homens: a máscara e a vertigem", de Roger Caillois. Revista Brasileira de Ciência do Esporte, Campinas, v. 27, n. 2, p. 179-185, jan. 2006. Resenha. Disponível em: <https://rbceonline.org.br/revista/index.php/RBCE/article/viewFile/101>. Acesso em: 29 jan. 2014.

LARIZZATTI, M. F. Lazer e recreação para o turismo. Rio de Janeiro: Sprint, 2005.

LEMOS, E. M. de B. C.; DANTAS, E. R.; CHAO, C. H. N. De portas abertas para o lazer: a cultura lúdica nas comunidades de bairro. Campina Grande: EDUEPB, 2009.

LOPES, J.; MADUREIRA, J. R. A educação física em jogo: práticas corporais, expressão e arte. Revista Brasileira de Ciência do Esporte, Campinas, v. 27, n. 2, p. 9-26, jan. 2006.

LUQUES, I. Profissionais admitem falhas na aplicação de dinâmicas de grupo. O Globo, 4 mar. 2012. Disponível em: <http://oglobo.globo.com/economia/profissionais-admitem-falhas-na-aplicacao-de-dinamicas-de-grupo-4178736>. Acesso em 24 jan. 2014.

MARCELLINO, N. C. (Org.). Lazer: formação e atuação profissional. Campinas: Papirus, 1995.

_____. Lazer e recreação: repertório de atividades por ambientes. Campinas: Papirus, 2010. v. 2.

_____. Lazer e recreação: repertório de atividades por fases da vida. Campinas: Papirus, 2006a.

MARCELLINO, N. C. Estudos do lazer: uma introdução. 4. ed. Campinas: Autores Associados, 2006b.

_____. Lazer e humanização. 5. ed. Campinas: Papirus, 2001.

MARCELLINO, N. C; BARBOSA, F. S.; MARIANO, S. H. As cidades e o acesso aos espaços e equipamentos de lazer. Impulso, Piracicaba, v. 17, n. 44, p. 55-66, jun. 2006. Disponível em: <http://www.unimep.br/phpg/editora/revistaspdf/imp44art04.pdf>. Acesso em: 17 jan. 2014.

MELO, V. A. de.; ALVES JÚNIOR, E. D. de. Introdução ao lazer. Barueri: Manole, 2003.

MIAN, R. Ônibus de turismo: profissionalismo a bordo. Jundiaí: Fontoura, 2010.

MILITÃO, A.; MILITÃO, R. Jogos, dinâmicas e vivências grupais. Rio de Janeiro: Qualitymark, 2000.

MIRANDA, S. de. Essa, você aprende brincando: atividades recreativas para sala de aula. 2. ed. Campinas: Papirus, 1996.

MUNNÉ, F. Psicología del tiempo libre: un enfoque crítico. México: Trillas, 2001.

NEGRINE, A.; BRADACZ, L.; CARVALHO, P. E. G. de. Recreação na hotelaria: o pensar e o fazer lúdico. Caxias do Sul: Educs, 2001.

OMS – Organização Mundial da Saúde; WB – The World Bank. Relatório mundial sobre a deficiência. São Paulo: SEDPcD, 2012. Disponível em: <http://www.pessoacomdeficiencia.sp.gov.br/usr/share/documents/RELATORIO_MUNDIAL_COMPLETO.pdf>. Acesso em: 4 ago. 2014.

OMT – Organização Mundial do Turismo. Introdução ao turismo. São Paulo: Roca, 2001.

ONU – Organização das Nações Unidas. A ONU e as pessoas com deficiência. Disponível em: <http://www.onu.org.br/a-onu-em-acao/a-onu-e-as-pessoas-com-deficiencia/>. Acesso em: 20 ago. 2014.

_____. Resolução ONU n. 217, de 10 de dezembro de 1948. Diário oficial, 10 dez 1948. Diaponível em: <http://<normasbrasil.com.br/norma/resolucao-217-11948_94854.html>. Acesso em: 21 nov. 2014.

PALHARES, G. L. Transportes turísticos. São Paulo: Aleph, 2002.

PHITAN E SILVA, N. Recreação. São Paulo: Cia. Brasil, 1971.

PIMENTEL, G. G. A de. Lazer: fundamentos, estratégias e atuação profissional. Jundiaí: Fontoura, 2003.

POIT, D. R. Organização de eventos esportivos. 4 ed. São Paulo: Phorte, 2006.

PONCE, P. S. Cruzeiros marítimos como "resorts flutuantes"? 96 f. Monografia (Graduação em Turismo) – Universidade Federal Fluminense, Niterói, 2006. Disponível em: <http://www.proac.uff.br/turismo/sites/default/files/PATRICIA_SANTANNA_PONCE.pdf>. Acesso em: 10 jan. 2014.

ROCHA, L. C. Políticas públicas de lazer: um olhar sobre a realidade brasileira. Diálogos possíveis, Salvador, v. 3, n. 2, p. 191-200, jul./dez. 2004.

RUSCHMANN, D. V. M de. Turismo e planejamento sustentável. Campinas: Papirus, 1996.

SANTOS, J. Jogos recreativos. Disponível em: <http://www.ebah.com.br/content/ABAAAfoyUAC/jogos-recreativos?part=4>. Acesso em: 24 jan. 2014.

SCHWARTZ, G. M. Atividades recreativas. Rio de Janeiro: Guanabara Koogan, 2004.

SILVA, C. M. L.; TUBINO, M. J. G. Esporte-lazer: bem-estar social no Aterro do Flamengo, Rio de Janeiro, Brasil. Revista Irundú, v. 5, n. 2, p. 67-132, 2009. Disponível em: <http://www.uaa.edu.py/investigacion/download/esporte_lazer_Bemestar_social_aterro.pdf>. Acesso em: 24 jan. 2014.

SILVA, D. N. da; GRACIANO, H. M. A importância da recreação para crianças de 6 a 8 anos. Webartigos, 5 jan. 2009. Disponível em: <http://www.webartigos.com/artigos/a-importancia-da-recreacao-para-criancas-de-6-a-8-anos/12942/>. Acesso em: 17 jan. 2014.

TRIGO, L. G. G. Entretenimento: uma crítica aberta. São Paulo: Senac, 2003.

VAZ, L. G. D. O profissional de turismo e lazer. efdeportes.com, Buenos Aires, v. 9, n. 65, out. 2003. Disponível em: <http://www.efdeportes.com/efd65/lazer.htm>. Acesso em: 17 jan. 2014.

WAICHMAN, P. Tempo livre e recreação: um desafio pedagógico. 2. ed. Campinas: Papirus, 1997.

WERNECK, C. Lazer, trabalho e educação: relações históricas, questões contemporâneas. Belo Horizonte: Ed. da UFMG, 2000.

··· RESPOSTAS ···

1

Questões para revisão

1. Para Dumazedier (1976, p. 35), o lazer é caracterizado como um conjunto de ocupações às quais o indivíduo pode se entregar "de livre vontade e bom grado", para repousar, divertir-se, recrear-se e entreter-se ou, ainda, para desenvolver sua informação ou formação desinteressada, sua participação social voluntária, após livrar-se das obrigações profissionais, familiares e sociais.

2. Dumazedier destaca as três principais funções do lazer: o descanso, que libera o sujeito do cansaço físico causado pelas exigências do trabalho; a diversão, que rompe com a monotonia e o tédio da rotina diária; e, finalmente, o desenvolvimento, em oposição aos automatismos gerados pelas ações cotidianas, com a finalidade de promover uma maior participação social das pessoas.

3. a

4. c

5. d

2

Questões para revisão

1. A recreação pode acontecer em outros momentos fora do tempo de lazer, como em uma relação de ensino e aprendizagem, uma aula de ginástica ou um encontro entre colaboradores de uma empresa. É um instrumento interessante, cativante e envolvente, pois favorece a aproximação e a quebra de estigmas entre os participantes. Dessa forma, recreação faz parte das ocupações possíveis no desfrute do tempo livre e na busca pelo prazer, mas não está vinculada somente ao lazer.

2. O lúdico – cujo objetivo é a criação de um ambiente no qual necessariamente o lazer estabelece uma predisposição à diversão e ao prazer – é uma maneira tranquila e prazerosa de passar o tempo. É um fato espontâneo que resulta em ações prazerosas ou sensações de fruição (usufruir com gozo). O lúdico pode se manifestar de diversas formas (oral, escrita, gestual, visual e artística) e ocorrer em todos os momentos da vida – no trabalho, no lazer, na escola, na família, na política, na ciência etc. –, mas não é a ação prática que determina a ludicidade do momento, e sim a atitude do sujeito perante tal ação.

3. d

4. c

5. c

3

Questões para revisão

1. Você pode caracterizar as transformações da dinâmica social mencionando que a distribuição dos espaços públicos já não é a mesma da época da cena retratada. Isso porque hoje há

    → redução da autonomia das crianças e dos jovens em zonas urbanas;
    → falta de conservação e precariedade dos espaços públicos;
    → descaso das políticas públicas (falta de iluminação, ruas esburacadas e tráfego intenso, por exemplo);
    → ausência de uma cultura de espaços públicos e coletivos;
    → sedentarismo;
    → violência, uso de drogas, prostituição, vandalismo;
    → individualismo;
    → necessidade de sensação de segurança;
    → formalização do uso do tempo como fator inibidor da possibilidade de reconstrução da memória ludomotora tradicional;
    → "privatização" dos locais (praças e parques) por grupos sem moradia, marginais etc.;
    → incorporação, no espaço de trabalho, de espaços para o lazer;
    → melhoria da infraestrutura dos equipamentos;
    → políticas públicas adequadas e manutenção dos espaços públicos;
    → espaços públicos restritos ao uso de poucos, que os dominam;
    → espaços de liberdade;
    → repetição da cena se deve ao caráter lúdico do ser humano;
    → valores, respeito e inclusão social;
    → diferenciação de espaços de acordo com as classes sociais.

2. São equipamentos criados para outros fins que não o lazer, mas que acabam se configurando como tal por diversas razões, como o crescimento do urbanismo. Ainda no conceito de *equipamentos não específicos de lazer*,

podemos apontar como os espaços considerados potenciais podem vir a proporcionar oportunidades de transformação e reemprego das suas funções para a implementação de ações, projetos, programas ou eventos de lazer. Exemplos: escolas, casas, bares e restaurantes, ruas, quartéis, empresas ou igrejas.

3. d
4. b
5. a

4

Questões para revisão

1. As principais questões a serem respondidas na etapa de planejamento são:
    → O que será feito?
    → Para quem?
    → Quando?
    → Onde?
    → Por quê?
    → Como?

2. Devem ser consideradas as condições socioculturais, políticas, econômico-financeiras, temporais, geográficas e de recursos e gestão em que está inserido o programa, o projeto, a ação ou a atividade a ser planejado(a).

3. c
4. b
5. a

5

Questões para revisão

1. Os interesses artísticos abrangem todas as manifestações artísticas, não somente na perspectiva de contemplação, mas também contribuindo para despertar nos indivíduos seu senso de produção artística. Cada um tem sua forma de interpretar as manifestações, e isso faz com que a riqueza dentro de uma programação artística seja muito grande. Seu conteúdo configura a busca da beleza e do encantamento, por meio de programações com atividades que atendam aos interesses artísticos. Aqui, podemos citar a visita a museus, bibliotecas, sessões de cinema, peças de teatro, oficinas artísticas em centros culturais, entre outras diferentes formas de propagação da cultura popular, como escolas de samba, tradições folclóricas ou festas populares.

2. O profissional da área deve estar preparado para reconhecer, na prática, as possibilidades de atuação, obtendo sucesso quando incorpora uma variedade de manifestações e linguagens culturais. Dessa forma, mesmo no campo do lazer, há a necessidade de se profissionalizar, para somente então oferecermos serviços que atendam à expectativa e ao gosto dos hóspedes e clientes, pois a realização de qualquer atividade de lazer envolve a satisfação de aspirações dos seus praticantes (Marcellino, 2006, p. 17).

3. d

4. b

5. a

6

Questões para revisão

1. d
2. d
3. d
4. O profissional da área do lazer necessita:
   - saber utilizar a linguagem adequada;
   - falar no momento oportuno;
   - falar em um tom de voz agradável e audível;
   - fazer críticas em particular;
   - ser sincero e franco;
   - ter bom senso nas colocações para o grupo;
   - não se guiar pela simpatia ou antipatia entre os participantes;
   - ter paciência com turistas estrangeiros;
   - saber dialogar com pessoas de temperamento difícil.
5. O trabalho de um animador é norteado pela relação com o cliente. Seja onde for, o profissional do lazer está sempre orientando atividades para uma melhor socialização do cliente com os outros ou simplesmente divertindo as pessoas. Por isso, um bom relacionamento com todos é fundamental.

7

Questões para revisão

1. d

2. Werneck (2000) destaca que o lazer, na atualidade, não consta apenas no art. 24 da Resolução n. 217/1948, que dispõe sobre a Declaração Universal dos Direitos Humanos (DUDH), o qual afirma que "toda pessoa tem direito ao repouso e ao lazer", ou no Princípio 7 da Declaração dos Direitos da Criança, de 20 de novembro de 1959, o qual dispõe que "a criança terá ampla oportunidade para brincar e divertir-se, visando aos propósitos mesmos da sua educação. A sociedade e as autoridades empenhar-se-ão em promover o gozo desse direito" –, mas também na Constituição Federal de 1988, que prevê o lazer como um direito social, ao lado da educação, da saúde, do trabalho e da previdência social, além de integrar o conjunto das políticas públicas de alguns estados e municípios do país.

No art. 7º da Constituição Federal, o lazer é incluído entre as "necessidades vitais básicas" que o salário-mínimo deveria atender, assim como no art. 217, o qual afirma que o Poder Público incentivará essa atividade como "forma de promoção social". Por fim, no art. 227, o lazer é estabelecido como um dever da família, da sociedade e do Estado, que têm de garantir o direito da criança e do adolescente a usufruí-lo.

3. Se o papel do legislador consiste em elaborar e aprovar as leis, acessoriamente ele deve diligenciar por sua efetividade. No Brasil, com a atual forma de governo, o sistema democrático deve garantir os avanços e os benefícios das leis a todos os brasileiros. As ações a se promover ou a aplaudir somente se realizarão em sua plenitude, tanto da parte dos que passam a tê-las como dever a cumprir quanto dos que as recebem como direito a ser usufruído, mediante o conhecimento e a estrita compreensão de cada disposição legal. Assim, faz-se necessário cumprir as políticas estabelecidas com absoluta prioridade para esses segmentos, considerando que as políticas públicas instituídas "podem ser consideradas como 'guias para a ação' e não a ação em si" (Bramante, citado por Gomes, 2004, p. 186). São as maneiras de agir, baseadas em princípios, que resultam em ações.

4. b

5. a

8

Questões para revisão

1. d

2. Nossa civilização experimenta igualmente uma "revolução tecnológica". Reduz-se cada vez mais o tempo necessário para o lançamento de novos produtos industriais e o uso de novas técnicas; assim, novos meios e processos tecnológicos passam a fazer parte do nosso cotidiano, pessoal e social, cada vez mais rapidamente. Como exemplos, podemos citar a internet e o telefone celular.

3. d

4. b

5. Inserida em um modo de vida capitalista, a grande massa da população não estabelece prioridades voltadas para o desfrute do lazer, por diferentes motivos, como: falta de hábito, falta de recursos, cansaço da rotina e doenças da contemporaneidade (depressão, estresse, obesidade e sedentarismo, por exemplo). Além de todos esses motivos, ainda há aqueles indivíduos que não sabem o que fazer no seu tempo livre de obrigações, principalmente pela falta de orientação.

9

Questões para revisão

1. c
2. c

3. Objetivos recreativos e educacionais; integração dos participantes; e divulgação das entidades que promovem gincana e beneficentes.

4. Provas culturais, musicais, recreativas, esportivas, artísticas, rústicas, aquáticas, de habilidades, circuito-relâmpago e antecipadas.

5. a

10

Questões para revisão

1.

Brincadeira
- Não há vencedor;
- Não há fim;
- Não há regras rígidas;
- Não há objetivo a ser atingido;
- Não há necessidade de modificação no desenvolvimento da atividade.

Jogo
- Há vencedor;
- Há início, meio e fim;
- Há regras e monitoramento;
- há objetivos a serem atingidos;
- Há a necessidade de modificação no desenvolvimento da atividade.

2. b
3. d
4. b
5. Pelo tipo de participação:

    → competitivos (caracterizados pela disputa);
    → cooperativos (têm como objetivo jogar com o outro);
    → participativos (não visam ao resultado, somente à participação).

    Pelo tipo de habilidade requisitada:

    → motores;
    → intelectivos;
    → afetivos;
    → sociais.

11

Questões para revisão

1. A lista de opções de locais e atividades disponíveis é ampla. Inclusive, há alguns lugares em que, atualmente, é muito comum de serem desenvolvidas atividades de lazer, recreação e entretenimento, mesmo com essa restrição de espaço, tais como: ambientes de um condomínio residencial; diferentes ambientes de cruzeiros marítimos; salas de empresas; salas de grupos religiosos; quartos ou brinquedotecas de hospitais e salas adaptadas em diferentes meios de hospedagem, como pousadas, *spas* e hotéis. A recreação também tem sido oferecida em diferentes meios de transporte, como ônibus, aviões, trens e *vans*, e em lugares como salões de festas, rodas de fogueira, salas de aula, auditórios, salões de jogos e oficinas próprias para recreação, além dos equipamentos não específicos de lazer.

2. a

3. É possível oferecer programações lúdicas, como teatro de fantoches, contação de história ou oficinas diversas em ambientes acolhedores, a fim de conquistar novos leitores, fidelizar clientes e criar um clima descontraído e prazeroso na livraria. A biblioteca também pode dispor de espaços próprios para exposições, sessões de projeção, palestras, leituras coletivas e contato com autores, proporcionando uma relação interativa com os usuários. Porém, lembramos que esse tipo de programação acontece eventualmente, pois, na maior parte do tempo, deve-se respeitar o ambiente de silêncio exigido em uma biblioteca.

4. b

5. a

12

Questões para revisão

1. Todas as atividades que são desenvolvidas com um grupo (sob a forma de reuniões ou *workshops*, grupos de trabalho, grupos em treinamento, grandes eventos etc.), que objetiva integrar, desinibir, "quebrar o gelo", divertir, refletir, aprender, apresentar, promover o conhecimento, competir ou aquecer podem ser denominadas *dinâmica de grupo* (Militão; Militão, 2000). Isto é, as dinâmicas de grupo são utilizadas como ferramentas de ampla aplicação, e que podem ter suas atividades e intervenções adaptadas a diferentes públicos, objetivos, locais e recursos disponíveis. O simples encontro de pessoas para contemplar um objetivo grupal é considerado uma dinâmica de grupo.

2. b

3. c

4. No meio corporativo, o treinamento experiencial ao ar livre (Teal) apresenta-se como uma revolução em educação empresarial, pois é uma ferramenta para a formação de equipes altamente entrosadas, capazes

de planejar, tomar decisões e agir rapidamente. Em seu método de ação, busca-se, por meio de atividades vivenciais, realizar um processo de mudança de comportamento, por meio da qual a equipe deverá sempre pensar em conjunto. Para muitos dos participantes, essas atividades são a verdadeira superação de desafios e limites em meio à natureza (Dinsmore, 2004).

Podem ser desenvolvidas com um calendário mais amplo ou no estilo *workshop*, ao passo que as dinâmicas de grupo para treinamento corporativo são elaboradas em apenas um dia.

5. c

13

Questões para revisão

1. d
2. a
3. Para adequação das atividades selecionadas, Barbosa, citado por Marcellino (2010), lista alguns fatores que o profissional deve considerar, pois influenciam diretamente na execução das atividades escolhidas:

   - período em que ocorrerá a viagem, bem como a duração do traslado;
   - destino e objetivo da viagem;
   - análise social dos participantes (faixa etária, gênero, perfil profissional, motivações para a viagem etc.);
   - itinerário a ser seguido, ou seja, o tipo de rodovia, as velocidades permitidas e possíveis em virtude das condições físicas e técnicas da estrada, que podem facilitar ou dificultar o trabalho, como é o caso de estradas rurais, deslocamento em serras com curvas, tráfego pesado de caminhões ou tráfego intenso de carros;
   - recursos disponíveis dentro do ônibus (serviço de bordo, guias turísticos, microfone, televisores, aparelho de som e de DVD).

4. O passatempo oferecido durante um deslocamento não se reflete somente na atuação do profissional; um ônibus equipado pode ajudar muito nesse quesito, pois um aparelho de DVD, um equipamento de som ou até uma sala de jogos (no caso dos ônibus *double deck*), principalmente em viagens longas, faz a diferença no atendimento prestado.

5. d

14

Questões para revisão

1. Podemos considerar como pertencentes a grupos especiais todos os participantes que apresentem necessidades decorrentes do contexto de vida, particularmente com características de incapacidade. Assim, integram essa lista as pessoas com deficiência, às quais são garantidas as possibilidades de exercer e usufruir de suas funções, seus direitos e deveres sociais; pessoas com determinadas restrições, como as da terceira idade, que muitas vezes têm dificuldade em se deslocar por problemas ósseos ou musculares, dificuldade de entendimento pela audição debilitada ou pelo não uso da sua capacidade intelectual.

   As pessoas obesas que têm dificuldade de locomoção também fazem parte dessa lista, bem como os cardiopatas, os hipertensos e os diabéticos, além das pessoas acometidas por outras doenças que lhes impõem restrições físicas.

2. c

3. d

4. c

5. Sim, todos têm direito ao lazer. Em defesa dessa afirmativa, as políticas públicas de lazer desenvolvidas em todas as esferas do governo (municipal, estadual e federal) deveriam visar a esse acolhimento e à oferta a todos, indistintamente, procurando enfatizar atitudes como o respeito

às diferenças, a crença no potencial humano, a descoberta de possibilidades e a superação das dificuldades, a fim de fornecer condições para a garantia da igualdade de oportunidades.

15

Questões para revisão

1 d
2 A seguir, citamos algumas sugestões que servem de base para elaborar uma programação de lazer, entretenimento e recreação em hotéis de lazer e cruzeiros marítimos, mas estas não são indicadas como um receituário, pois dependem de um grande número de interferências:
   - esportes coletivos tradicionais e torneios diversos;
   - jogos e brincadeiras tradicionais, bem como brincadeiras na piscina, gincanas e jogos de "caça ao tesouro";
   - jogos esportivos, cooperativos e de inclusão;
   - atividades noturnas, como jogos de estratégias, caça ao fantasma ou um "acampadentro" (crianças dormem na sala de jogos, por exemplo);
   - sessões de contação de histórias;
   - sala de jogos com jogos intelectivos, cartas de baralho e jogos de tabuleiro;
   - brinquedoteca, ludoteca, gibiteca e biblioteca;
   - sessões de ginástica, hidroginástica, alongamento e caminhada;
   - empréstimo de materiais esportivos;
   - atividades e oficinas de artes.
   - rodas de chá, chimarrão, casa do colono e roda de fogueira;
   - festas temáticas alusivas a diferentes comemorações, como festa junina, Páscoa e Natal;
   - piqueniques, almoços especiais e jantares temáticos;
   - passeios, trilhas e visitas a atrações naturais;

→ disponibilidade de equipamentos que podem ser alugados, tais como: bicicletas, cavalos, charretes, paredes de escalada, camas elásticas e brinquedos infláveis.

3. Quanto aos equipamentos disponíveis para o lazer não orientado – como alternativa autônoma para o passageiro que prefere uma atividade sem influência de monitores de recreação –, um grande atrativo do navio são as piscinas, que existem em diferentes concepções (infantis, com ondas, *jacuzzis*, aquecidas). Também é necessário haver espaços nos quais o passageiro pode se envolver com atividades de lazer, entretenimento e recreação sem requerer a presença do pessoal da animação, por exemplo, em bibliotecas, salas de jogos, visitas à ponte de comando, serviços de salão de beleza, *spas* e lojas a bordo, como tabacaria, joalheria, perfumaria e outras que vendem bebidas, roupas e acessórios.

4. d
5. b

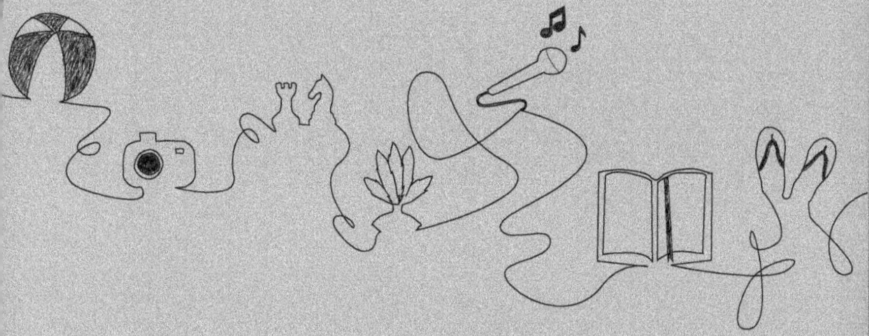

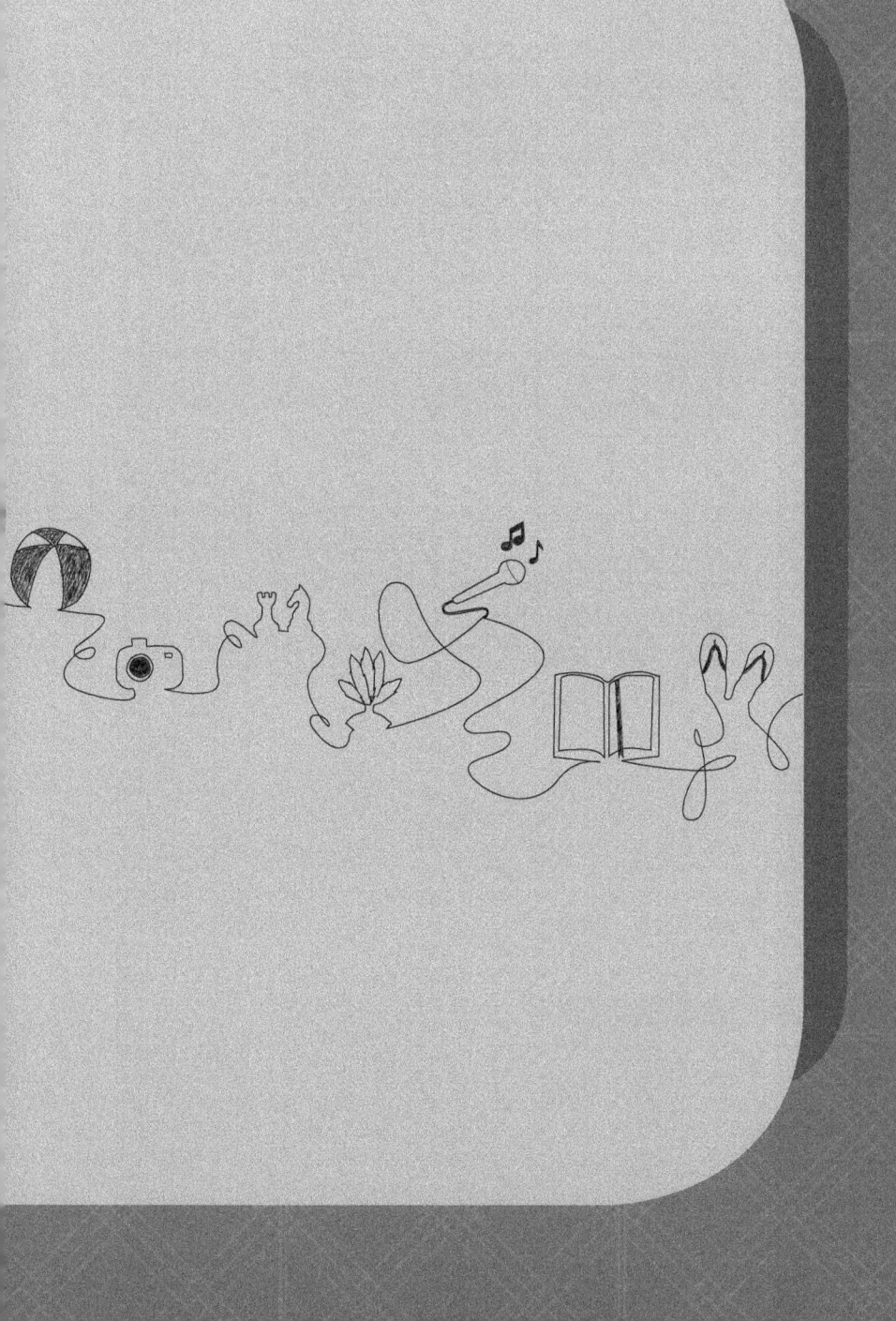

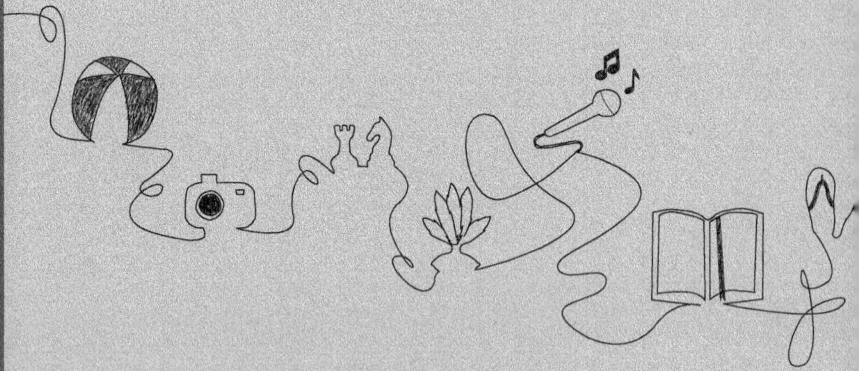

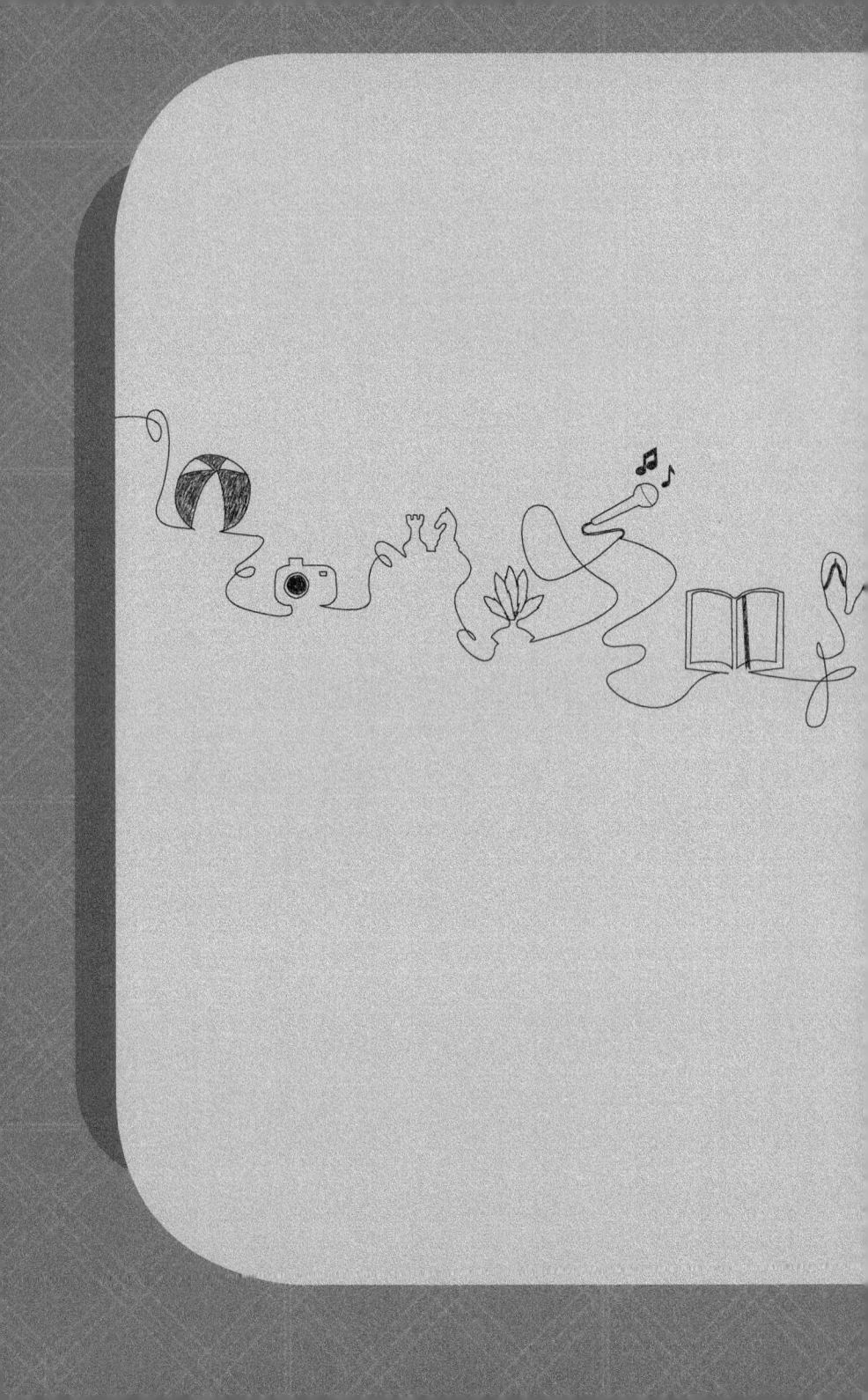

SOBRE A AUTORA

Simone Cristina Iubel é graduada em Educação Física pela Pontifícia Universidade Católica do Paraná (PUCPR), especialista em Educação Física Escolar pela Universidade Federal do Paraná (UFPR) e mestre em Educação pela Universidade Tuiuti do Paraná (UTP), na linha de pesquisa de políticas públicas e gestão da educação. É autora de manuais multimídias didáticos para educação física no ensino fundamental, eventos educacionais e educação infantil e do livro *Coletânea de atividades de Educação Física para o ensino fundamental*, publicado em 2003. Tem experiência na área de lazer e animação sociocultural, atuando principalmente com os temas *lazer, recreação, lúdico, educação* e *jogos*.

Atualmente, leciona na Universidade Positivo (UP) disciplinas relacionadas às áreas de lazer, recreação, ludicidade, esportes radicais e organização de eventos, nos cursos de Educação Física e Pedagogia. Além disso, ministra aulas nos cursos de pós-graduação nas áreas de planejamento e gestão de eventos na UP, educação física escolar no Instituto Tecnológico e Educacional (Itecne) e em cursos técnicos nas áreas de gestão de pessoas, na Academia de Profissões, e gestão em turismo, no Centro Universitário Uninter, nas modalidades presencial e a distância. Exerce também a função de chefe de núcleo regional na Secretaria Municipal de Esporte, Lazer e Juventude da Prefeitura Municipal de Curitiba.

Os papéis utilizados neste livro, certificados por instituições ambientais competentes, são recicláveis, provenientes de fontes renováveis e, portanto, um meio responsável e natural de informação e conhecimento.

FSC
www.fsc.org
MISTO
Papel produzido a partir de fontes responsáveis
FSC® C103535

Impressão: Reproset
Setembro/2020